《财政研究》是怎么做成的

财政研究 创刊40周年

知识助产士：
编者与作者、读者的沟通

主　编　刘尚希
副主编　傅志华　邢　丽

中国财经出版传媒集团
经济科学出版社
Economic Science Press

图书在版编目（CIP）数据

知识助产士：编者与作者、读者的沟通/刘尚希主编.
—北京：经济科学出版社，2020.12
ISBN 978-7-5218-2033-1

Ⅰ.①知…　Ⅱ.①刘…　Ⅲ.①知识生产 - 文集
Ⅳ.①F062.3-53

中国版本图书馆 CIP 数据核字（2020）第 215203 号

责任编辑：齐伟娜　程　铭
责任校对：杨　海
责任印制：李　鹏　范　艳

知识助产士：编者与作者、读者的沟通

主　编　刘尚希
副主编　傅志华　邢　丽
经济科学出版社出版、发行　新华书店经销
社址：北京市海淀区阜成路甲 28 号　邮编：100142
总编部电话：010-88191217　发行部电话：010-88191540
网址：www.esp.com.cn
电子邮箱：esp@esp.com.cn
天猫网店：经济科学出版社旗舰店
网址：http://jjkxcbs.tmall.com
北京季蜂印刷有限公司印装
787×1092　16 开　17.25 印张　290000 字
2020 年 12 月第 1 版　2020 年 12 月第 1 次印刷
ISBN 978-7-5218-2033-1　定价：68.00 元
(图书出现印装问题，本社负责调换。电话：010-88191510)
(版权所有　翻印必究　举报电话：010-88191586
电子邮箱：dbts@esp.com.cn）

目 录

第一篇 重新发现知识生产和传播的价值

003 财政科研宣传，促进决策者与民众沟通　　　　　　　　　　　刘尚希

008 学术期刊、知识传播与财政创新　　　　　　　　　　　　　　刘尚希

014 做好知识传播，扩大财政传播影响力　　　　　　　　　　　　刘尚希

第二篇 2019年"谈文论术"优秀论文修改全景

023 新《预算法》、债务规则与财政政策的逆周期性
　　　　　　　　　　　　　　　　　　　竹志奇　武彦民　刁硕伟

048 基于编制本位和流程再造的预算绩效激励机制构建　　　　　　童　伟

064 地方财政压力下的经济发展质量效应
　　——来自中国282个地级市面板数据的经验证据　　詹新宇　苗真子

088 财政政策从需求到供给的转型：积极与否和改革展望
　　　　　　　　　　　　　　　　　　　李　华　官高俊　黄宝华

115 经济增长规划与土地出让　　　　　　　　　　　　胡　深　吕冰洋

131 减税是否能够激励企业进入？　　　　　　　　　　何　振　王小龙

159 中国式财政分权下的高质量发展　　　　　　　　　杨志安　邱国庆

182 政府财政透明"稳预期"了吗？　　　　　　　　　　邵　磊　唐　盟

197 地方财政能够承受起PPP支出责任吗？
　　——基于2010~2018年PPP项目的分析
　　　　　　　　　　　　　　　　　　　张牧扬　卢小琴　汪　峰

211 返本开新：中国财政史研究与财政基础理论创新　　　　　　　童光辉

001

226 全面实施预算绩效管理背景下地方政府债务支出效率研究

                李一花 亓艳萍 祝 婕

第三篇 心路分享：如何发"C刊"

243	修改技巧与交流作用	竹志奇
245	创新编与审的平台，助力论文修订	童 伟
247	编研互动，研审互鉴	詹新宇
249	从阅读中学习，在写作中成长	李 华
251	沟通是思想传达的桥梁	胡 深
253	论文发表经验之谈	何 振
255	我与《财政研究》共成长	邱国庆
257	研究与创作心路	唐 盟
259	审稿提速，论文提质	张牧扬
261	"背对背"匿审与"面对面"交流合力提升论文质量	童光辉
263	研究要有针对性和应用性	李一花 祝 婕

265 附录 谈文论术活动
     ——公开审稿与编研评学互长

第一篇

重新发现知识生产和传播的价值

2016年,在刘尚希主编的带领下,《财政研究》秉持"面向前沿、面向现代、面向世界"的办刊宗旨,致力于刊载高质量的学术论文,服务于中国财经领域的改革和发展,从多角度、多层次、多领域反映中国财经理论研究和实践方面的新成果、新动向、新经验和新知识,重点关注财政基础理论研究、财政学科发展、以思路创新为代表的理论与实践结合的相关研究,突出理论性、专业性、思想性和科学性。刘尚希主编多次提及学术期刊要做好知识生产的助产士和知识传播的重要载体,以重新发现知识生产和传播的价值。

财政科研宣传，促进决策者与民众沟通*

刘尚希

财政科研宣传工作最重要的是把我们科研的成果、把党和国家的大政方针政策让大家知道。不同于网络碎片化的传播方式，学术性杂志的传播是研究性的，是发布研究成果的地方，也是大家系统地去了解、深入地去认识我们国家改革发展过程中各种各样的问题，以及宣传党和国家大政方针政策的重要平台。今天我们需要深化对宣传工作的认识，要从单方面的宣传层面深入到双边多边的沟通层面。因为宣传是单向的，而沟通是多元的、是互动的。所以，我们一定要意识到财政科研宣传工作的实质是沟通。在当今信息化社会，这是值得深入挖掘和研究的一个问题，特别是财政沟通。今天我想借此机会，就"如何通过加强财政科研宣传工作，促进决策者与民众沟通"，谈几点看法，供大家参考。

一、加强决策者与民众沟通是应对风险社会的需要

自从有了人类以来，不确定性与风险始终与人类相伴。在很长时间，这些风险大都局限于个体或局部范围，对人类的影响并不大。但最近几十年以来，人类面临的不确定性和风险迅速加剧，并呈现出全球化趋势，对人类经济和社会发展造成了极大的影响，预示着人类进入了"风险社会"。风险社会的特征是：风险无处不在、无时不有；风险呈网络关联、传染性大；风险构成重大威胁、不堪承受。在现代社

---

* 本文为《财政研究》主编刘尚希在 2016 年全国财政科研宣传工作研习班上的讲话，原文发表于《财政科学》2016 年第 10 期。

会,风险与以往相比有着质的变化。现代风险有各种各样的表现形式,例如环境和自然风险、社会风险、经济风险、政治风险等,相互交织、相互联系,形成了网状结构,具有高度不确定性和不可预测性。这些风险网络以一种震荡波的形式影响着全社会、全人类。社会中所有的成员都无法幸免,不管你是穷人还是富人,也不管你是在庙堂还是在江湖。风险一旦转化为实际的危机和灾难,它的涉及面和影响程度都将大大超过传统社会的灾难,有的风险甚至是毁灭性的。更为严重的是,风险引发的危机和灾难,以及由此所产生的社会恐慌,将通过高度发达的现代信息技术迅速传播到全社会,并将引发更大的恐慌,造成社会动荡。

在风险社会,加强决策者与民众沟通极其重要。在风险面前,决策者与民众所掌握的信息和对信息的看法是有差异的,加强决策者与民众的信息和看法沟通的正向反馈,有利于提高整个社会应对风险的能力;反之若沟通不畅或者是负向反馈,则容易形成两个"舆论场"和"行为场"。也就是"你说你的,我说我的","你做你的,我做我的",这不但不利于化解风险,反而会加剧风险,这种倾向对社会来说是极其危险的。

财政的问题不仅仅是财政部门的问题,也是国家治理的问题,是涉及到老百姓的问题。党的十八届三中全会《决定》里定位财政是国家治理的基础和重要支柱。这句话我们要反复地领会,深入地琢磨,为什么这么表述?这对我们理解财政部门的职责、准确定位我们的工作、深刻认识财政宣传工作的意义是非常重要的。

二、财政科研宣传是决策者与民众沟通的重要渠道

在风险社会,化解公共风险是国家治理的重要内容。财政作为国家治理的基础和重要支柱,一头连着"国家治理",一头连着"国计民生";一头连着各级"决策者",一头连着亿万"民众"。可以说国家治理方方面面"千条线""万条线",都汇集到财政这"一条线"。打个形象的比喻,古语说"天地之间有杆秤,那秤砣是老百姓",我可以加上一条,"那秤杆就是财政"。国家治理的方方面面好比秤钩上挂的任何东西,这些都是通过财政这个秤杆传导到老百姓(秤砣)的。

对财政的重要作用理解深刻了,我们也就能对财政科研宣传工作有更深入的理解。如果把财政比作秤杆,那财政科研宣传就是秤杆上的"秤星"。国家治理的意图

能否得到体现，老百姓对国家治理是否理解和满意，那都是通过秤杆（财政）上的秤星来体现的。秤星不准，国家治理的意图与民众的期望之间就会存在误会，沟通就会出现问题，会加剧风险。

习近平同志在"新闻舆论工作座谈会"上提出了新闻工作的48字方针，其中包括要"成风化人、凝心聚力，澄清谬误、明辨是非"，这对我们具有重要的指导意义。国家治理的方方面面的意图，会汇集到财政上，这些意图要通过财政科研宣传，传导到民众，让民众理解和支持。而民众的各种愿望和诉求，也要通过财政科研宣传反馈给决策者。习总书记说"人民对美好生活的向往就是我们的奋斗目标"，如果决策者都对人民在向往什么不了解或了解不深入，我们的奋斗目标也可能偏离方向。

所以，把全国财政科研宣传工作搞好，对财政事业是一个很大的推动。"沟通"这个概念大家都知道，人与人之间需要沟通，单位与单位之间需要沟通。同样，国家治理中政府需要和老百姓沟通，财政科研宣传就是促进沟通的重要渠道。

三、以高度的责任感做好财政科研宣传工作

财政与社会的沟通事关到我们这个党能不能长期执政的问题，关系到这个政权能不能稳固的问题。目前来看，我觉得财政的宣传在我们整个宣传体系里严重不足，这是因为我们整个社会对财政的重要性、基础性认识不到位，因此亟须加强财政的宣传工作。

做好财政科研宣传工作，加强决策者与民众沟通，要做到"牢记使命，准确传递，提升嗅觉，创新方式"。

牢记使命，就是要有高度的责任感。300多年前，明朝思想家顾炎武曾说过"天下兴亡，匹夫有责"，这句名言拿到当今风险社会更是特别贴切。因为我们每个人都处在风险当中，也都是风险的化解者。西方经济学中有"经济人"假设，即每个人在实现自身利益最大化的同时，社会也能实现福利最大化。"经济人"的概念实际上在逻辑上是有问题的。在风险社会，实际上是存在一个类似的"风险人"假设，即每个人在追求自身风险最小化的同时，社会也能实现风险最小化。当然每个人追求自身风险最小化并不是只关注个人风险，而是要关注社会整体风险，因为个人的风险与社会整体风险是相连的。个人追求自身风险最小化实际上就是每个人、每个组

织牢记自身的使命，履行好自己的职责。开篇点题，我强调了财政科研宣传工作的重要性，能不能做好这项工作，就看我们是不是有高度的责任感，完成国家和民众赋予我们的使命。

准确传递，就是要力求财政科研信息和传递对象的科学性、准确性。在古代，一斤是十六两，是由北斗七星、南斗六星加福禄寿三星组成十六两的秤星，告诫做买卖的人要诚实守信，不欺不瞒，否则，短一两无福、少二两少禄、缺三两折寿。财政科研宣传工作作为财政（秤杆）上的秤星，准确是其生命所在。财政科研宣传工作如果不准确，折损的是"国运"，愧对的是"老百姓"。很多时候我们的决策者并不是非常清楚地了解基层的生产生活状况，而我们的民众却是工作在第一线、生活在第一线的人，他们对事情的了解可能更为清楚。我们将这些信息归纳、加工、提炼，通过各种途径准确地传递给决策者，可能会给我们的决策者带来很多启示，有利于决策者更好地决策。

提升嗅觉，就是要提高财政科研宣传工作的敏锐性。当今时代，既是风险社会也是信息社会，信息大爆炸是突出特征。每天打开"朋友圈"，我们可以看到大量的信息。实际上信息太多并不是一件好事，其中很多都是"信息污染"和"信息垃圾"，很多有用的信息是淹没在这些"信息污染"和"信息垃圾"当中的。这就需要我们增强财政科研宣传工作的敏锐性，提升嗅觉，在海量的信息当中找出有用的、关键的信息传递给决策者和民众。那怎样才能提高敏锐性呢，我认为还是要有风险意识，要从国家风险治理的角度，找到"风险点"和"风险源"。因此财政科研宣传工作要少些"风花雪月"，多些"居安思危"。

创新方式，就是要顺应现代沟通和宣传的新趋势。财政科研宣传工作的关键在于"影响力"。影响力从何而来，首先是要发掘和提升好的宣传素材和宣传作品。"酒香不怕巷子深"，作品好，传播力自然就强，所以首先一定要把好作品关。《财政研究》和《财政科学》两刊及其他宣传平台除了要继续做好采编平台，发挥好采编平台的作品筛选功能，还要主动出击，围绕重大宣传主题组织好的作品。强调"酒香不怕巷子深"的同时我们还要强调"近水楼台先得月"，这包括两个层面，一是我们要利用最接近决策层的优势，将我们所掌握的重要信息传递给决策者。各级财政科研和宣传部门基本上都是各级财政部门的"智囊团"和"情报员"，充当了"军师"的作用，这个作用不但要继续发挥好，还要加强。二是要将重要的信息和知识传播给基层的广大财税干部，全国的财税干部少说也有几百万人，每一个财税干部对整个社会来说，就是财税科研宣传的"火种"。要让每一个财税干部都能够了解财税基本理论知识，及时掌握国家财政等方面的大政方针政策，这是扩大我们宣传影响力的重要途径。要想在这方面有所突破，《财政研究》和《财政科学》等平台要再做些工作，努力将两刊变成研究和学习的重要平台，为全国广大财税干部学习提供有理论高度的、内容丰富的素材。

学术期刊、知识传播与财政创新*

刘尚希

一、学术期刊承担着重要的沟通职能

现代社会的特征之一即信息爆炸，我们赖以生存的社会已经步入信息时代。信息爆炸带来信息不对称，且信息不对称的程度正伴随信息量的快速增加而不断扩大。在财政领域，政策制定者、政策执行者和政策受益者之间，政府与老百姓之间，大众之间都离不开有效的沟通。

学术刊物首先是沟通的平台和桥梁，它联通知识的生产（生产者即作者、科研单位）与消费（消费者即知识的使用者）。在现代社会，尽管新媒体层出不穷，但是新媒体快餐式的信息传播并不能替代学术期刊的沟通功能，其根本原因就在于学术期刊的特定职能及其特殊意义。

学术期刊的职能定位应是知识的生产与传播，而期刊发行工作的本质是传播知识。这既是对学术期刊职能定位在理论层面的认知，又是学术期刊发行的根本目的。具体而言，期刊发行是知识生产—编辑印刷—推广发行—知识使用的完整链条。期刊的作者就是知识的生产者，产品包括真理和经验知识；前者如牛顿、爱因斯坦，他们生产的知识成为人类进一步认识宇宙的基石。但真理又是相对的。现实生活中，财政、经济的运行，财政政策的执行，老百姓对政策的反响，这些信息通过加工提炼成为另一种知识，即经验知识。有些知识如数学领域的微积分、概率论等是先验

---

* 本文为《财政研究》主编刘尚希在 2017 年全国财政科研宣传工作研习班上的讲话，原文发表于《财政科学》2017 年第 9 期。

的，与时间无关，与实践亦无直接关系；有些知识如化学、物理等是经验的知识，即后验。社会科学的许多门类亦属经验知识的范畴，通常是在经验的基础上提炼总结，公开发表于学术刊物而形成知识的生产、创造与传播，如进一步提炼上升成为对某一领域普遍现象的发展规律具有解释力和预测力的知识，就成为该领域的基础理论。当前中国财政科学研究院两刊是代表财政科研领域最高水平的学术性刊物，毫无疑问代表着财政领域最前沿的知识，最前沿的政策动态，以及最前沿的时势解读。两刊肩负着将这些前沿知识输送给读者的重要任务，人们通过对知识的理解、消化、吸收才能将知识转化为力量。所以，学术期刊的发行工作实际上是在传播知识，期刊的发行者就是知识传播的使者，肩负着崇高的使命。

伴随着两刊评审与评级机制的不断完善，刊物规范性与专业化程度持续提高，初步形成了来稿质量审核与刊物运营水平同步加强的良性循环，这是学术刊物作为知识的"助产士"所必要的基本条件，这决定了刊物的编辑岗位所承担的工作的重要性。编辑不是"为人做嫁衣"，而是为整个社会知识的生产提供协助，尤其对一些确实有新观点、新方法，但存在作者不懂规范、论证不足等问题的文章，需要由编辑与作者之间进行有效沟通及良好互动，在完成对知识的生产的同时提升作者的水平。

二、期刊发行是学习型财政的有力推手

首先，财政部门应当是学习型部门。党的十八届三中全会指出"财政是国家治理的基础和重要支柱"，这一论断意味着财政本身成为一门综合性学科。财政部门天然是一个综合性部门，财政是国家机器有效运转的关键机制，其一收一支涉及到经济、政治、社会、文化以及生态环境等各个领域、各个方面，就像血液一样分布于社会共同体的每一个组织，天然具备综合性，具有全局性的深层影响。所以，财政工作不应简单局限于财政收支本身，而应从收支角度来观察、分析和研究对国家治理体系和治理能力的影响。财政工作者除了应该具备财政知识，其他领域和部门的知识也应该有所学习，这就要求我们去学习与财政相关的一切知识，不断深入理解财政、认识财政，制定出合理的公共政策和改革方案。

与浏览新媒体所承载的快餐式资讯不同，对财政知识整体性、系统性的学习离

不开专业学术期刊。要把当前政策及其实践上升到理论层面，需要站得高看得远，需要专业性知识体系的支撑，需要深入的理论思考。这是一个不断弥补以前知识的空白、采用新方法或新角度、能够产生新的感悟与认知的过程。只有通过这样的学习，个人能力及整个单位机关才能得到提升。

财科院的办刊宗旨是，鼓励以事实为基础，以理论为支撑，采用有依据、有数据的研究方法。作为学术期刊，两刊反映了财政领域最前沿、最新的研究成果。而刊物内容要贴近现实，并非只是就事论事，也不是徒有科学的形式，披着数学模型等科学的外衣，模仿别人。当前中国的最大现实是我们仍然处在社会主义初级阶段，经济进入新常态。对财政而言，不仅需要讲道理，同时需要摆事实、讲依据、用数据。两刊鼓励采用计量模型说明新的道理、论证新的观点，要求模型和观点能够逻辑自洽，相互匹配。两刊作为财政知识的"助产士"需要全面把控知识生产的质量与方向，并通过刊物的发行工作将知识有效地传播出去。

有人认为，财政基层工作非常实际，谈不上理论。然而，实际工作中地方财政工作，尤其基层的财政工作，离不开财政理论的指导。没有理论的指导，财政实践可能会偏离目标，也可能会发生短期有利而长期有害的问题，制造风险。一项既能立足当下又能利及长远的财政政策与实践，需要先站在理论层面认真深入思考。从这个意义上讲，两刊将最前沿的财政知识传播到地方，传播到基层，带动大家养成良好的学习习惯，对形成学习型财政具有重要的推动作用。

三、依托财政智库集团，完善知识传播机制

党的十八届三中全会确立了"财政是国家治理的基础和重要支柱"这一全新的职能定位，也指明了财政应该从国家治理的高度出发，行使国家收支的分配权，其自身利益即国家治理的绩效。

基于此，传统的财政理论已经不相适应，财政知识亟待更新。学术刊物应努力推动财政知识的生产和持续不断的学习，同时，引领全国各地基层财政工作的创新与经验交流。地方、基层的创新，需要大量前沿的财政知识来支持，而学术期刊的发行是有效传播财政知识，构建经验交流平台，建立学习型财政的重要途径。

学术刊物发行机制是知识传播效率、效果的决定性因素之一。完善知识型期刊

的发行机制，首先需要完善顶层设计，其设计立足点应当从建设财政智库集团的角度来考量。中国财科院作为财政科研系统的龙头，应带动全国财政科研的发展，推动全国财政科研系统形成一个智库集团，各有分工，各有侧重，共同为决策服务，为老百姓服务，提升财政在国家治理中的话语权，在国家治理、地方治理中更有效地发挥基础性、支撑性的作用。

当前必须加强财政理论知识的生产与传播，尤其是财政基础理论知识。在这个过程中，学术刊物须发挥"助产士"的职能，通过期刊的编辑、发行，让最新、最前沿的知识传播到地方，传播到基层，上下拧成一股绳，使财政改革方案与政策设计站在国家治理的高度，以更开阔的视野摆脱部门视角，真正体现财政的综合优势、理论高度与实践意义。

财政理论研究的成果应既具备对现实问题的解释力，又具有足够的前瞻性。以美国为例，美国每年的国家预算编制均包含对未来 30~50 年经济运行与财政状况的预测与分析报告，为国会及总统制定长期性政治、经济与社会发展战略提供前瞻性支持。同理，财政理论研究不仅需要脚踏实地地为分析现实问题、解决现实困惑提供理论支持，帮助地方创造性的改革，更好贯彻落实中央政策，更需要为国家的中长期发展战略提供方向性的理论支撑。

财科院已经进入第二批国家高端智库重点培养单位，并开始履行实施财政高端智库的职能与计划。财科院"降成本"大型调研成果已经发布，一些报告得到了国务院最高领导的重视与批示；财科院的政府与社会资本合作（PPP）立法课题研究已经完成，在国务院法制办牵头 PPP 立法条例并进入意见征求阶段，财科院的研究成果产生了广泛影响，其中一些观点已经得到相关部门的认可；财科院对营改增的第三方评估报告成果发布之后被主流媒体广泛报道，近期将再进一步深化研究；受联合国开发署（UNDP）委托，财科院减缓适用气候变化公共支出的分析与研究已经完成，相关国际机构参加了成果发布会。

在广受关注的政府与社会资本合作立法研究过程中，财科院课题组对"政府特许经营"的行政性本质做了深入剖析，深挖该制度混淆国有财产权与行政权的根本性冲突，并指出"政府特许经营"是计划经济体制下正面清单管理思维的延续，并不符合市场经济的效率机制，从理论上否定了"政府特许经营"在政府与社会资本合作 PPP 立法原则中的存在依据。这一研究成果对政府与社会资本合作立法产生了重要影响,是理论研究成果影响国家治理理念与法治进程的典型事例。这说明,前沿财政知识的传播对财政实践是极其重要的。

四、以创新思维重构财政知识体系

现实是丰富多彩的,各种各样的现实问题成为知识创新的起点。例如,财政政策的内涵究竟是什么?经济新常态下,什么是更加积极有效的财政政策?只是一个经济政策,还是兼有社会政策的功能?地方债、PPP、政府购买服务等财政实践是不是当前形势下积极财政政策的内容?地方债余额控制,规模管理是否说明地方债天然就有风险?存在何种风险?如何控制财政风险?这些仅仅是财政部门的内部事务吗?诸如此类,都需要深入思考,需要新的财政知识。

党的十八大之前的积极财政政策,其实质为凯恩斯理论支撑下的总需求扩张政策。当时的社会经济环境是1998年东南亚金融危机、2008年国际金融危机导致国际市场需求萎缩,并造成我国经济增长速度急速滑坡,因此要通过实施以扩张总需求为主要目标的积极财政政策,以扩大投资需求、支撑经济增长。在当前经济新常态背景下,我国经济进入结构优化调整阶段,并重点推进供给侧结构性改革,而"三去一降一补"是经济结构调整的具体手段、政策措施。推进"三去一降一补"就成为积极财政政策的重要内容。

从风险理论的视角来看,经济运行中存在的问题,本质上都是经济运行的不确定性。例如实体经济增长乏力、投资回报率负增长,带来经济的不确定性;而民生问题会带来社会的不确定性,当前比较突出的收入分配差距较大的问题,等等,都加剧了我国经济社会运行的不确定性。社会发展的不确定性与经济运行的不确定性彼此强化,进而发展成为公共风险。而财政政策的本质功能就是为经济社会运行注入确定性,进而降低不确定性,完成对公共风险的管理职能。因此,财政政策制定应依据当前公共风险聚集的领域与聚集程度而制定,有重点、有针对性地对公共风险进行管理、防范、化解。这也进一步诠释了财政天然具有综合性的属性,并理应成为公共风险的管理者、控制者。而财政政策对公共风险聚集的前瞻性分析、预判以及主动防范就构成积极财政政策的核心内涵。因此,当前的积极财政政策并非单纯的经济宏观调控政策,为解决民生问题兜底也是积极财政政策的核心内涵之一。

财政政策既是经济政策，同时又是促进社会公平正义的社会政策，二者缺一不可。

  从以上分析可以看出，当前对财政的理解已经不能局限于财政经济学或公共经济学范畴，而是应该以更宽广的视野和更高的层次看待财政理论研究与财政政策的制定、实施，理论研究和实践领域对财政的理解与职能定位都需要新的认识。对此，学术刊物肩负着重要使命。作为知识的"助产士"，学术刊物应善于发现、帮助、刊登更前沿、更优秀的研究成果，期刊发行则应更高效地将这些与时俱进的财政知识传播到更广大的读者中。我们要设计好学术期刊的发行机制，让知识传播的渠道更加顺畅，效率更高，推动财政知识体系的创新；同时，形成一种学习、研究的氛围，推动学习型财政、创新型财政的实现。

做好知识传播，扩大财政传播影响力*

刘尚希

财政是国家治理的基础，毫无疑问，财政传播也是国家治理基础非常重要的一部分。我们传播的是理论，传播的是政策，实际上传播的也就是知识。财政知识的传播有助于政府与市场、政府与社会、中央与地方形成良好的互动，这是极其重要的。这对于整个社会怎么样增强对政府的认同感，怎么样增强国家的凝聚力，其实也是至关重要的，所以需要建立一门财政沟通学，财政沟通包括了财政传播。一个国家如果不能实现有效的财政沟通，所产生的风险是全方位的，经济政策的实施就会受到很大影响，社会政策，比如改善民生就不可持续。入不敷出，迟早财政会不可持续，进而就会影响到政治的稳定、政权的稳定。

刘昆部长在财科院考察指导工作的时候特别强调，现在财政学要重写，也就是说财政理论要重构，言下之意是什么？就是当下流行的财政理论，或现有的一些财政学知识不足以来解释现实，更难以去指导当前政策的制定和改革的推进。实践是需要理论来指导的，伟大的实践需要伟大的理论。我们财政的实践实际是夯实国家治理基础的一项伟大工程。从40年这个跨度来看，国外市场经济的财政学即公共财政的理论在一定意义上给我们提供了一些参照，为市场化基础上的财政改革提供了一些指导。但是今天我们全面深化改革，改革的总目标是国家治理体系与治理能力现代化，国外的理论很难搬到我们的现实中来，所以，当前的改革与发展要从中国的实际出发去创新。作为智库，我们的财政知识传播，不能仅限于工作做法的解读，

---

* 本文为《财政研究》主编刘尚希在2019年全国财政科研宣传工作研习班上的讲话，原文发表于《财政科学》2019年第8期。

还需对政策操作执行中面临的难题甚至困境进行研究，需要上升到理论层面去思考，所以，财政传播的内容与方式同样也需要探索创新，我们要以传播学专业的方式来搞好财政传播工作。

近些年，财政科研宣传工作者的付出和努力，使得财政传播工作开创了新的局面，财政的认同度也在不断提升。但是还需要进一步更新观念，提高认识，完善方式。下面就做好知识传播，扩大财政传播影响力，讲几点我的意见和想法。

一、财政传播不断创新，传播影响力不断扩大，成绩显著

一是刊物的创新。《财政研究》《财政科学》现在面貌焕然一新，大家有目共睹。刊物的创新与编辑部的努力是分不开的。创新改变了过去等稿上门、被动编稿、简单刊发、行政性征订这种带有计划体制痕迹的办刊模式。创新后最重要的是形成了读者、作者、编者之间的良性互动，现在这一模式已经基本成型。

编者是知识的"助产士"。编者虽然不生产知识，但是能够帮助知识面世。这就像新生命的诞生一样，得有人助产，不然的话很可能在出生的过程中出现问题，甚至夭折。所以，编者这个"助产士"的作用是很重要的。

作者是知识的"孕育者"和创新者。在不断的研究中对现实的经验加以提炼，然后上升到理论的高度，形成他们的看法和见解，日积月累，经过沉淀，就会形成一些大家共同认可的财政知识。所以，知识是要通过不断的创新去形成的。

读者是知识的"转化者"。无论是搞科研，还是搞政策的制定或政策的执行，从事这些工作实际上都需要学习知识，消化知识，转化知识，从而改变观念和行为，这个过程是潜移默化的。现在《财政研究》《财政科学》无论是面向社会的学术引导，面向政府的政策观念引导，还是面向作者的科研引导，两刊的引导性作用越来越明显。

二是方式创新。办刊不能狭隘地理解为就是编刊物，办刊方式的探索也很重要。现在两刊开创了网络直播的沙龙、与高校合作举办论坛、探索期刊与新媒体融合发展，还设置了网络首发、微信公众号推送等等，这些都是创新，不仅是传播内容的创新，还有传播方式的创新。为什么强调刊物创新的重要性？因为创新才能有更吸引人的东西，才能有更新的知识，传播才更有影响力。再者，信息时代的传播方式

必须要创新。信息社会的阅读模式发生了变化，电子阅读对传播影响力的提高带来了新的挑战。纸质阅读是否会被取代，甚至成为了研究课题。我相信不会被取代，因为电子阅读与纸质阅读感受不一样，感觉也不一样，对人眼睛的影响也不一样，所以，纸质阅读是不会消失的。虽然目前来看其吸引力在下降，但是这种下降不会是长久的，回归自然的纸质阅读模式不会被现在这种对人的健康带来影响的电子阅读所完全取代。当然，我们应在方式的创新上继续努力。

三是组织创新。这方面的典型探索是建立了通讯员制度。把大家组织起来，定期地搞一些培训、搞一些研讨、搞一些交流，是很有必要的。我们不能仅仅是单向地下达任务，提出要求，还应当是互动的、有组织的，通讯员制度便是一种组织的创新。

除了这三点以外，更加重要的就是大家的观念更新了，认识提高了，这奠定了财政影响力扩大的基础。目前我们已经超越了传统的认识，不是在简单地发行杂志，而是在传播知识，让更多的人认识财政，了解财政，支持财政，提升财政的社会共识。财政传播、财政沟通在财政学里尽管还没有被真正地提出，但是这个问题越来越重要。在实际工作中，财政传播、财政沟通也在不断地改进。比如财政部门和人大、政协的沟通，形式不同于以前了，现在财政部门定期地与政协委员、人大代表沟通，实际上传播了我们的信息。而且现在财政部门的书面文件内容越来越丰富了，大量的表格呈现出更多的信息，这就是财政传播、财政沟通的一种改进和完善。所以，推动财政改革不仅仅需要财政部门发挥作用，而且还需要财政传播和财政沟通潜移默化地、日积月累地营造有助于财政改革的社会氛围。

二、财政传播面临新形势，需要与时俱进

一是对财政的新理解。现在财政的新定义是国家治理的基础和重要支柱。新定义对财政就是一个新定位。但从实际部门来看，对财政的新定义理解还不够，很多还是停留在"分钱"上，没意识到财政搞的是国家治理的工作。对财政传播来说也有同样的问题存在。惯性思维认为财政传播不就是在系统内传播吗？但仅仅在系统内传播，能为国家治理基础的夯实产生多大的促进作用？进一步说，作为国家治理的基础，很显然是超越了财政本身，不能从财政的收收支支去看问题，也不能从财

政系统的角度去理解国家治理的基础，而要站在全国、全社会，甚至站在全球的角度来看。所以，依据新的财政定义，很显然财政传播就不能再局限于系统之内了，而要扩展到全社会。我们的"水"不应该自我循环，还应该流到其他地方去，包括整个社会的各个阶层和各个领域，尤其是具有重要话语权的人大、政协。财政系统长期以来形成了一种很强的界域思维，但是财政问题实际上是没有界的，地方部门开会都需要财政部门出席就说明了这一点。所以，财政作为国家治理的基础，首先要突破界域思维，超出部门意识来重新理解财政，重新认识财政传播，而不仅仅满足于我们"一亩三分地"的范围。

二是不确定性增多的新形势。当前财政运行面临的不确定性增多，稳预期成为首要的任务。稳预期就离不开有效的财政传播，没有财政知识的传播就很难有效地传播财政政策、财政改革。财政知识传播首先是财政理论的传播，新的财政理论才能适应新的经济现实。习近平总书记指示要高度重视哲学社会科学创新问题。就当前来讲，财政理论的创新就非常重要，而且是刻不容缓的。如果搞实际工作就只注重改革方案怎么完善，财政政策怎么调整，业务方法怎么改进，而没有理论的指导，那在这些方面的完善也只能是非常有局限性的微创行为改革。全面深化改革可不是说搞点微创新、微改革。党的十八届三中全会关于全面深化改革的决定强调了财政改革的重要地位和意义，而且财政改革不是解一时之弊，不是修修补补，而是着眼于全局、整体、长远、战略，一个系统性的重构。系统性的重构离不开理论的创新，创新理论的传播同样非常重要。《财政研究》作为学术刊物，它的首要任务就是要推动理论的创新，引导理论的创新，并传播新的理论。《财政研究》《财政科学》两本刊物虽有理论与策论的定位差异，但两者是同等重要的。对实际工作者来说，既要了解当前的政策，了解当前的形势，也要了解当前理论的变化。因为财政政策很多是由政府来制定的，财政部门的领导是政策制定重要的参与者，甚至是建议的提出者，他们关注理论的创新。理论的创新可使我们的认识打开一扇新的窗户，使原来陷入困境的一些问题得到新的解决路径，有可能形成新的解决方案。所以说理论的创新及其传播都是非常重要的。

从当前整个社会来看，一个基本的特征就是不确定性增大了，从全球来看也呈现出这个特点。而不确定性增大实际上是财政首先面对的。因为各个领域的不确定性都可能转化成公共风险，最终都要财政去买单，因为财政是经济稳定、社会稳定、政治稳定的最后一道防线。所以，我们不仅要关注财政自身的不确定性，而且还要关注整个社会各个方面、各个地方、各个领域的不确定性。对此，财政传播的作用就凸显出来。因为稳预期实际上涉及到对当前形势的理解问题，也涉及到对财政的理解和认识问题。对当前财政面临的不确定性，我们也要超出传统的财政定义，要从国家治理基础和重要支柱的角度去理解。要看财政运行面临的不确定性是全方位的，是国际的，还是国内各领域的。这个时候需要我们及时地去传播，有效地去传播，正确地去传播，并向社会释放改革信号，让社会去理解财政，形成一种稳定的预期。比如当前减税降费，其功能不仅仅是降负担，更是要去稳预期，这样才能靠增强确定性来降低不确定性。

三是我们现在怎么看待财政传播面临的新形势。财政涉及到各方面的利益，牵一发而动全身，哪怕只是一个小的税种都会牵涉到各方利益。当前很敏感的一个问题就是房产税，这是一个"芝麻"税种，这个税种虽小，可对社会的影响却很大，关注度也非常高。这方面的财税政策对房地产市场、对与房地产市场相关的金融领域、对普罗大众生活的影响可是不小，对经济的稳定、社会的稳定都至关重要。假如因为对房产税或与房地产相关的一些财税政策的理解有误，导致房地产市场出现崩盘现象，那责任就大了。所以，我们怎样及时地面对这种新的形势，与时俱进地改进传播方式就变得非常重要。我们的刊物以及公众号上传播的信息看似无关紧要，其实都牵涉到社会敏感的神经，既关乎宏观财税政策，也关乎千家万户民众。

三、做好知识的传播者，为新时代的财政沟通做出贡献

一是做好政府与民众之间的财政沟通。出现信息焦虑现象的原因，首先就是沟通不够，与我们财政传播不力是有直接关系的。所以，知识传播也要创新方式，增强可读性和吸引力。读者一般是先看标题，再看摘要，然后看文本，如果有兴趣再看全文。了解了读者的阅读习惯，我们就主动去适应他，首先在标题上吸引他，摘要上再吸引他，使读者有兴趣把长的文本读下去。如果办刊能达到这样的效果，让读者有渴求，财政知识传播的吸引力就大了，有效性就增强了。现在的信息社会存在着信息污染，选择信息越来越困难，在海量的信息里进行选择成本是很高的，不能让读者去负担这个选择成本，那么我们就要帮读者选择，在这方面去下工夫。关

于读什么、不读什么，很多人说你能不能推荐几本书、推荐几篇文章、帮助找点资料，实际上这都反映了一个选择的困境，需要我们站在读者的角度、站在需求者的角度提供更多的服务。

二是打造财政传播共同体，提升全社会的财政认同度。首先，要有共同体的意识。作为智库，我们是一个智库集团，是一个智库共同体，在传播方面我们也是一个传播共同体。对财政的认同度仅在财政系统内提高还不行，一定要靠全社会，只有这样才能为财政改革发展凝心聚力。所以，"为中心工作服务"是非常重要的，智库不仅要给决策部门提供政策研究报告，而且还要为改革政策的执行营造良好的环境，这就要靠财政传播。否则，财政传播不力，再好的方案、再好的建言可能都难以执行。所以，我们需要打造财政传播共同体，共同努力来提升全社会对财政的认同度。

三是以整体观来统筹协调不同的传播方式，进一步扩大财政传播影响力。财政传播应有各种各样的方式，应该把刊物、研讨、培训、沙龙等形式有机地融合起来，同时把远程网络、视频传播等新的技术手段用起来，依托大数据、云计算、人工智能等数字化技术形成立体的、全方位的、及时有效的传播方式。举例来说，可以像"今日头条"一样，把你想要传达的信息第一时间传播到读者的眼前，让其第一时间获得了解。有了新的高效的传播方式，财政传播的影响力可以大大提升，在决策方面的话语权也会有所提升。现在财政的话语权是不够的，不仅在决策领域，在社会上以及学术界，财政的话语权也不够。总之，对财政的认识还只停留于"分钱"的层面，没有从"财政作为国家治理的基础和重要支柱"这么一种高度来看待财政。所以，作为财政知识的传播者，我们也需要更新观念，提高认识，使财政沟通更加及时有效，从而进一步扩大财政传播影响力，真正助力财政夯实国家治理的基础，起到重要支柱的作用。

第二篇

2019年"谈文论术"优秀论文修改全景

为做好"知识生产的助产士",加强作者、编者、审稿人的沟通,实现"交流更有效,修改更精准,发表更快捷"的学术目标,2019年《财政研究》编辑部与高校合力推出"谈文论术"系列主题学术征文与研讨活动。活动就经济、财政、税收等学术领域前沿问题开展征文,经筛选的优秀论文作者参与专题研讨会。研讨会进行了大胆尝试,采取"作者充分发表观点,专家现场密集点评,修改论文优先发表"的模式,通过面对面交流形成小型、务实、高效的新型学术共同体,达到繁荣学术、培养新人、传播知识的多重目标。这里选取11篇论文作为案例,展示论文原貌及其修改过程。

新《预算法》、债务规则与财政政策的逆周期性*

竹志奇 武彦民 刁硕伟**

内容提要：本文在厘清债务规则与财政规则相关概念的基础上，通过一个动态面板模型考察了新《预算法》中债务规则对我国财政政策的影响，回归结果显示：债务规则的出现是我国财政政策逆周期性下降的重要原因，该结论部分解释了我国当前财政政策积极性遭遇某些质疑的原因。而后本文通过构建一个含有扭曲税率的 NK-DSGE 模型，考察了三种不同经济下行原因的情况下，财政政策逆周期性下降对宏观经济稳定性的影响。结果显示：财政政策逆周期性的减弱虽然在短期内造成经济下行压力较大，产出恢复速度降低，但从中长期角度来看，逆周期性下降可以有效降低债务风险和提高经济的中长期恢复速度。本文的研究揭示了新《预算法》对宏观经济的影响路径及其具体效应，最后基于结论提出了具有可操作性的政策建议。

关键词：新预算法；债务规则；财政政策；宏观效应；DSGE
中图分类号：812.5　　**文献标识码**：A

---

* 终稿发表于《财政研究》2019 年第 6 期。
** 作者简介：竹志奇，天津财经大学财税与公共管理学院，讲师，中国财政科学研究院博士后。
　　　　　　武彦民，天津财经大学财税与公共管理学院，教授、博士生导师。
　　　　　　刁硕伟，天津财经大学财税与公共管理学院，硕士研究生。

知识助产士：编者与作者、读者的沟通

一、引言

新的《中华人民共和国预算法》（以下简称新《预算法》）自2015年1月1日正式生效后，迄今已历三年。从时间上看，区区三年时间尚难对该部被世人称为"小宪法"的重要法律进行全面评价，但恰逢这几年国内外经济形势发生重大变化，经济运行态势稳中有变，更加积极的财政政策被人们寄予厚望。那么，由新《预算法》总体框定的债务规则能否满足财政政策应当履行的逆周期调节使命，迫切需要人们做出严谨科学的评判。

> **专家意见1**：文章的引言部分用了大量篇幅阐述新《预算法》，很晚才提到本文的核心——债务规则，建议聚焦新预算法的债务规则，直击主题。
>
> **修改说明**：我们对文章前面关于新《预算法》的表述再次进行精简，让债务规则的主题更加突出。

新《预算法》推出伊始，很多学者对该法的实施效果给予了很大期许。如范永茂（2016）认为该法推动了国家治理体系与治理能力现代化的建设；蒋悟真（2015）认为该法是提升预算治理能力和夯实国家治理基础的制度保障；白彦锋（2016）认为该法是预算改革、税收改革、财力与事权体制改革中的"当头炮"；邓力平（2015）认为该法统一了"管理法"与"监督法"，实现了全口径预算，与市场经济制度联系更加紧密，体现了国家财政新的平衡观。高培勇等（2016）系统总结评估了2013年11月至2016年10月以来的财税体制改革，指出新《预算法》使得现代预算管理制度的若干基本理念得以确立；进一步明确、细化了人民代表大会及其常委会在预算编制、审查和批准、执行以及调整等方面的程序和权限，加大了人大监督力度；建立了跨期预算平衡机制、权责发生制政府综合财务报告制度和新的专项转移支付管理办法等多项具体的改革制度，地方政府债务管理体系和风险预警制度得以建立。

> **专家意见2**：文章多次出现财政规则，但本文重点是债务规则，建议淡化财政规则，强化债务规则，不然很容易让人混淆作者研究重点。
>
> **修改说明**：我们根据建议，进一步对原文的表述进行修改，淡化财政规则，强化债务规则。

然而，不可否认的事实是，由财政部负责起草的新《预算法》实施条例2018年才被列入国务院的立法工作之中。因此在过去的三年时间里，众多学者所提及的大部分期许，尚未完全转化为现实，但这并不意味着新《预算法》对我国现实财政体制运行没有产生影响。事实上2015年新《预算法》中，全口径预算条件下债务规则的出现，标志着我国财政规则的产生，财政运行体制因此发生了重大变化，财政政策的决策逻辑也因此发生改变。

根据 IMF 给出的定义，财政规则是通过预算手段，对总量财政政策施加的一种长期限制，可以分类为债务规则、预算平衡规则、支出规则和收入规则四大类。其中债务规则可以分为设置债务上限的绝对债务规则，即债务"天花板"，以及设置债务比例控制的相对债务规则（Schaechter et al., 2012）。上述围绕债务风险控制制定的债务规则与"有规律地相机抉择"有着本质的不同。

在新《预算法》实施以前，我国全口径预算尚未正式实现，很大一部分财政收支和债务游离于《预算法》限制之外。彼时仅有中央政府债务限额受全国人大限制，导致这种粗线条债务规则对于政府的"快、重、准、实"型财政政策约束力非常有限。2008 年的积极财政政策在取得辉煌成果的同时，也在一定程度上使政府债务特别是地方债务陷入尾大不掉的窘境，与这种不完全、不规范的债务规则不无关系。①

新《预算法》实施之后，中央与地方政府债务同时实现由政府提出限额、各级人大审批的余额管理制度。该项制度与全口径预算管理相结合，催生了这项极富中国特色的财政规则的建立，并迅速在各级政府预算出台程序中得到推行。事实证明，由新《预算法》催生的新的债务规则已经使政府的财政政策决策逻辑发生变化，并产生了一系列的正面影响。

近期，面对愈益严峻的经济运行态势，决策层不断发出实施更加积极的财政政策的声音，并将更加积极的"靶向"确定在"实质性减税降费"的供给侧，甚至有学者对当下财政政策的积极力度乃至是否真正积极产生质疑。这使我们必须思考，新《预算法》确立的债务规则是否确实改变了财政政策决策逻辑？这套规则和逻辑能否保证财政政策"相机性"政策调控需要？对宏观经济又会产生怎样的影响？本文尝试解答这些问题。具体的逻辑关系见图 1。

目前，只有少量学者注意到新《预算法》对于财政政策决策逻辑的改变及其经济影响，更少有学者讨论其中财政规则的作用。林静（2018）从宪法的"元规则"视角探讨了预算管理过程中财政规则的

专家意见 3：新《预算法》关于债务规则的具体规定是什么？这是文章研究的核心，建议作者在正文做适当交代。

修改说明：之前文章中我们关于新《预算法》中债务规则的规定表述为"中央与地方政府债务同时实现由政府提出限额、各级人大审批的余额管理制度……"表述过于简略，我们在脚注中添加了新《预算法》中的原文，将具体规则交代清楚。

---

① 财政规则更多的是一种外生的对财政政策的限制，而有规律地相机抉择是政府决策内生过程中的一种规律。

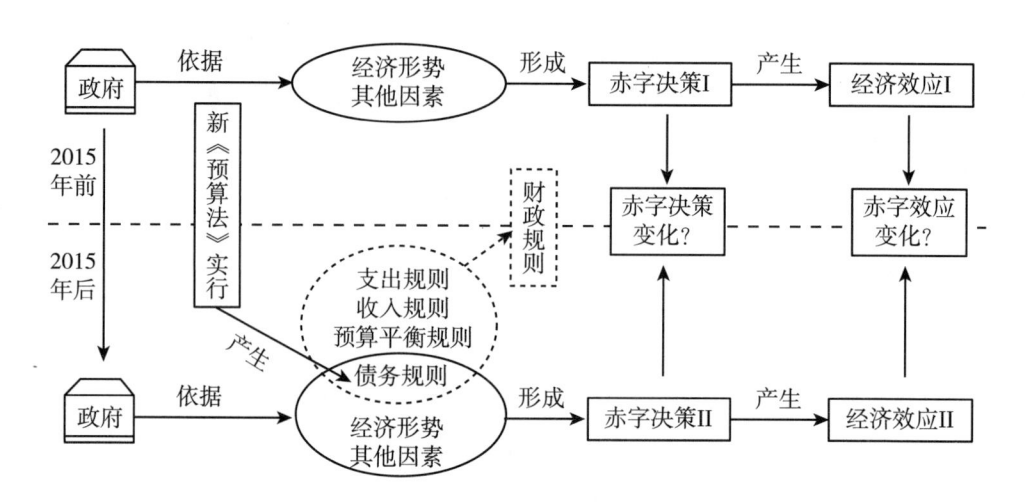

图 1 本文研究思路

专家意见 4：关于本文的边际贡献，作者阐述不够恰当，作者只是交代了本文做了哪些工作，并未阐明本文的理论贡献，建议专业地阐述本文的理论贡献。

修改说明：根据建议，我们进一步对边际贡献重新阐述，力求专业地阐述本文的理论贡献。

设定，并认为新《预算法》导致了以支出控制为核心的财政规则。然而，这其中可能存在两个偏误，首先，新《预算法》带来的财政规则变化是债务规则的设立，而非支出规则。其次，财政规则是预算对财政政策的限制手段，而非预算编制的整体规则。文章从规范性角度探讨了财政规则的变化对经济造成的影响，但并未进行实证分析。武彦民、竹志奇（2017）探讨了地方政府债务置换对于财政规则的影响，并使用了 DSGE 模型考察了其宏观效应。然而，该文并未将财政规则的实质改变与新《预算法》联系起来，且认为财政规则对于财政政策的影响只是降低了财政收支对债务的反应速度，而没有考察其对财政政策参数的影响。

基于已有文献研究的不足，本文的边际贡献在于，在厘清债务规则相关概念的基础上，通过动态面板模型考察财政规则变化对财政政策决策的影响，而后将这种影响模型化，放入 DSGE 模型进行模拟，从而揭示新《预算法》对宏观经济的影响及其具体效应和作用路径。

二、债务规则变化对财政政策决策的影响分析

虽然早在 19 世纪，不同形式的财政规则就出现在巴伐利亚王国、普鲁士以及美

国和瑞士国内的部分州了（Burret & Feld，2017），但财政规则真正在世界范围内被广泛采用还只是最近20年左右的事情①。在这20年时间里，财政规则的功能逐渐发展和变化。从最初单纯用于维护政府财政纪律，逐渐转变为既考虑政府财政纪律，又顾全政府调控经济职能的"下一代"财政规则（Schaechter，2012）。在财政纪律与调节经济之间的取舍（Trade - off），是财政规则设计的永恒难题。这意味着，作为财政规则之一的债务规则，一方面有利于约束政府相机抉择的"任性"，维护政府财政纪律，降低政府债务风险；另一方面，也在一定程度上削减了政府利用财政政策干预经济的能动性，放大经济波动，弱化公共资本形成能力，影响经济增长潜力。当然，新《预算法》带来的债务规则会在这两种力量博弈中呈现出何种性质的纯效应，还应在我国现实国情条件下，具体问题具体分析。

2008年经济危机爆发之后，"双松"政策组合被推到调控舞台的中央，经济运行受到"重、快、准、实"的极强政策刺激，获得相当丰沛的资金支持。但由此带来的政策效应具有双重性：一方面，经济增长基本摆脱下行颓势，经济增速在2008～2011年四年间持续保持在10%左右；另一方面，地方政府的高杠杆、高债务、高风险现象已露端倪。更由于旧《预算法》的制度缺陷，大量地方债务携带或然性、潜伏性、混沌性"病毒"，风险程度无法准确估计，极易酿成财政危机的"黑天鹅事件"。为有效管控风险，中央政府打出一套主要针对地方债务的"组合拳"，包括审计署在2011年和2013年对地方政府债务状况进行两次审计摸底；2014年国务院出台《关于加强地方政府性债务管理的意见》；2015年出台了新《预算法》，内含有比较清晰的地方债务控制条款。至此，针对地方债务的管控框架基本完成，以债务限额管理为核心的债务规则基本形成。图2给出了2012年至2018年间我国一般政府性预算和政府性基金的季度赤字同比增幅与现价GDP季度同比②增幅，同时标出了一系列政府债务治理的标志性事件。可以看出，关于债务的一系列政策和制度都是围绕着债务治理这一主题而推出的。也就是说政府对于债务的态度偏向于强调财政纪律，而不是逆向调节经济。

---

① 根据Schaechter等（2012）的统计，1990年在中央政府层面采纳财政规则的国家只有5个，即德国、印度尼西亚、日本、卢森堡和美国，然而到了2012年，使用财政规则的国家已经达到了76个。

② 之所以选取GDP现价数据，而非不变价数据，是考虑到政府在进行赤字决策时，GDP现价数据更具有可获得性和参考的便利性。

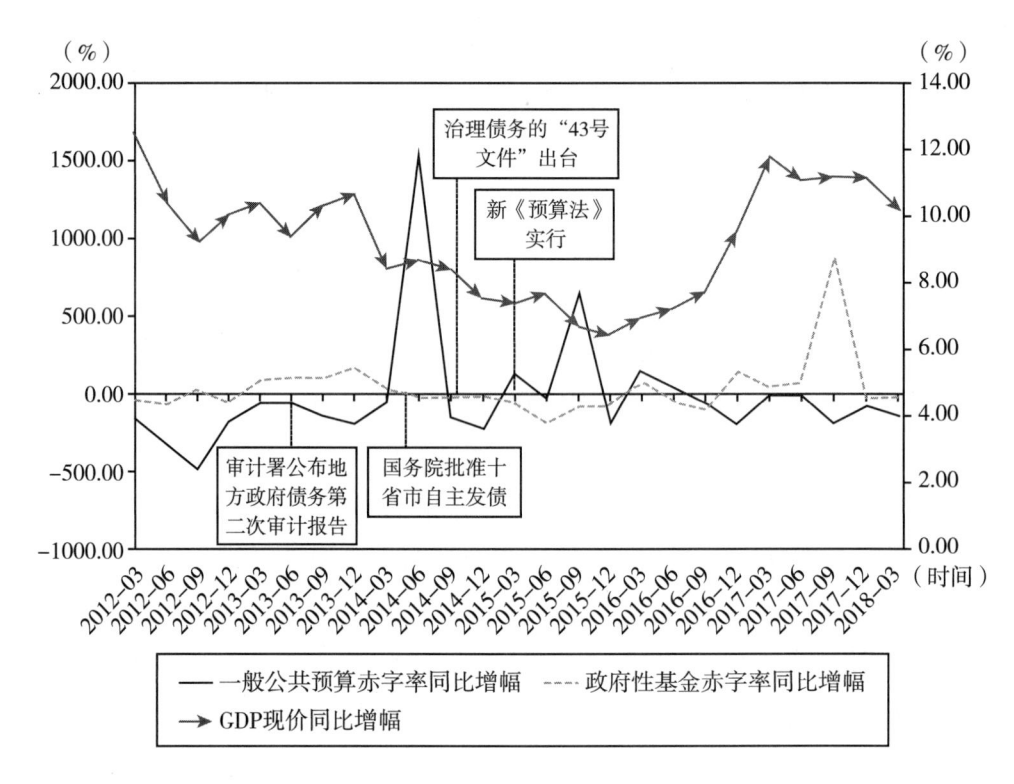

知识助产士：编者与作者、读者的沟通

图2 2012~2018年现价GDP、赤字季度同比变化及有关事件
资料来源：Wind数据库。

专家意见5：文章第二部分为什么要同时研究一般公共预算和政府性基金赤字，文章中心是财政政策的逆周期性，建议聚焦一般公共预算赤字即可。

修改说明：我们根据建议，将研究重点由原来的赤字分析聚焦于一般公共预算赤字。

另从图2也可以看出，一般公共预算赤字具有明显的逆周期变动特征。特别是在2014年第一、第三季度，2015年第三季度出现GDP同比增速下滑时，一般公共预算赤字同比增幅大幅上涨；而2015年之后，一般公共预算的季度赤字同比变化幅度明显下降。政府性基金赤字同比变化则表现出了较强的顺周期特征，其变化趋势基本与GDP现价同比变化趋势接近，而2015年之后，政府性基金预算赤字同比变化的波动程度大幅上升，如2017年第三季度出现赤字同比大幅攀升。

从图2中我们虽然可以大致看出2015年前后政府财政政策发生一定变化，却无法直观观察到这种变化的具体形式。为此，我们将2015年前后，政府赤字与GDP同比变化的相关关系列于图3、图4和表1。由于政府的赤字决策在时间上先于GDP数据统计，因此我们给出的是当期赤字与上期GDP数据的相关关系，这其中暗含的假设是政府本季度的赤字决策是基于上个季度GDP的数据做出的。

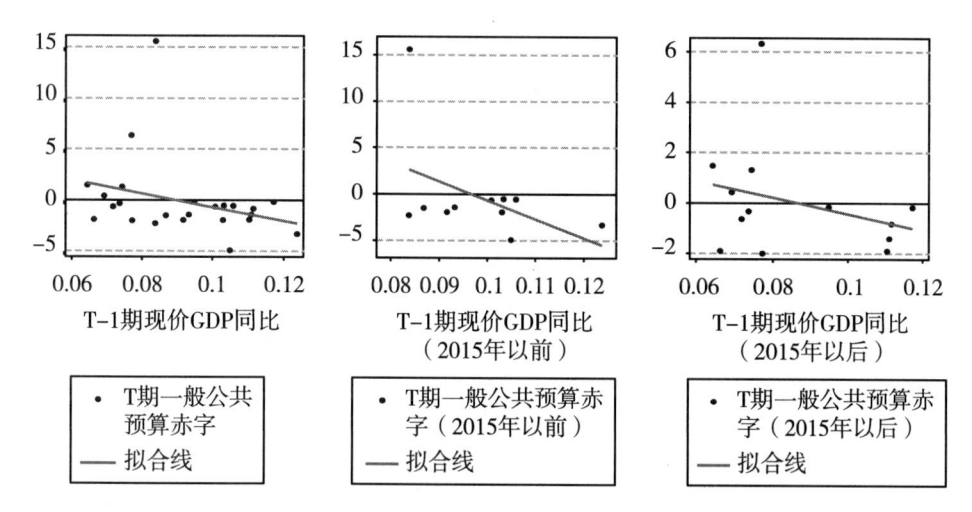

图 3　T 期一般公共赤字同比增幅与 T−1 期 GDP 现价同比增幅相关关系

资料来源：Wind 数据库。

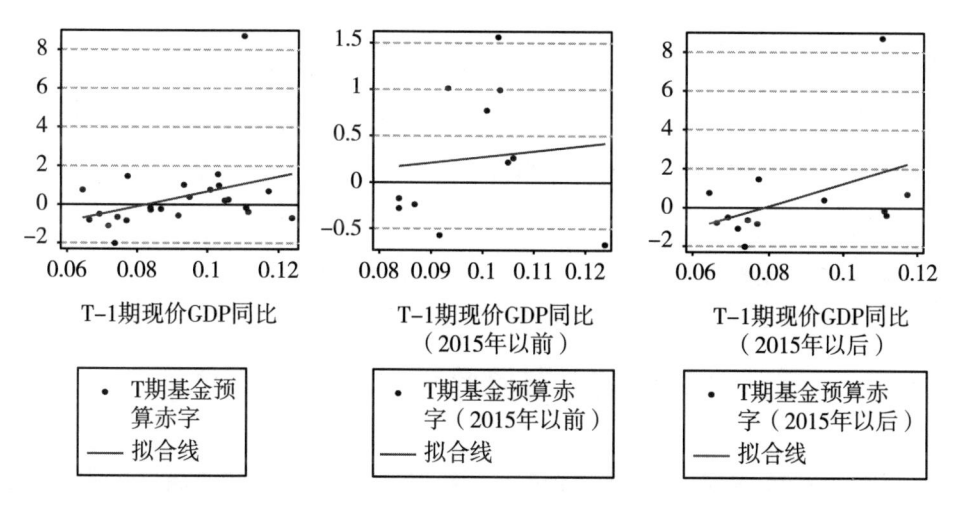

图 4　T 期政府性基金赤字同比增幅与 T−1 期 GDP 现价同比增幅相关关系

资料来源：Wind 数据库。

表 1　　　　　　　　　　　相关系数

	一般公共预算赤字同比与政府性基金赤字同比间相关系数	一般公共预算赤字同比与 GDP 同比相关系数	政府性基金赤字同比与 GDP 同比相关系数
全体样本	−0.1446	−0.2966	0.3401
2015 年前	−0.1223	−0.4477	0.0992
2015 年后	−0.3062	−0.2916	0.4347

资料来源：Wind 数据库。

从图3、图4中可以看出一般公共预算赤字同比增幅与上期GDP现价同比增幅之间存在负相关关系,说明一般公共预算赤字具有一定的逆周期性。而政府性基金预算赤字同比增幅与上期GDP现价同比增幅之间存在正相关关系,说明政府性基金赤字则表现出一定的顺周期性。当然这与两类预算的编制方法不无关系,一般公共预算更多的是"以支定收"或"收支独立",因此表现出逆周期特征。而政府性基金预算更多的是"以收定支",因此表现出一定的顺周期特征。从表1也可以看出两类赤字之间的相关系数为-0.1446。

值得注意的是,在2015年前后,两类预算赤字与GDP之间的相关关系出现了非常明显的变化,一般公共预算的负相关性明显下降,而政府性基金预算的正相关性大幅上升。也就是说,在2015年之后,一般公共预算赤字逆周期调节经济的幅度下降了,而基金预算的顺周期特征更加明显了。从表1我们可以更加直观地看出该变化,2015年前一般公共预算赤字与GDP同比变化的相关系数为-0.4477,而2015年后上升至-0.2916。2015年前政府性基金赤字与GDP同比变化的相关系数为0.0992,而2015年后上升至0.4347。就综合结果来看,这两年经济形势稳中有变,国内外经济环境比较严峻,在最需要积极财政政策大显身手的时候,以赤字为核心手段的财政政策表现得不是特别"给力"。所以我们需要更加深入地分析这种现象与新《预算法》实施特别是新债务规则实施是否存在因果关系。

三、债务规则对财政政策影响的实证分析

要想分析债务规则对财政政策的影响,我们必须先理解政府是如何制定财政政策的。方式无非两类,第一类是通过调查问卷方式直接向财政政策制定主体求证,以期获得最为准确的决策思路,直接拿到债务规则对财政政策的影响过程。但这种方式无异于异想天开,实难操作。因此我们选取第二类方法,基于假设利用数据进行统计推断,通过数据间的内在联系对债务规则与财政政策的影响机制加以科学求证。我们在此使用的数据层级为省级面板数据,原因有三点:第一,当然是数据的可获得性较高;第二,就财政政策的决定权而言,省级政府具有较强的话语权和决定权,这一点是市县两级政府无法具备的;第三,财政政策涉及到跨区域的综合协调考量,市县两级政府辖域较小,跨区域综合协调能力较弱。

（一）计量模型

对于财政政策决定形式的假设，我们参考 Gali 和 Perotti（2003）研究《马斯特里赫特条约》的模型设定方式，将财政政策区别为两个部分，一个部分是政策制定者做出决策导致赤字"主动"变化的部分；另一部分是我国财税体制中"被动"实现逆周期赤字变化的部分。我们的研究思路是控制住"被动"部分，主要考察政策制定者"主动"导致的赤字在 2015 年前后的变化。基本计量模型设计如下：

$$def_{it} = \mu_i + \rho_1 E_{t-1}(y_{it}) + \rho_2 D_{ar} E_{t-1}(y_{it}) + X_{it}\beta + \epsilon_{it} \quad (1)$$

其中，i 与 t 分别表示省份与年份，μ_i 代表地区异质性，ϵ_{it} 为随机误差项，def_{it} 为政策制定者选择当期赤字的同比增幅，$E_{t-1}(y_{it})$ 为政策制定者对当期 GDP 同比增幅的预期值。D_{ar} 表示新《预算法》是否实行的虚拟变量，2015 年后取值为 1。X_{it} 表示控制变量和常数项，其中控制变量包含个人所得税同比数据，用于控制我国财税制度中的"自动稳定器"效应；以及进出口同比数据，用于控制外部环境的经济波动因素。

（二）数据处理与估计方法

本文使用的是 2012 年至 2017 年中国 30 个省、自治区、直辖市的季度数据（不包括西藏自治区及台湾、香港、澳门地区数据），其中财政赤字、个人所得税[①]和进出口同比数据均来自 Wind 数据库。为避免季节因素和自相关问题，我们将数据全部处理为季度同比数据。其中政策制定者对于当期 GDP 同比变化的预期 $E_{t-1}(y_{it})$，我们使用上期 GDP 同比变化 y_{it-1} 作为替代变量。

---

① 由于仅部分各省、自治区、直辖市公布了个人所得税的月度数据，同时考虑到个人所得税数据仅作为控制变量，我们使用各省、自治区、直辖市年度数据和全国季度数据进行加权计算，补齐了缺失数据。

专家意见 6：文章在实证检验新《预算法》对财政政策逆周期性的影响时，采用的是设置 2015 年虚拟变量的方式进行检验，这里存在的问题是可能研究设计不太可靠，比如该文提到几个事件：审计署在 2011 年和 2013 年对地方政府债务状况进行两次审计摸底；2014 年国务院出台《关于加强地方政府性债务管理的意见》，可能 2015 年仅仅是这些事件的滞后影响，如此的话，就不能说是新《预算法》的影响，建议作者采用安慰剂检验排除这些可能性。当然 2015 年是否还有其他事件会影响财政政策的逆周期性，需要作者排除。

修改说明：针对"研究设计不可靠"问题，我们在模型设定初期也曾思考过，最理想的方式是使用流行的政策评估手段 DID 进行处理，但限于新《预算法》作为一部全国范围实行的法律，"法外之地"的对照组实在难以寻找。我们也曾设想通过利用香港、台湾等地区数据进行空间安慰剂检验，但经济政治制度的巨大差距让这样的检验可信度存疑。最终，针对意见中提到的 2015 年仅仅可能是之前事件影响的滞后，我们将 2014 年作为分界点的哑变量，使用相同的数据和回归方法进行回归，作为时间安慰剂检验，核心解释变量的显著性水平下降较为严重，只有 FGLS 方法回归时达到 10% 的显著性水平。由此可以得出，财政政策的逆周期性确实是在 2015 年发生显著变化的，我们的回归结果是稳健的。

针对"2015 年是否还有其他事件会影响财政政策的逆周期性？"这个问题，我们梳理了 2014 年到 2015 年政府关于财政政策的表述，并未找到结构性变化的表述，特别是从赤字率来看，并未发生财政政策转向，由此可以基本排除其他事件的影响。

本文的估计策略是逐渐放宽假设的条件，采用不同的估计方法对比，保证结果的可靠性。首先，我们采用静态模型的估计方法，由于数据结构 N = 30、T = 24，介于短面板与长面板之间，因此我们先假定 ϵ_{it} 独立同分布，使用短面板的估计方法进行估计，而后放宽假设条件，利用长面板的估计方法进行估计。随后，考虑到财政赤字决策的连续性，加入被解释变量的滞后项，采用动态面板模型的方法进行估计。

（三）实证结果

首先，我们采用短面板静态模型的估计方法，假定随机误差独立同分布。经检验，在使用聚类稳健标准误的条件下，扰动项不存在自相关问题，说明 RE（静态随机效应回归）等价于混合回归；个体虚拟变量显著，说明不同省市之间存在强烈的个体效应。因此，我们采用聚类稳健标准误下的固定效应模型（FE）进行估计，并将结果列于表 2 中第 1 列。

表 2　　变量回归结果

模型序号		模型 1	模型 2	模型 3	模型 4	模型 5
方法		FE	FGLS	SYSGMM Onestep	SYSGMM Twostep	SYSGMM Twostep
变量名称		赤字同比变化率	赤字同比变化率	赤字同比变化率	赤字同比变化率	赤字同比变化率
核心解释变量	GDP 同比变化率一阶滞后	－0.351 （－1.559）	－0.136 （－1.478）	－0.561 （－1.361）	－0.577*** （－6.540）	－0.577 （－1.286）
	GDP 同比变化率一阶滞后与虚拟变量交互项	0.541 （1.677）	0.295*** （2.704）	0.746** （2.324）	0.785*** （8.274）	0.785** （2.109）
控制变量	进口同比变化率	－0.081 （－0.903）	－0.089*** （－5.071）	－0.244 （－1.564）	－0.232*** （－6.293）	－0.232 （－1.343）
	个人所得税同比变化率	0.220 （1.185）	0.194*** （10.400）	0.022 （0.161）	0.0183 （0.363）	0.0183 （0.115）
	出口同比变化率	0.0176 （0.418）	0.0000628 （0.132）	－0.0295 （－0.758）	－0.023 （－1.389）	－0.023 （－0.454）

续表

模型序号		模型1	模型2	模型3	模型4	模型5
控制变量	赤字同比变化率（滞后一期）	—	—	-0.0314 (-0.121)	-0.0309** (-2.130)	-0.0309 (-0.116)
	赤字同比变化率（滞后二期）	—	—	0.310* (1.922)	0.306*** (66.89)	0.306* (1.849)
	赤字同比变化率（滞后三期）	—	—	0.163*** (8.432)	0.162*** (39.43)	0.162*** (7.733)
常数项		0.176*** -5.684	1.532 -1.372	0.137 -1.498	0.131*** -8.906	0.131 -1.431
观察值		570	570	510	510	510
R-squared		0.003	—	—	—	—
AR(1)		—	—	0.202	0.086	0.163
AR(2)		—	—	0.926	0.959	0.97
Hansen Test		—	—	0.284	0.284	0.284

*** $p<0.01$, ** $p<0.05$, * $p<0.1$

注：(1) 括号内为t值；(2) AR (1)、AR (2) 和Hansen test报告的均为P值；(3) 在SYS-GMM回归中，我们使用Stata中的xtabond2命令。考虑到样本时间跨度T过长，样本数量相对不多等问题，回归时我们分别使用了xtaband2中的small和collapse命令。

随后，我们采用长面板静态模型的估计方法进行估计。经检验，方程（1）同时存在组间异方差、同期相关和组内自相关的情况。因此，我们采用全面FGLS的估计方法进行估计，回归结果列于表2第2列。

最后，考虑到赤字决策的连续动态特征，我们采用SYS-GMM的方法进行动态面板模型的估计。对于滞后期数的选择，为完全控制历史赤字决策对当期决策的影响，同时考虑到季度数据的特征以及我国预算周期为1年，我们将滞后期数设置为3期，即赤字决策者在决策时会考虑过去3个季度的赤字。为保证回归的可靠性，我们分别使用一步SYS-GMM法、两步SYS-GMM法和Windmeijer修正下的两步SYS-GMM法进行回归，并使用时间虚拟变量作为强外生工具变量。并将回归结果列于表2第3、4、5列。

（四）结果分析

综合表2五个回归中的两个核心解释变量的表现来看，赤字同比变化（def_{it}）与

GDP同比变化的一阶滞后（$E_{t-1}(y_{it})$）之间均为负相关关系，但只有模型4中的回归结果是显著的。说明大部分地方政府在赤字决策时，虽然会考虑到经济形势，但并不会完全按照逆对经济风向的方式安排赤字。也就是说地方政府的赤字虽然在逆经济周期变动，但其赤字决策却并非是完全基于逆周期调节经济逻辑。

地方政府赤字决策过程中逆周期因素并不显著的主要原因不难理解，平抑经济波动本就是中央财政的重要职能，地方政府并没有足够的动机和信息来履行这一职能，但只要中央财政政策的基本趋向契合了地方的强烈发展冲动，地方倒是很乐意以配合者和执行者的角色参与，因此大多数地方政府对经济增长变化的预期并不作为其赤字决策的主要依据。

GDP同比变化率的一阶滞后与时间虚拟变量的交互项 $D_{ar}E_{t-1}(y_{it})$，代表新《预算法》实施后，地方政府经济周期对赤字决策的影响。该变量除了在回归1中P值略高于10%之外（10.3%），在其余4个回归中均非常显著，且为正。这说明新《预算法》实施后，地方政府的赤字决策的逆周期性不仅没有上升，反而大幅下降了。我们将显著性较好的回归4中的参数代入到简化后的计量模型式（1），可以很清楚地看出这种变化。

2015年前：
$$def_{it} = -0.577 E_{t-1}(y_{it}) + X_{it}\beta + \epsilon_{it} + \mu_{it} \tag{2}$$

2015年后：
$$def_{it} = 0.208 E_{t-1}(y_{it}) + X_{it}\beta + \epsilon_{it} + \mu_{it} \tag{3}$$

公式（2）和（3）描述了地方政府赤字政策逆周期性稍显"褪色"，尤其是2015年之后顺周期程度上升十分明显的现象。这一现象与我们最初的假设相符，即2015年新《预算法》出台之后，债务规则的产生迫使地方政府更多地考虑财政纪律，而非稳定经济。由此大体证明，综合财政政策对经济的逆周期调节力度确有下降，且与新《预算法》中的债务规则有直接关系，但与中央政府更加积极的财政政策的努力方向是相逆的。

四、债务规则对财政政策影响的宏观效应分析

通过上文的实证分析，我们回答了图1中的第一个问题，即赤字决策逻辑确实

发生了变化,赤字对于经济的逆周期调节作用在 2015 年之后,受债务规则的影响大幅削弱,地方政府的赤字决策甚至从逆周期变为顺周期。为进一步回答第二个问题,财政政策决策逻辑的改变会带来哪些经济影响,我们引入一个 DSGE 模型进行具体考察。为模拟赤字决策逻辑的改变,我们的建模思路是通过财政政策设定形式和参数的变化,分别构造新《预算法》执行前后的财政政策决策方程,而后通过模拟相同的外部冲击,考察主要宏观经济变量的变化,对比分析其宏观效应。

本文采用的模型框架为 CEE（Christiano 等,2005）新凯恩斯 DSGE 模型框架,同时参考 Leeper 等（2010）、武彦民等（2017）的设定,添加了财政相关的参数和变量。具体模型设定方式如下:

（一）模型核心部分的设定

1. 财政部门

政府的收入来自债券发行、劳动税、消费税和资本税,支出则用于政府消费、政府投资、转移支付和偿还债务。我们将财政部门的预算平衡形式设定如下:

$$\frac{B_t}{P_t} + \tau_t^n w_t N_t + \tau_t^c C_t + [u_t r_t^k - \delta(u_t)]\tau_t^k K_{t-1} = C_{G,t} + I_{G,t} + TR_t + \frac{R_{t-1}}{\pi_t}\frac{B_{t-1}}{P_{t-1}} \quad (4)$$

$$K_{G,t} = (1-\delta_G)K_{G,t-1} + \left[1 - S_{G,t}\left(\frac{I_{G,t}}{I_{G,t-1}}\right)\right]I_{G,t} \quad (5)$$

$$S_{G,t} = \frac{k}{2}\left[\frac{I_{G,t}}{I_{G,t-1}} - 1\right]^2 \quad (6)$$

其中,式（5）为公共资本的积累方程,式（6）为公共投资的调整成本。δ_G 为公共资本的折旧率。

2. 财政政策①

将剔除通胀因素的 t 期财政真实赤字设定如下:

$$Def_t = \frac{B_t}{P_t} - \frac{B_{t-1}}{P_{t-1}\pi_t} \quad (7)$$

虽然在模型里,赤字由财政预算变量所决定,但在现实中,只有部分变量是政

---

① 很多文献在财政政策的设定中使用财政规则这一说法是不太规范的,没有很好区分财政规则与有规律地相机抉择。财政规则更多的是一种外生的对财政政策的限制,而有规律地相机抉择是政府内生决策过程中的一种规律。

府赤字的主要影响因素,即只有部分变量作为财政相机抉择的工具在现实中被广泛使用,其余变量无论是从总量还是从结构上对赤字形成的影响较小。为此我们首先需要挑选恰当变量,作为模型内政府赤字决策的执行工具。

从支出来看,自亚洲金融危机以来,财政投资就作为重要的逆周期调节工具被广泛应用。而2010年之后,以"三公"经费为代表的政府消费也可以被看作是政府调节经济的一大工具。从收入来看,虽然"新常态"以来,供给侧减税逐渐成为我国政府调控经济的手段,如2014~2015年调节燃油消费税税率、全面实行"营改增"和2018年降低增值税税率等,但宏观税率总体呈现刚性,且与实际的税收征管效率密切相关,实际政策效果具有较大不确定性。鉴于此,我们将政府消费和投资设定为政府赤字决策的执行工具,其他变量则在稳态附近随经济波动被动变化。

考虑到财政政策既要逆周期调节经济,又要维护财政纪律,防范政府债务风险,我们将财政政策的对数线性化调整形式设定如下:

$$\begin{bmatrix}\widehat{C_{G,t}}\\ \widehat{I_{G,t}}\end{bmatrix}=\begin{bmatrix}\omega_C & 0 & -\phi_C & -\gamma_C\\ 0 & \omega_I & -\phi_I & -\gamma_I\end{bmatrix}\begin{bmatrix}\widehat{C_{G,t-1}}\\ \widehat{I_{G,t-1}}\\ \widehat{Y_{t-1}}\\ \widehat{b_{t-1}}\end{bmatrix} \quad (8)$$

其中,$\omega_i(i=C,I)$代表财政政策实施的刚性程度,$\phi_i(i=C,I)$和$\gamma_i(i=C,I)$代表政府消费和政府投资对产出和政府债务变动的敏感程度,其本质是财政政策决策者对于逆周期调节和财政纪律的取舍。

3. 债务规则对财政政策影响的模型设定

根据前文有关债务规则文献的综述,我们可知从规范性角度讲,债务规则对财政政策的影响表现为降低了政府消费和投资对于产出变动的敏感程度,提高了其对债务变动的敏感程度。这意味着财政政策决策中,逆周期调节的重要性相对于财政纪律的重要性下降了,即$\phi_i/\gamma_i(i=C,I)$值减小了。从实际角度来看,计量回归的结果显示财政的逆周期性大幅下降,即$\phi_i,(i=C,I)$的值减小。鉴于此,为方便模拟和保证BK条件的满足,我们假定$\gamma_i,(i=C,I)$保持不变,$\phi_i/\gamma_i(i=C,I)$值的减小完全由$\phi_i,(i=C,I)$的下降导致。由此我们设定,新《预算法》执行前后的财政政策方程为:

新《预算法》执行前：

$$\begin{bmatrix} \widehat{C_{G,t}} \\ \widehat{I_{G,t}} \end{bmatrix} = \begin{bmatrix} \omega_C & 0 & -\phi_C^b & -\gamma_C \\ 0 & \omega_I & -\phi_I^b & -\gamma_I \end{bmatrix} \begin{bmatrix} \widehat{C_{G,t-1}} \\ \widehat{I_{G,t-1}} \\ \widehat{Y_{t-1}} \\ \widehat{b_{t-1}} \end{bmatrix} \quad (9)$$

新《预算法》执行后：

$$\begin{bmatrix} \widehat{C_{G,t}} \\ \widehat{I_{G,t}} \end{bmatrix} = \begin{bmatrix} \omega_C & 0 & -\phi_C^a & -\gamma_C \\ 0 & \omega_I & -\phi_I^a & -\gamma_I \end{bmatrix} \begin{bmatrix} \widehat{C_{G,t-1}} \\ \widehat{I_{G,t-1}} \\ \widehat{Y_{t-1}} \\ \widehat{b_{t-1}} \end{bmatrix} \quad (10)$$

其中参数右上角标 b 和 a 的含义分别表示为 before 和 after，且：$\phi_i^b > \phi_i^a, (i = C, I)$。

（二）模型非核心部门的设定

1. 家庭

假设家庭 o 的跨期效用函数形式为：

$$E_t \sum_{k=0}^{\infty} \beta^k \left[ln(\tilde{C}_{o,t+k} - h\tilde{C}^*_{o,t+k-1} - \psi_t^c) - \chi \frac{N_{o,t+k}^{1+\eta}}{1+\eta} \right] \quad (11)$$

$$\tilde{C}_{o,t} = (k_c^{\frac{1}{v}} C_{o,t}^{\frac{v-1}{v}} + (1-k_c)^{\frac{1}{v}} C_{G,t}^{\frac{v-1}{v}})^{\frac{v}{v-1}} \quad (12)$$

$$\psi_t^c = \rho_c \psi_{t-1}^c + \epsilon_t^c \quad (13)$$

其中，$\tilde{C}_{o,t}$ 为包含公共品和私人品的消费束，ψ_t^c 为服从 AR（1）过程的消费冲击，$N_{o,t}$ 为劳动力供给，参数 β、h、χ、k_c、v 分别代表主观折现率、消费惯性、劳动供给权重、公共品与私人品比重和私人消费与公共消费的替代弹性。

假定家庭面临的预算约束为：

$$(1+\tau_t^c)C_{t,o} + I_{t,o} + \frac{B_{o,t}}{P_t} = (1-\tau_t^n)\frac{W_{o,t}}{P_t}N_{o,t} + [(1-\tau_t^k)r_t^k u_t + \tau_t^k \delta(u_t)]K_{o,t-1} +$$

$$R_{t-1}\frac{B_{o,t-1}}{P_t} + TR_{o,t} + DIV_{o,t} \quad (14)$$

其中，家庭的收入来自于税后工资、税后资本收益、债券利息收入、政府转移支付和企业分红，支出主要用于消费、投资和购买公债。其中 τ_t^c、τ_t^k、τ_t^n 分别代表消费税率、资本税率和劳动税率。

资本积累方程为：

$$K_{o,t} = (1 - \delta(u_t))K_{o,t-1} + l_t\left[1 - S_t\left(\frac{I_{o,t}}{I_{o,t-1}}\right)\right]I_{o,t} \tag{15}$$

$$S_t = \frac{k}{2}\left[\frac{I_{o,t}}{I_{o,t-1}} - 1\right]^2 \tag{16}$$

$$\delta(u_t) = \delta_0 + \delta_1(u_t - 1) + \frac{\delta_2}{2}(u_t - 1)^2 \tag{17}$$

$$\log(l_t) = \rho_l \log(l_{t-1}) + \epsilon_t^l \tag{18}$$

其中，l_t 为符合 AR（1）过程的投资冲击，式（16）为投资调整成本的设定形式，式（17）为折旧与资本利用率的关系。

通过求解效用最大化条件下的消费、债券持有量、资本存量、投资和资本利用率，我们得到一阶条件（FOC）为：

$$\lambda_{o,t} = (\tilde{C}_{o,t} - h\tilde{C}_{o,t-1}^* - \psi_t^c)^{-1}\frac{k_c^{\frac{1}{v}}}{1 + \tau_t^c}\left(\frac{\tilde{C}_{o,t}}{C_{o,t}}\right)^{\frac{1}{v}} \tag{19}$$

$$\lambda_{o,t} = \frac{\beta E_t \lambda_{o,t+1} R_t}{\pi_{t+1}} \tag{20}$$

$$q_t = E_t \frac{\lambda_{o,t+1}}{\lambda_{o,t}}\beta[(1 - \tau_{t+1}^k)r_{t+1}^k u_{t+1} + \tau_{t+1}^k \delta(u_{t+1}) + q_{t+1}(1 - \delta(u_{t+1}))] \tag{21}$$

$$1 = q_t l_t (1 - S_t - \frac{\partial S_t}{\partial I_{o,t}}I_{o,t}) - E_t \beta \frac{\lambda_{o,t+1}}{\lambda_{o,t}} q_{t+1} l_{t+1} \frac{\partial S_{t+1}}{\partial I_{o,t}}I_{o,t+1} \tag{22}$$

$$q_t \delta'(u_t) = (1 - \tau_t^k)r_t^k + \tau_t^k \delta'(u_t) \tag{23}$$

其中 $\lambda_{o,t}$ 为拉格朗日乘子，q_t 为托宾的 Q 值（$q_t = \mu_t/\lambda_t$，μ_t 为拉格朗日乘子），π_t 为 t 期通胀指数。

2. 工资

假设每个家庭都是不同劳动力的垄断提供者，存在工会等类似组织在完全竞争条件下，将每个家庭的劳动力打包卖给企业，打包的形式如下：

$$N_t = \left(\int_0^1 N_{i,t}^{\frac{\theta_w - 1}{\theta_w}} di\right)^{\frac{\theta_w}{\theta_w - 1}} \tag{24}$$

其中 θ_w 为异质劳动力的替代弹性。

引入工资黏性。假定家庭每一期都依照一个固定概率 $1-W_w$ 调整工资,为追求最大化效用,家庭制定工资的最优问题如下:

$$\max \sum_{k=0}^{\infty} (\beta W_w)^k \left[-\chi \frac{N_{o,t+k}^{1+\eta}}{1+\eta} + \lambda_{t+k}(1-\tau_t^n) \frac{W_{o,t}}{P_{t+k}} N_{o,t+k} \right] \quad (25)$$

$$\text{S.T} \quad N_{o,t} \leq \left(\frac{W_{o,t}}{W_t} \right)^{-\theta_w} N_t \quad (26)$$

求出黏性工资的决定形式:

$$w_{o,t}^* = \frac{\theta_w}{\theta_w - 1} \frac{\chi \dfrac{w_t^{\theta_w(1+\eta)}}{(w_{o,t}^*)^{\theta_w(1+\eta)}} N_t^{(1+\eta)} + W_w \beta E_t (\pi_{t+1})^{\theta_w(1+\eta)} \widetilde{H}_{1t+1}}{\lambda_t (1-\tau_t^n) \dfrac{w_t^{\theta_w}}{(w_{o,t}^*)^{\theta_w}} N_t + W_w \beta E_t (\pi_{t+1})^{\theta_w - 1} \widetilde{H}_{2t+1}} \quad (27)$$

根据利润最大化和完全竞争零利润条件,得出工资的指数方程:

$$w_t^{(1-\theta_w)} = (1-W_w)(w_{o,t}^*)^{(1-\theta_w)} + W_w (w_{t-1})^{(1-\theta_w)} \pi_t^{\theta_w - 1} \quad (28)$$

3. 最终品厂商

假设处于完全竞争市场的最终品厂商的生产函数为 D-S 形式:

$$Y_t = \left(\int_0^1 Y_{j,t}^{\frac{\theta_p - 1}{\theta_p}} \mathrm{d}j \right)^{\frac{\theta_p}{\theta_p - 1}} \quad (29)$$

其中 θ_p 为异质中间品的替代弹性。

通过利润最大化和零利润条件得出价格函数:

$$P_t = \left(\int_0^1 P_{j,t}^{1-\theta_p} \mathrm{d}j \right)^{\frac{1}{1-\theta_p}} \quad (30)$$

4. 中间品厂商

假设处于垄断竞争市场中间品厂商生产函数为 C-D 函数形式:

$$Y_{j,t} = Z_t K_{G,t-1}^{\kappa_G} (u_t K_{j,t-1})^{\alpha} N_{j,t}^{1-\alpha} \quad (31)$$

$$\log(Z_t) = \rho_z \log(Z_{t-1}) + \epsilon_t^z \quad (32)$$

其中 Z_t 为全要素生产率,假定其为 AR(1) 过程。$K_{G,t-1}$ 为公共资本存量,κ_G 为公共资本弹性。

解厂商成本最小化问题,易得真实工资和真实资本报酬率:

$$w_t = (1-\alpha) mc_t Z_t K_{G,t-1}^{\kappa_G} \bar{K}_t^{\alpha} N_t^{(-\alpha)} \quad (33)$$

$$r_t^k = (\alpha) mc_t Z_t K_{G,t-1}^{\kappa_G} \bar{K}_t^{\alpha-1} N_t^{(1-\alpha)} \tag{34}$$

其中，w_t、r_t^k 和 mc_t 分别表示真实工资、真实资本报酬与真实边际成本。名义边际成本 MC_{t+k} 为上式求解最大化过程中的拉格朗日乘子。

中间品黏性价格的设定依然参考 Calvo（1983）的设定，假设企业每期调整价格的概率为 $1-W_p$，其选择利润最大化的中间品售价可转化为以下问题：

$$\max : E_t \sum_{k=0}^{\infty} (W_p \beta)^k \frac{u'(C_{t+k})}{u'(C_t)} \left(\frac{P_{j,t}}{P_{t+k}} \left(\frac{P_{j,t}}{P_{t+k}} \right)^{-\theta_p} Y_{t+k} - mc_{t+k} \left(\frac{P_{j,t}}{P_{t+k}} \right)^{-\theta_p} Y_{t+k} \right) \tag{35}$$

其中，$\beta^k \frac{u'(C_{t+k})}{u'(C_t)}$ 为随机贴现因子，$u'(C_t)$ 为效用函数的偏导数。

解出最优中间品定价并写为通胀形式：

$$\pi_t^* = \frac{\theta_p}{\theta_p - 1} \pi_t \frac{u'(C_t) mc_t Y_t + (\beta W_p) E_t (\pi_{t+1})^{\theta_p} x_{1t+1}}{u'(C_t) Y_t + (\beta W_p) E_t (\pi_{t+1})^{\theta_p - 1} x_{2t+1}} \tag{36}$$

价格指数方程为：

$$\pi_t^{1-\theta_p} = (1-W_p)(\pi_t^*)^{1-\theta_p} + W_p \tag{37}$$

5. 央行

假定货币政策传导顺畅，央行遵循泰勒规则，使用利率调节通胀和产出，形式如下：

$$R_t - R_s = (1-\rho_R)(R_{t-1} - R_s) + \rho_R [\gamma_\pi (\pi_t - \pi_s) + \gamma_y (\log(Y_t) - \log(Y_s))] \tag{38}$$

其中 R_s、π_s 和 Y_s 分别为稳态利率、稳态通胀和稳态产出。参数 ρ_R 决定利率的平滑程度，γ_π 和 γ_y 分别代表央行对通胀和产出的调控力度。

（三）参数校准

参考陈昆亭等（2004）和张佐敏（2014）的研究，我们将折现率 β 校准为 0.98。α 是私人资本的产出弹性，参考刘斌（2009）的估计，将其校准为 0.42。将公共资本产出弹性 κ_G 的校准值设定为 0.1（吴化斌，2011；张佐敏，2014）。假设政府折旧率与私人资本折旧率 δ_0 相同，并校准为 0.025（张佐敏，2014）。参考 Leeper（2010）和 Schwarzmuller（2015）的估计将 δ_2 的校准值设定为 0.29。根据张佐敏（2014）的估计将投资调整成本参数 κ 设定为 2.105，消费习惯参数 h 校准为 0.466。根据陈昆亭等（2006）的设定，我们将 W_p 的校准值设为 0.6。假设工资一年调整一次，因此将 W_w 的校准值设为 0.75。将中间品的替代弹性 θ_p 设定为 10（陈昆亭等，2004；张佐敏，2014）。将劳动的替代弹性 θ_w 设定为 3，劳动力供给弹性的倒数 η 设定为 2.16（Wolters & Schwarzmuller，2014）。参考王文甫（2010）的研究，将货币政策调整参数校准值设定为 $\rho_R = 0.92$、$\gamma_\pi = 1.766$、$\gamma_y = 0.2533$。将私人品和公共品消费的替代弹性 υ 的校准值设定为 0.8（Wolters & Schwarzmuller，2014）。将私人物品消费在总消费中的比例 κ_c 设定为 0.8，即家庭消费取得效用中的 20% 来自于公共品。根据王晓芳和杨克贲（2014）的计算方法，我们将稳态税率校准值设定为 $\tau_s^c = 0.0937$、$\tau_s^n = 0.1007$、$\tau_s^k = 0.2851$。通过计算 2010 年至 2015 年之间政府消费和政府投资占 GDP 比重的均值，将 W_{GC} 的校准值设为 0.136，将 W_{GI} 的校准值设为 0.102①。

关于财政政策参数，参考张佐敏（2014）的估计，将 $\omega_i(i=C,I)$ 设定为 0.5。为保证稳态求解，将债务调节参数 $\gamma_i(i=C,I)$ 校准为 0.125。根据回归数据，2015 年前后，财政政策的逆周期参数由 -0.577 变为 0.208。鉴于此，为充分考察逆周期参数的改变对经济系统应对冲击的反应影响，将 $\phi_i(i=C,I)$ 的取值区间设定为 [-0.3, 1]，$\phi_i(i=C,I)$ 逐渐由小变大，体现财政政策的逆周期性由弱变强，当 $\phi_i(i=C,I)$ 小于 0 时，说明财政政策变为顺周期政策，反之则为逆周期政策。为方便起见，我们将参数的校准值汇总于表 3。

表 3   参数校准值

参数		数值
β	主观折现率	0.98
α	私人资本的产出弹性	0.42
κ_G	公共资本的产出弹性	0.1
δ_0	折旧	0.025
δ_2	二次项系数	0.29
κ	投资调整成本	2.105
h	消费习惯参数	0.466
W_p	不调整价格的概率	0.6
W_w	不调整工资的概率	0.75

---

① 其中历年地方政府的基金支出也被算入政府投资的一部分，数据来源为 Wind 数据库。

续表

参数		数值
θ_p	中间品替代弹性	10
θ_w	劳动力替代弹性	3
η	劳动力供给弹性的倒数	2.16
υ	私人品与公共品消费的替代弹性	0.8
κ_c	私人品消费占比	0.8
ρ_R	货币平滑参数	0.92
γ_π	通胀调节参数	1.766
γ_y	产出平滑参数	0.2533
τ_s^c	消费税率	0.0937
τ_s^n	劳动税率	0.1007
τ_s^k	资本税率	0.2851
W_{GC}	政府消费占比	0.136
W_{GI}	政府投资占比	0.102
Sb_s	负债率的稳态值	0.6
ρ_z	全要素冲击参数	0.9
ρ_I	投资冲击参数	0.9
ρ_c	消费冲击参数	0.9
ϕ_i	财政政策逆周期参数	[-0.3, 1]
γ_i	负债率调整参数	0.125
ω_i	财政政策刚性程度	0.5

（四）冲击模拟

我们分别使用全要素生产率、投资和消费的负向冲击模拟经济下行情况。考察经济遭遇不同原因的衰退过程中，债务规则对财政政策逆周期性的改变，对宏观经济的影响。为清晰地看出该影响，我们选取四个指标来考察不同逆周期参数赋值情况下经济负向冲击带来的影响。通过负向冲击下产出的衰退极值和标准差考察逆周期参数的改变对经济衰退的影响，通过负向冲击下负债率的峰值和标准差考察逆周期参数的改变对债务风险的影响。产出的衰退极值越大，说明经济的衰退幅度越大，产出的标准差越大，说明经济越不稳定，波动性越强。负债率的峰值越高，标准差越大，说明债务风险越高。图5、图6和图7分别给出了三种冲击下不同逆周期参数对应的相关指标的变化情况。

图5给出了在消费负向冲击下，不同逆周期参数所对应的产出衰退极值、产出标准差、负债率峰值和负债率标准差。可以看出，当经济遭遇消费下滑时，随着逆周期参数的变大，产出衰退极值不断扩大，产出标准差不断下降，负债率峰值呈现出先缓慢上升，后加速上升趋势，负债率标准差也在不断上升。这说明随着财政政策的逆周期性不断增强，经济衰退的幅度呈现出扩大趋势，经济的不稳定性逐渐减弱，债务风险不断上升，并且在逆周期参数增加至0.4时出现加速上升趋势。

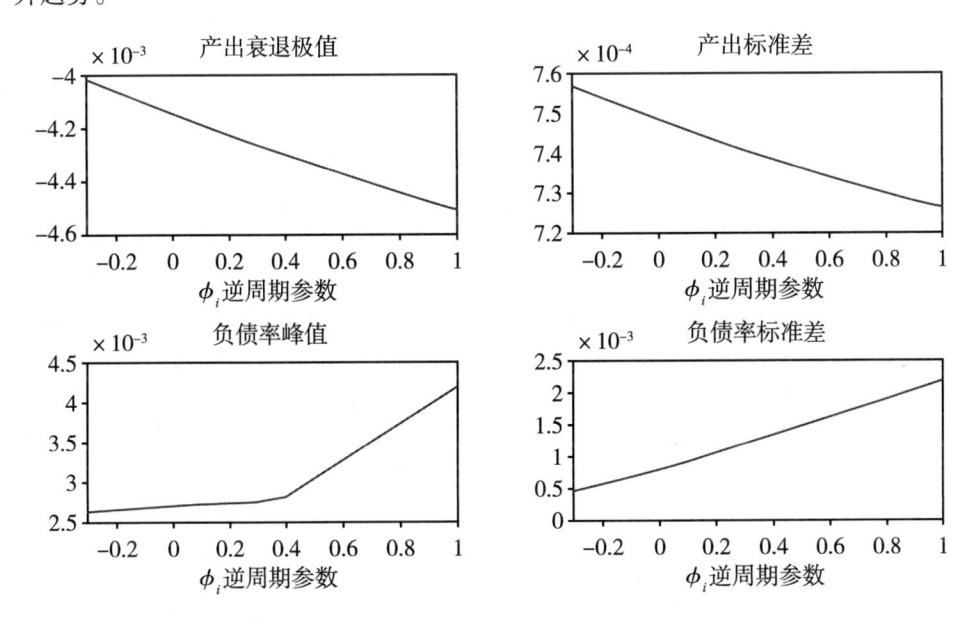

图5　消费冲击下产出与负债率波动情况

图6给出了在投资负向冲击下，不同逆周期参数所对应的产出衰退极值、产出标准差、负债率峰值和负债率标准差。可以看出，当经济遭遇投资下滑时，随着逆周期参数的增加，产出衰退极值不断扩大，产出标准差不断上升；负债率峰值不断上升，负债率标准差也在不断上升。这说明随着财政政策的逆周期性不断增强，经济衰退的幅度呈现出扩大趋势，经济的不稳定性逐渐增加，债务风险呈现不断上升趋势。

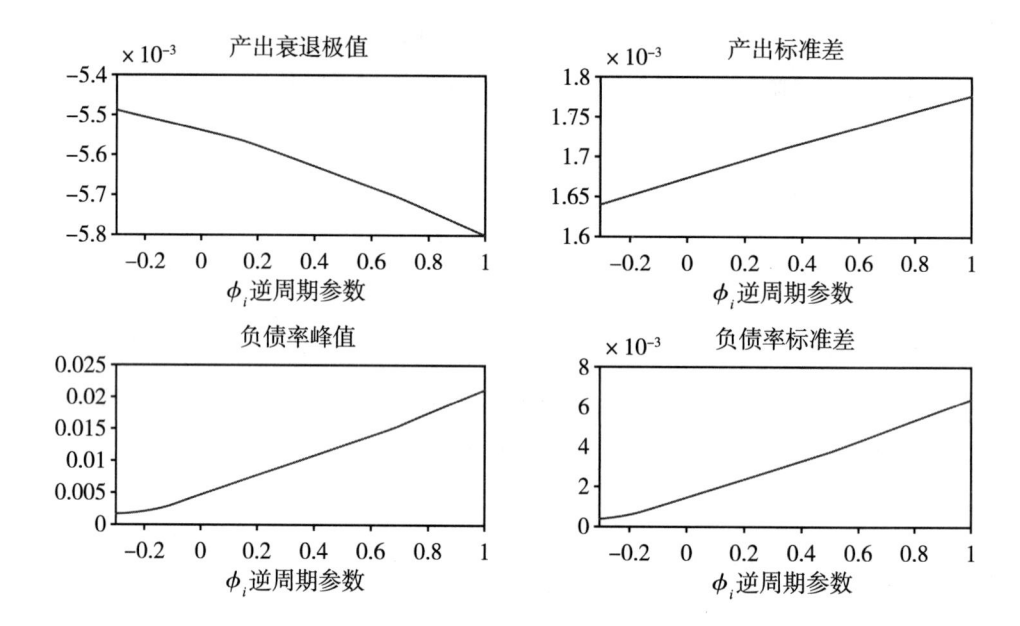

图6 投资冲击下产出与负债率波动情况

图 7 给出了在全要素负向冲击下，不同逆周期参数所对应的产出衰退极值、产出标准差、负债率峰值和负债率标准差。可以看出，当经济遭遇全要素生产率下滑时，随着逆周期参数的增加，产出衰退极值不断扩大，产出标准差呈现出先微幅下

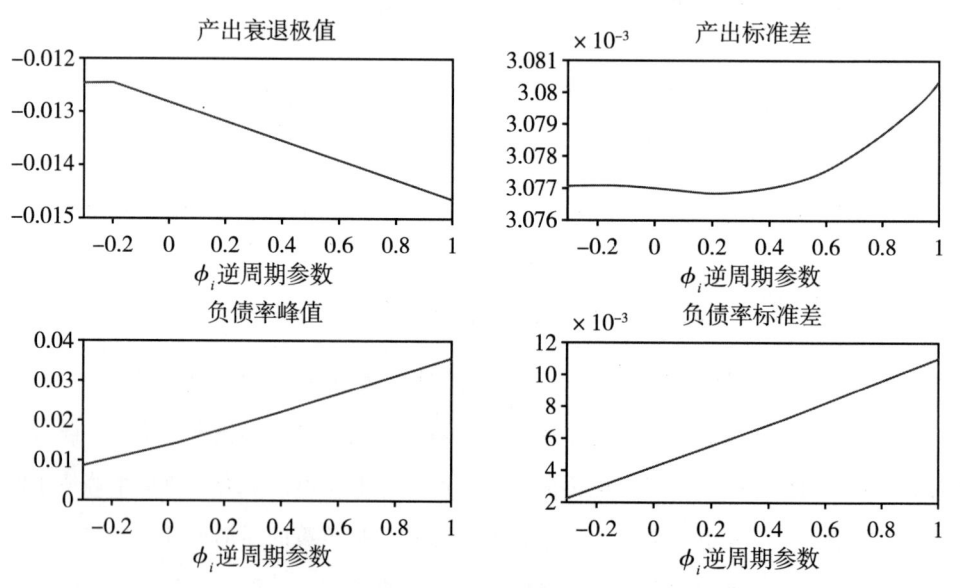

图7 全要素冲击下产出与负债率波动情况

降后加速上升的趋势；负债率峰值不断上升，负债率标准差也在不断上升。这说明随着财政政策的逆周期性不断增强，经济衰退的幅度呈现出扩大趋势，经济的不稳定性先微弱缓和，后加速上升，债务风险呈不断上升趋势。

为更加清晰地阐释财政政策的逆周期性变化对经济的影响，我们将 $\phi_i = -0.3$，$\phi_i = 1$ 时产出与负债率的冲击图用图8和图9示出。

图8展示了经济遭遇三种负向冲击时，产出在 $\phi_i = -0.3$ 和 $\phi_i = 1$ 时的冲击反应。可以看出在消费冲击下，$\phi_i = 1$ 时产出在前4期恢复速度更快，但总体上来看，二者恢复到稳态的时间几乎相同，且 $\phi_i = 1$ 时产出的衰退幅度更大。在投资冲击下，产出先出现了持续衰退期，且在此过程中，对产出波动的影响极小。而在衰退过后，$\phi_i = 1$ 时产出的衰退幅度更大，恢复到稳态的速度更慢。全要素冲击下，$\phi_i = 1$ 时前4期产出的恢复速度更快；但在4期之后，$\phi_i = -0.3$ 时的财政政策使得产出回归稳态的速度更快。

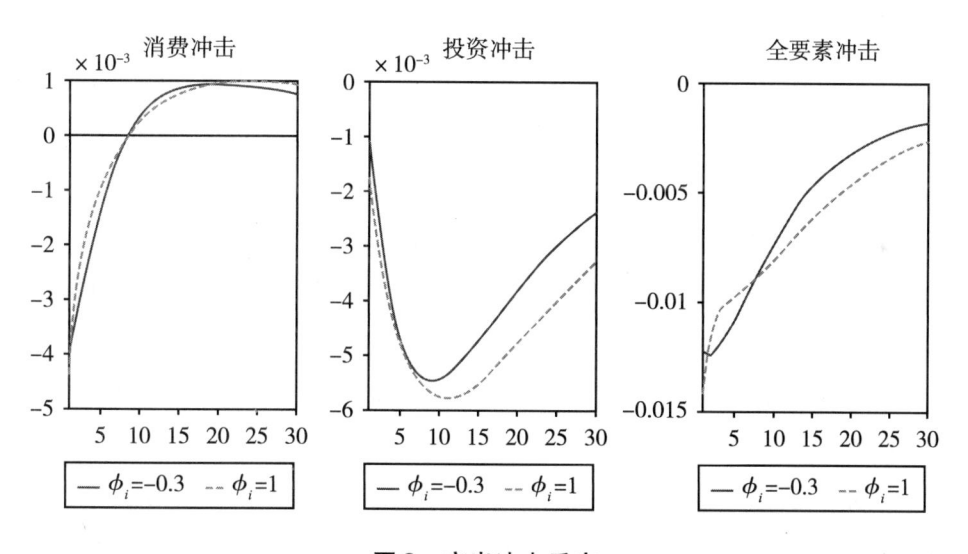

图8 产出冲击反应

图9展示了经济遭遇三种下行冲击时，负债率在 $\phi_i = -0.3$ 和 $\phi_i = 1$ 时的冲击反应。在消费冲击下，$\phi_i = 1$ 时的财政政策使得负债率上升到更高的水平并经历了更久的时间才回归到稳态。在投资和全要素冲击下，负债率的变化呈现出相似的趋势，$\phi_i = 1$ 时的财政政策使得负债率上升的水平更高，且高于稳态水平的时间更长。

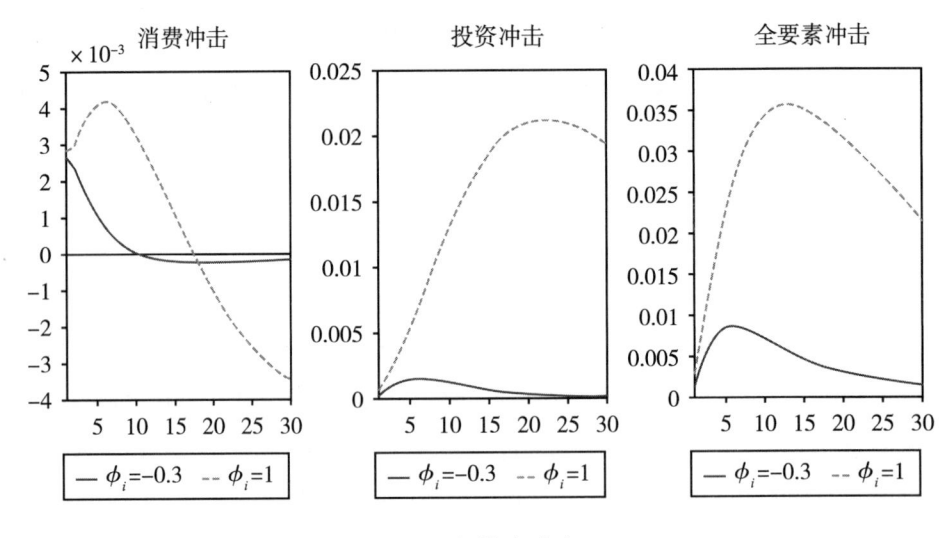

图 9　负债率冲击

（五）债务规则宏观效应的分析

综合上述模拟的结果来看，新《预算法》中的债务规则对财政政策逆周期性的削弱，在经济下行的原因不同时，有着不同的宏观效应。

当经济下行的原因是消费下滑时，债务规则微弱降低了产出的短期恢复速度，导致经济的不稳定性增强，但却同时降低了产出的最大衰退幅度，减小了负债率的峰值与波动性。换句话讲，债务规则的出现虽然在短期内微弱减缓了经济的恢复速度，放大了经济的不稳定性，但却使得经济的衰退幅度有所降低，债务风险有效下降。值得注意的是，根据图 5，当财政政策的逆周期性减小到一定程度的时候，受冲击时负债率的峰值会出现加速下降趋势。

当经济下行的原因是投资下滑时，产出先会经历一个衰退期，在衰退过程中，债务规则的出现对产出波动的影响微乎其微。在衰退期过后，债务规则使得产出以更快的速度恢复到稳态水平，并降低了经济的衰退幅度和不稳定性，同时减小了负债率的峰值与波动性。也就是说，在经济持续衰退时，债务规则的出现无法显著影响经济衰退过程；而在经济开始恢复时，债务规则可以加速恢复过程，并且有效降低了债务风险。

当经济下行的原因是全要素生产率下滑时，债务规则降低了产出的短期恢复速度，但提升了产出的中长期恢复速度，同时减少了产出的最大衰退幅度和不稳定性，以及负债率峰值和的波动性。也就是说，虽然债务规则在短期内不利于经济恢复，但从中长期角度来看，可以加速经济的企稳回升，同时有效降低债务风险。值得注意的是，根据图7，财政逆周期参数与产出不稳定性之间并非简单线性关系，当逆周期性减弱到一定程度时，产出的不稳定性会从下降变为微弱的上升。

五、研究结论与政策建议

2015年新《预算法》中的债务规则，改变了我国财政政策的决策逻辑，客观上限制了我国财政政策的逆周期调节力度，导致2015年后我国财政政策的逆周期性下降。本文的研究结果表明，债务规则对于降低债务风险的作用是毋庸置疑的，但其具体的宏观效应因经济冲击原因的不同而不同。自我国经济进入新常态以来，经济下行的压力主要来自资本积累的放缓和技术进步速度的下降（王少平、杨洋，2017），在模型中具体表现为投资与全要素生产率的负向冲击。模型模拟结果显示：债务规则带来的财政政策逆周期性减弱，在投资冲击下，并未导致经济下行速度的加快，反而提升了经济的恢复速度；在全要素冲击下，虽然短期内降低了经济的恢复速度，但提升了经济在中长期的恢复速度。且在两种冲击下，债务规则有效降低了经济的波幅和不稳定性，同时减少了负债率的峰值与波动性，有效降低了经济下行冲击造成的债务风险。

近期学界关于财政政策"假"积极的争论，本质上是对财政政策的逆周期程度下降出现了认知上的分歧。基于本文结论，我们认为在经济下行背景下，债务规则导致的财政政策逆周期性降低，虽然在短期内带来经济的下行压力较大、经济恢复速度降低等稳态，但从长期角度来看却并非是坏事。特别是当前我国经济的主要问题集中在经济结构上，财政政策逆周期性的下降不仅能够带来债务风险的降低，同时还能有效降低经济波动，提高经济中长期的恢复速度，为经济结构调整营造良好的经济环境。

因此，我们建议政府务必要保持宏观定力，严格贯彻执行新《预算法》中的债务规则，从长期大势认识当前形势，在各方面总体稳定的条件下，慎用需求扩张型财政政策，切勿实行"大水漫灌"式的强刺激，坚持供给侧结构性改革，利用减税降费等供给侧财政手段降低企业负担，增强积极财政政策的有效性。

专家意见7：请作者对结论部分进一步完善，尤其是结合本文的研究，较为系统地提出增强积极财政政策有效性的主要政策架构。

修改说明：我们将原文中的政策建议重新进行了阐述，明确了观点。具体来讲，结合本文结论，我们从严控债务（特别是地方债务）、慎用扩张政策、坚决推进供给侧结构性改革和增强创新驱动力四个方面搭建了应对当前经济态势的主要财政政策架构，提出了较为系统的政策建议。

基于编制本位和流程再造的预算绩效激励机制构建*

童 伟**

内容提要：中国当前的预算管理具有典型的激励不相容特征，节约成本、提高效率虽有利于社会整体效益的增进，却无益于部门利益的提升。部门不仅不能从资金节约、效率提升中获益，反而会使部门预算因资金结余被削减、部门绩效因支出目标未达成被扣分。这种逆向奖赏资金浪费、惩罚效益提升的管理机制，使部门利益与社会利益相悖，同时也与绩效预算改进政府行为模式、提高资金使用效益、以较低的成本为社会公众提供更为充足的高质量服务的要求背道而驰。应通过改变预算编制基本单元、再造预算绩效管理流程、完善预算奖惩机制、构建相容性预算激励机制、诱导部门在自身利益最大化的同时选择最优社会行为，实现社会效益与部门利益的共同增进。

关键词：政府预算；绩效管理；激励机制

中图分类号：F810　　**文献标识码**：A　　**文章编号**：1003-2878（2019）

---

* 终稿发表于《财政研究》2019年第6期。

** 作者简介：童伟，中央财经大学财经研究院研究员，绩效管理研究中心主任，北京市财经研究基地研究员，博士生导师。

以绩效为核心的预算管理将对投入控制的重视转变为对目标和结果的关注,期望通过适度放权获取可预期的预算管理结果。这一预算管理模式以预算主体最终执行结果为客观考核标准,以此检验政府预算对民众偏好的满足与回应程度,并以绩效评价结果为基准,对预算主体进行激励与约束,最终将政府预算运行引入不断完善与持续提升之中。从这一意义上来说,预算绩效管理在回应民众偏好,实现社会效益最大化的目标方面,完美切合了国家治理现代化以更高的行政效率、更低的行政成本、更好的公共服务实现公共利益最大化的价值追求(Aaron Wildavsky, 2001; 苟燕楠, 2010)。

党的十九大报告因之提出全面实施绩效管理,《中共中央 国务院关于全面实施预算绩效管理的意见》(以下简称《意见》)明确指出,要在3~5年的时间内基本完成全方位、全过程、全覆盖预算绩效管理体系的构建[①]。作为绩效管理的重要组成部分,激励机制因其在规范预算主体行为,调动和激发预算主体积极性、主动性和创造性方面具有的独特意义,受到各方的广泛关注。

一、绩效激励机制的理论原理与实施流程

合理构建的激励机制通过对责任主体主观动机和行为选择产生的影响,激发其内在动力,并使其确信围绕目标所付出的努力会得到积极的回报。在这种情况下,责任主体才会因之努力奋斗、积极作为,不断完善行为、改进绩效,朝着激励主体所期望的目标前进。

(一)激励机制的理论原理

波特和劳勒(1977)综合激励理论认为,激励由"期望→努力→绩效→奖励→满意度→再努力"等一系列因素组成,在对付出怎样的努力可达成预期目标,达成预期目标之后会获得怎样的奖赏,获得的奖赏是否能够满足预期,是否具有足够的吸引力等问题进行深入思考后,责任主体会做出相应的行为选择,即目标是否值得

---

① 《中共中央国务院关于全面实施预算绩效管理的意见》,http://www.gov.cn/zhengce/2018-09/25/content_5325315.htm.

努力，应该如何努力。为此，应从期望、努力、绩效、报酬和满意度等方面构建激励流程，且这几者间成正相关关系，即期望值↑→努力程度↑→绩效↑→报酬↑→满意度↑→持续努力积极性↑（刘轩宇、方有云，2015）。

从上述分析可见，综合激励理论的核心在于责任主体对报酬效价的主观预期，亦即，要达到有效的激励必须处理好期望→努力→绩效→报酬→满意度之间的关系，只有这样，才能充分调动责任主体的积极性，建立有效的激励机制（程国平，2002），其大致流程如图1所示。

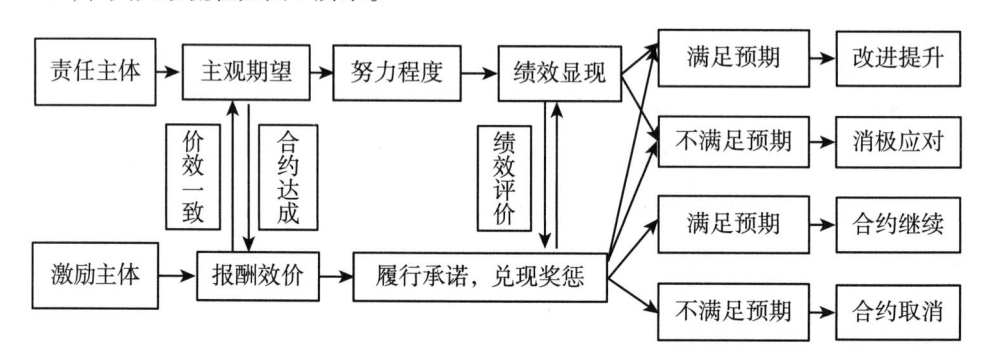

图1　基于主观预期的绩效激励机制

（二）预算绩效激励机制构建的主要内容及实施流程

预算天然具有激励效应，预算过程中的资金配置规模及拨付时效都会对部门行为产生影响，但却不一定能起到正向激励作用。因为绩效目标设置是否科学合理，绩效考评实施是否公平公正，绩效奖惩制度设计是否具有吸引力等，都会对预算激励效应产生显著影响。要构建与预算绩效管理相适应的激励机制，还应从目标预期、结果评判以及奖惩兑现等方面入手，将激励机制内嵌于预算绩效管理流程之中。

其中，"目标预期"是指责任主体对目标投入效价的判断以及对目标实现可能性的预期，目标投入效价判断越高，责任主体投入的努力程度则会越高（赵驹，2013）；所谓"结果评判"是指对责任主体目标达成程度的评价，既包括评价的方法，也包括评价的标准和指标体系（曹堂哲、施青军，2018），该方法与标准不仅应相对稳定，还应在投入效价中予以事先体现与规范，以保障评价结果的可预期；所谓"奖惩兑现"是指依据评价结果实施奖励和处罚，当奖励与处罚结果符合责任主体的预期时，会激励责任主体改进行为模式、提升行为绩效，当奖励与处罚结果不符合责任主体的预期时，则责任主体会消极怠工，失去努力的动机。

基于此，对照预算绩效管理流程，合理的激励机制应包括：（1）用于投入价效判断的绩效目标；（2）实施结果评判的评价指标体系以及评价方法；（3）依据评价结果对责任主体进行奖励与处罚的奖惩措施。这三大领域的制度规范，可有效保障预算组织方（财政部门）和预算实施方（预算部门）就绩效报酬的价效达成一致，通过预算实施方对目标投入报酬价值的合理预期，激发其努力工作的内生动力，并通过预算组织方公平公正的绩效评价，奖惩承诺的充分兑现，促进预算实施方持续不断改进预算行为、提高部门效率。其运行机理如图2所示：

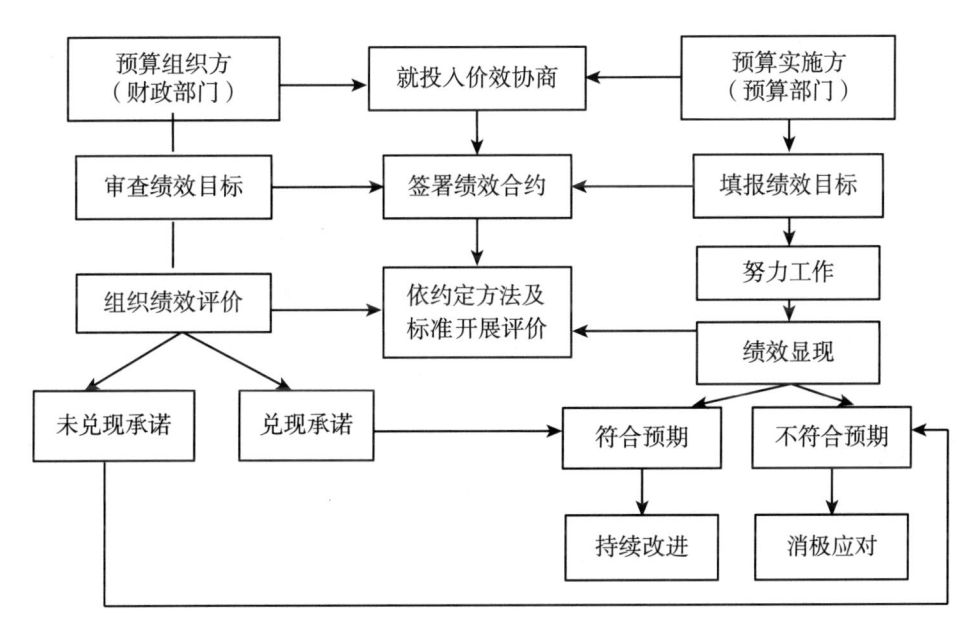

图2 预算绩效激励机制运行流程

二、中国预算绩效管理激励机制的问题表象及产生根源

合理的激励机制，既要通过一定的惩罚措施将个人行为限定在合理范围，更要依托明确的奖励措施鼓励改革与创新，为发展提供可靠的动力。中国当前的预算绩效管理在激励机制构建方面，与这一要求相去甚远，还存在着明显的激励本位错位、激励流程失当、奖惩措施失效等方面的问题。

（一）以部门为本位的预算编制单元加剧激励不相容

目前，中国的预算编制仍以部门为基础，预算资源申请者只要是政府部门，提出申请资源的数量和用途说明，就可以获得预算资源，并以一定基数不断增长（马蔡琛，2019）。在这种预算编制模式下，每个部门都在想方设法攫取更多的预算资源，却并不关心资源使用效益与使用结果，因为节约成本、提高效率虽有利于社会整体效益的增进，却无益于部门利益的提升：节约成本、提高效率带来的资金结余意味着部门不需要更多的资金，将导致部门预算被削减，部门绩效评价也会因预算执行率下降被扣分。而花掉所有资金，哪怕是浪费性支出，则表明部门工作量庞大、资金不够使用，反而会使部门预算不断扩张，抑或不增加但也不至于受到损害，绩效评价也不会因此而降级降分。

这种导致部门利益与社会利益不相容的预算编制模式，使预算资源申请者仅关注"多少"（即部门攫取的预算资源越多越好），而忽视"多好"（即追求预算资源的使用效益）（王雍君，2018），致使中国当前的预算管理完全不具有正向激励作用，各部门年底突击花钱的现象屡禁不止，无效低效支出比比皆是。如果不改变这种不相容的逆向激励机制，中国的预算改革和政府改革要想取得成功都是非常困难的。

与此同时，以部门为单元的预算资源配置本位，还促使部门只关注自身利益，不关心公共利益，使预算编制与国家战略脱节、与民众偏好脱节。尽管预算资金的申请者也希望预算的分配能够反映国家的战略目标、民众的需求与偏好，但却拒绝放弃已经获得的利益，致使大量预算资金长期滞留在效益低下的领域，国家重点战略领域、民众需求强烈领域投入严重不足，公共服务质量下降，成本不断上升。而这正是中国预算管理激励错位最为不良的后果。

（二）激励流程失当，无法保障激励预期的实现

在预算管理中，应运用各种激励因素和激励手段，通过改进和完善预算管理各个环节，将绩效目标设置、目标执行评价和评价结果应用这三个彼此衔接并相互影响的要素融合在一起，以激发部门履职的积极性。但目前我国在绩效目标管理、绩效执行评价、评价结果应用等三个方面都还存在着明显的不足。

1. 绩效目标未能充分反映绩效管理的核心要点

美国心理学教授洛克（1968）认为激励因素通过目标影响工作动机，设置合适的目标就是最好的动机激励方式。由此，设置合理的绩效目标不仅是基于预算的管理要求，更是基于激励机制的构建要求。

（1）绩效目标未能发挥引领预算编制、约束项目实施、促进成果显现的作用。

对于预算绩效管理，绩效目标是预算实施方的具体工作内容，同时也是预算组织方进行考核评价和实施激励与处罚的依据，直接关系到预算实施方的最终利益。绩效目标实际上是联结预算组织及实施双方目标利益的桥梁。绩效目标的填报与审批也因之成为预算组织方及实施方之间受托责任的全面体现，是双方就预算资金领用达成的契约。

绩效目标的申报是预算实施方对合约的发起与提出，目标的审核与批复是预算组织方对合约的批准与首肯，绩效目标一旦批复即意味着合约开始发挥效力。预算实施方应依照绩效目标履行职责义务，预算组织方应依照约定的评价体系和评价方法对预算实施方绩效目标的完成情况进行评判，并依据约定的奖惩措施予以奖励或处罚。在这样一种绩效合约的强制性约束下，激励机制才能发挥应有效应。

但我国当前的绩效目标填报和审批都还存在着明显的缺陷。首先，在绩效目标填报之时，预算实施方（即预算部门）对预算投入的可行性、必要性未有充分论证，对预算投入可能取得的成果、效益及影响知之不详，相对应，其绩效目标的设定难以精确，经常出现诸如"减少了成本""方便了居民的生产生活""提高了效益"等类表述，在完整性、科学性、逻辑性和细化量化等方面都存在明显不足，也难以在评价中予以准确把握。

其次，在绩效目标审核时，因对项目特点、行业标准等信息掌握不充分，预算组织方（即财政部门）较为被动，只能以预算单位填报的指标作为主要参考依据。此外，绩效目标涉及的行业多、领域广泛、专业性较强，再加上绩效目标审核时间紧、任务重，导致财政部门对绩效目标的审核偏于宽松，不少地方流于形式。

由此形成的绩效目标在专业性、逻辑性、全面性、完整性方面均存在较为明显的缺陷，既无法准确体现预算实施方应承担的履职义务，无法指导与约束预算实施方任务的完成，也使预算组织方无法据此对预算实施方的目标完成情况进行合理评判,这样的绩效目标不仅使其激励效应全面丧失,也使其管理效应无法显现。[1]

绩效目标不完备还直接导致各部门组织的绩效自评价结果不佳。2018年,96个中央部门公布了172个项目的绩效自评报告,自评报告平均得分95.96分。其中79个项目同时开展了第三方评价,除16个项目第三方评价分数与自评价相同外,有63个项目第三方评价分数明显低于自评价得分,差异率高达79.7%,差异最大的多达十余分,例如,"西部和农村地区邮政普遍服务基础设施建设"项目自评价得分93.8分,第三方评价得分为84.88分,相差8.4分;"出国经贸展览会及服务贸易、品牌建设展示"项目自评价得分为96.4分,第三方评价得分84.2分,相差12.2分;"反兴奋剂专项"项目自评价得分98分,第三方评价得分88.0分,相差10分[2]。

对于同一项目开展的绩效评价,评价结果出现明显差异,其主要原因就在于评价的依据不同。自评价的依据为绩效目标,绩效目标填报的不准确、不完备,使自评价未能触及项目的核心要件,评价扣分主要缘于预算支出进度滞后,以至于只要支出进度完成,自评价得分就能获得满分。但实际上,这些项目在决策、管理、产出和效果等方面都还存在明显缺陷,这也就是在引入第三方评价后,依据更加科学规范的绩效指标评价,得分就会与自评价出现明显差异的主要原因。

各部门各单位对预算执行情况以及政策、项目实施效果开展绩效自评,既是《意见》提出的明确要求,也是绩效评价全方位、全过程、全覆盖推行的基础。为大力提高绩效自评价的质量,保障绩效评价结果的公平公正客观,还应尽快完善绩效目标管理,使绩效目标能够真正发挥引领预算编制、约束项目实施、促进成果显现的功效。

(2) 绩效目标设置内容存在明显缺陷。

绩效指标设置内容不够完善也是当前绩效目标管理中存在的较为明显的缺陷,主要表现为绩效目标申报表欠缺预算编制方面的内容。绩效目标设置的本意是通过对职责履行、任务完成的合理预期,确定与目标达成相一致的资金需求,使预算资金既能满足绩效目标的实现,又能符合受托人的支出意图。这样一种管理模式使预

---

[1] 绩效是管理的核心,管理效率来自于合理目标的设定。正如管理大师德鲁克(1954)所指出的那样,管理的核心就是确定"目标",不是有了工作才有目标,而是相反,有了目标才能确定每个部门及每个人的工作,"部门的使命和任务,必须转化为目标"。美国的财政改革之路基本上代表了绩效目标管理的发展历程。

[2] 董鑫,孟亚旭,赵天嬅,周宇. 中央部门决算首晒"第三方评估"[N]. 北京青年报,2018-07-21.

算成为真正意义上的支出需求测算，而非投入预算中固化的定量拨款，可最大限度避免定量拨款中预算编制依据不充分、测算不科学、与工作任务及达成目标不够匹配的痼疾。但若对绩效目标的申报并无详尽的预算要求，则很容易使绩效目标的申报重新沦为支出固化的奴隶，使绩效目标的申报与预算编制的科学合理脱节，也使绩效目标管理无法发挥改变当前投入预算的重大弊端——因钱设事的作用，投入预算支出固化的格局也因之难以得到彻底根除和根本性改变。

2. 绩效评价指标体系设计相互矛盾，与标准科学精神不符

指标体系是实施绩效评价的基础与技术支撑（代娟、甘金龙，2016），虽然我国各级各地从不同的角度、通过不同的方式探索建立起了一系列绩效评价指标体系，但离满足现实需求还相差甚远。

（1）共性评价指标框架矛盾冲突。

目前国内有两套并行使用的绩效评价共性指标框架，一个是财政部 2011 年发布的《财政支出绩效评价管理暂行办法》建议的指标框架，一个是财政部 2013 年发布的《预算绩效评价共性指标体系框架》，前者从项目实施流程出发，以项目决策、项目管理和项目绩效为核心构建绩效评价共性指标框架，后者则从财政资金流程出发，从投入、过程、产出和效果等维度设定共性评价指标框架。

这两套指标框架之间的差异主要体现在对资金投入的评价方面：2011 年指标框架关注预算资金配置的合理性，关注预算资金的配置是否能够满足项目任务的需求，能否保障任务目标的达成，预算资金的配置是否有标准，预算编制标准是否科学合理，预算编制时预算标准有否得到充分体现；2013 年指标体系关注的则是资金投入的规范性，例如资金到位率、到位及时性，对一些较为重要的关键性评价内容，如预算投入规模是否合理、与预期产出是否匹配、预算成本是否科学等未予体现，这也使党的十九大报告提出的"标准科学"的预算改革思路缺失了考核依据。

党的十九大报告明确提出，政府预算应"标准科学，约束有力"，所谓标准科学就是指预算编制要有明确的成本意识，要进行严格的成本核算，要充分体现预算编制对成本的控制取向。当前各级各地在开展绩效评价时主要依据的还是 2013 年的共性指标框架，这就使对预算编制进行成本控制缺乏应有的抓手，使党的十九大报告提出的"标准科学"的预算改革思想难以落实，也使当前的绩效评价体系与政府预算改革要求出现脱节与不适应。

(2) 个性化评价指标体系尚未建立。

由于财政部未对个性化指标提出明确的构建要求，而个性化指标又是绩效评价不可或缺的技术要件，我国各地政府在构建个性化指标方面开展了大量工作。但基于各地专业水平不一、投入的力量不一，导致个性化指标体系设置标准不一、维度不一、详略不一，未能形成系统的分行业分领域评价指标体系（李金珊，2018）。

此外，在指标体系的设计上还存在忽视质量效益指标，偏重投入产出指标的现象。但非常遗憾的是，投入产出指标值虽易于测度，可操作性强，却并非以结果为导向的预算绩效管理所关注的核心要点，对投入及产出指标的过度关注，不仅转移了评价重心、分散了评价要点，还扰乱了对核心问题的关注，最终使评价结果的科学性、准确性及有效性受到损害。

3. 绩效评价结果利用手段单一，结果应用有效性下降

在我国当前的预算绩效管理与评价中，绩效评价结果未能得到有效应用是实际存在并十分突出的问题。绩效评价结果应用偏弱的原因主要来自两个方面：一个是主观原因，即被评价单位的绩效意识还较为淡薄，还存在重投入轻管理、重支出轻绩效的现象，开展绩效评价只是为了完成财政部门布置的任务，缺乏主动性和积极性（马蔡琛，2019）。另一个则是客观原因，即评价结果难以应用，而这是从技术上完善绩效评价结果应用需更加关注的问题。当前的绩效评价结果应用存在明显的时滞性，绩效评价一般针对上年完成的项目开展，评价结果通常应用于下一年度的预算决策之中，其间需要跨越三个预算年度，被评价项目在第三个预算年度是否依然保留，评价提出的问题在第三个预算年度是否依然存在，评价提出的改进意见在第三个预算年度是否依然适用……这些问题的实际存在，使评价结果的应用存在明显的局限性，也使通过评价结果应用达成督促部门改进预算决策、优化预算安排、增进施政责任的评价目的难以实现。

（三）奖励措施不利于绩效意识的树立与良好预期的形成

《意见》指出，针对绩效评价结果应用，应着力建立与预算安排的挂钩机制，绩效好的应优先保障，绩效一般的应督促改进[①]。但实际上，能否得到预算的优先保

[①] 中共中央国务院《关于全面实施预算绩效管理的意见》，http：//www.gov.cn/zhengce/2018-09/25/content_5325315.htm。

障,绩效评价结果并非唯一依据,更主要取决于其与战略和政策的关联度、与民众需求和偏好的紧密度(Greitens T. J. & Joaquin M. E., 2010),重要的支出领域即使绩效评价结果不佳,预算资金也会按时按量予以重点保障。这也使部分重点支出领域对绩效评价结果并不在意,因为所谓的预算资金配置与绩效评价结果挂钩,不会对重点部门及重点项目产生根本性影响。而对于非核心部门和非核心项目来说,在内部控制越来越严格、预算资金支出越来越困难、部门懒政怠政时有发生的情况下,削减预算资金、取消项目立项,并不会对部门产生实质性触动。这样一种绩效结果与预算的挂钩,使工作努力的部门未得到应有的奖赏,工作懈怠的部门未受到应有的处罚,绩效评价结果应用的效果也因之大打折扣,并由此形成一种对于预算绩效激励来说极为不良的预期与影响。

(四) 对责任主体行为予以约束的问责机制尚未建立

目前在我国,无论是《预算法》《预算法实施条例》,还是《财政违法行为处罚处分条例》,都未对绩效问责做出明确规定,就连一些地方专门性管理规定,对问责的界定也不够准确与严密,其关注的重点依然是规范性责任,而对绩效责任未予体现。例如《河北省预算绩效管理问责办法》《重庆市巴南区人大常委会关于加强预算绩效管理工作的决定》,其绩效问责事由主要还是不按规定编制预算,未按预定科目执行预算,出现截留挤占挪用资金现象,体现的仍然是传统的规范性财务责任,而未上升到绩效管理层面(程国琴,2014)。

与此同时,在我国的绩效问责中还存在责任主体不明的问题,绩效问责的主体仍是部门或单位,对于预算的实际负责人并无追责规定,导致绩效问责缺乏应有的威严,遵从度普遍偏低。事实上,中国的政府预算决策具有典型的分散化特征,各级分管领导在其分管领域内享有较大的影响力,形成固化的预算权限,不仅肢解了政府预算管理的统一性,也降低了预算绩效管理的有效性,使大量预算资金游离于预算绩效管理之外,也使预算过程充满了不确定性,不少实施结果不尽如人意的政策及项目即产生于此类决策之中。由此,强化对责任主体的问责在中国更具有其现实意义。

专家意见1:预算更多体现为公共组织的绩效产出,在其中构建个人为主体的问责机制,在具体实施中如何操作。

修改说明:对此,论文在进一步论述的同时,对于如何进一步完善改革措施进行了论述。例如,添加论述:"事实上,中国的政府预算决策具有典型的分散化特征,各级分管领导在其分管领域内享有较大的影响力,形成固化的预算权限,不仅肢解了政府预算管理的统一性,也降低了预算绩效管理的有效性,使大量预算资金游离于预算绩效管理之外,也使预算过程充满了不确定性,不少实施结果不尽如人意的政策及项目即产生于此类决策之中。由此,强化对责任主体的问责在中国更具有其现实意义。

三、改变编制本位、完善核心流程，构建相容性预算绩效激励机制

有效的激励机制应能抑恶扬善。为抑恶——应构建严格的处罚机制；为扬善——应构建激励相容的奖励制度，这是保证预算绩效管理顺利推进的前提条件。由此，合理的激励机制应使预算实施方在履行合约责任后所获实际收益不低于其预期，并促进预算实施方在进行行为模式选择时，能够在满足自身利益最大化的同时，实现预算组织方收益最大化，以达成预算组织与实施方双方目标函数的协调一致。

（一）改变预算编制本位，引入规划预算

专家意见2：规划预算与现行项目预算管理体系的异同何在？

修改说明：针对规划预算与项目预算的异同以脚注的形式进行了论述。

规划是政府部门为实现某一目标而开展的一系列活动，规划的设立以社会活动目标的实现为基础，与公共服务的供给者分属哪一部门无关（Katherine Barraclough，2005）。这一预算模式将预算管理的重点从财政支出的购买对象（即提供公共服务的部门）转向财政支出的目的（即向社会提供的公共服务），使预算编制的单元由部门转向规划，为打破预算资源竞争中根深蒂固的部门本位主义，促进预算资源配置优化奠定基础。基于规划制定的强制性要求，规划预算使公共部门从关注部门可获取多少预算资金，转向关注部门如何更好地完成规划任务，使政府部门及其每一员工更加清晰地认知本职工作与部门产出的关系，与国家战略及民众需求的关系（Lu Yi, Zachary Mohr & Ho A. T-K., 2015），将个人利益与部门利益以及社会利益紧密联系在一起，从而实现个人利益、部门利益及社会利益目标函数的相容与一致。

此外，与按部门编制预算不同，规划预算编制时应设立明确的规划目标，该目标应与国家战略及民众需求相关，同时还应构建相关评价指标体系。这一预算编制方式既可督促预算资金配置与国家战略及民众偏好相符，还可确保对规划结果进行考评（童伟、丁超，2015），从而能够通过评价发现各个部门规划目标的完成情况，为更为精细地审查预算、减少无效低效资源配置和浪费提供更佳工具。

总体来说，以规划作为预算配置的单元，将预算资源配置的本位从传统的部门转向规划，聚焦于规划运行效率，围绕国家战略及民众需求做出资源分配决策，使规划与资源配置相匹配，与民众需求相匹配，可增强预算的结果导向，为构建激励相容的预算绩效管理体系奠定基础。①

（二）以绩效责任换取管理自由 构建符合部门期望的奖励办法

预算的奖励要建立在部门的期望之上，奖励应与部门目标、部门满意度正向相关，使部门在实现社会效益的同时能够得到相应的奖励，促使部门责任意识不断增强。由此，在构建符合部门期望的绩效奖励办法时，应突出奖励与部门目标、部门满意度的结合，应关注部门预算管理权限的扩大及其灵活性的增加。

绩效预算是一种结果导向型预算，其目的在于通过绩效责任换取管理自由，将使用预算资金的权限赋予资金管理者，在预算管理中实现战略目标与管理结果的有机融合（赵早早、何达基，2019）。为强化部门预算管理责任，增加部门管理灵活性，美国出台《1993年政府绩效与成果法案》，该法案规定，当机构绩效任务完成情况良好并获得一

> **专家意见3**：预算更多体现为公共组织的绩效产出，在其中构建个人为主体的问责机制，在具体实施中如何操作。
>
> **修改说明**：添加对策："还应充分借鉴国际经验，逐步构建起以个人为主体的问责机制，例如建立公务员功绩制，对公务员开展定期绩效评价，评价结果作为公务员培训、奖励、重新分配、晋升、降级、解雇的依据，工作绩效和工作表现较差者必须改进工作，情节严重者将予以解除职务。同时，建立绩效工资部门，将公务员分成高级公务员和事务类公务员，为高级公务员设立绩效奖励制度，为执行主管提供绩效奖励，并提供高级行政服务执行奖和杰出职业高管奖，对于事务类公务员也以绩效进行激励，将考核结果作为晋升、降级等的重要依据（徐芳芳、刘旭涛，2018）。"

---

① 规划预算与项目预算存在较为明显的差异，项目预算编制的基础是部门中长期发展目标及年度工作计划，是部门职能履行的具体体现。规划预算的编制以国家重大发展战略为核心，其承担主体可以是单个部门，也可以是多个部门，是对国家战略更高层面的体现。鉴于规划预算是投入预算和中期预算之间的中间形态，不少转轨国家的预算改革实践表明，从投入预算向中期预算的转变需要辅以规划预算的过渡与衔接。以俄罗斯为例，2010年俄罗斯总统提出："应对国家行政管理部门进行根本性改革，即向新的以规划为目标的预算制度转轨。政府的一切运营活动都应以国家规划为基础。这将极大地调动每一个政府部门的积极性，使其工作与规划文件所确定的优先性保持一致，使每一卢布的国家支出都能着眼于其能够取得的最终结果。" 2011年，俄罗斯开始构建以"国家规划"为基础的规划预算，使规划预算成为俄罗斯中期预算改革的主要方向。俄罗斯国家规划的编制、执行和效率评估由俄罗斯财政部在中期预算框架内确定，并上报联邦政府批准。俄罗斯国家规划可以由多部门子规划联合组成的综合规划，也可为某一部门独立编制的规划。俄罗斯国家规划共计5大领域39项：（1）提高生活质量，包含教育、医疗、社会保障等国家规划。（2）建设高效国家，包括联邦财产管理，发展金融和保险市场等国家规划。（3）保障国家安全（仅1项国家规划）。（4）平衡地区发展，包括地区政策和联邦关系，远东和贝加尔地区发展，提高联邦主体预算稳定性等国家规划。（5）经济创新与现代化，包括科学技术发展，发展航空工业，发展医药工业，能源效率和能源开发等国家规划。参阅童伟. 俄罗斯政府预算制度 [M]. 北京：经济科学出版社，2013。

定的绩效美誉度时，作为对机构责任感的回报，机构在编制绩效计划时可享有更多的管理权限，例如可以在一定限度内不经批准扩大人员编制数量、提高工资补贴额度、在部分预算科目间调剂资金等。新西兰出台的《公共财政法案》也明确指出，支出部门享有不经议会批准在产出类别间调整预算资源的权限。澳大利亚赋予部门的预算管理自主权限更大，在促进目标结果与管理有机融合方面，澳大利亚支出部门可以灵活选择实现绩效目标的途径和方法（Lu Yi, Zachary Mohr & Ho A. T-K., 2015）。

我国当前的预算管理强调规范性，对预算调剂不仅予以严格限制，挤占挪用还属于极为严重的违规行为，会受到严厉处罚（蒋悟真等，2017），而这一管理模式显然与绩效预算的结果导向相悖。由此，还应在强化预算部门绩效管理职责的同时，扩大其预算管理权限，预算管理者应可根据部门特点及环境变化，对项目内及项目间的预算进行自由调配，以选择对公共服务供给最为有利的投入方式。与此同时，预算部门还可享有利润分享的权利，即部门合理范围内的预算结余可结转到下一预算年度，使部门不必担心预算被收走而年底突击花钱。利润分享还可部分用于员工奖励，以激励部门节约资金、减少浪费，使奖励与部门的期望及满意度一致，最终实现部门利益与社会利益的互利互惠、激励相容。

（三）构建以个人为主体的问责机制 切实做到无效必问责

在构建奖励机制的同时，还应加强对部门责任的管理与监督，以责任代替控制，强化部门提供公共产品和服务的责任与约束。

对预算绩效进行问责，其对象不仅为部门，还应逐步转向部门负责人，一个有效的问责机制，其责任主体一定是个人。在我国当前的预算决策及执行过程中，部门领导发挥着极其重要的作用，而且对部门负责人进行问责也是世界各国的通行做法。例如，美国审计总署以绩效评价结果为依据，对被评价部门的行政长官实行任免和奖惩（Robinson Marc, 2016）；澳大利亚《财政管理与责任法案》明确提出主管首长要担负起特别责任，应对有效并符合道德地利用预算资源负责（De Jong M. & Ho A. T-K., 2017）。

《关于全面实施预算绩效管理的意见》也明确提出，"各级党委和政府主要负责同志对本地区预算绩效负责，部门和单位主要负责同志对本部门本单位预算绩效负责，项目责任人对项目预算绩效负责"。由此，还应充分借鉴国际经验，逐步构建起以个人为主体的问责机制，例如建立公务员功绩制，对公务员开展定期绩效评价，评价结果作为公务员培训、奖励、重新分配、晋升、降级、解雇的依据，工作绩效和工作表现较差者必须改进工作，情节严重者将予以解除职务。同时，还应建立绩效工资部门，将公务员分成高级公务员和事务类公务员，为高级公务员设立绩效奖励制度，为执行主管提供绩效奖励，并提供高级行政服务执行奖和杰出职业高管奖，对于事务类公务员也以绩效进行激励，将考核结果作为晋升、降级等的重要依据（徐芳芳、刘旭涛，2018）。

专家意见4：在分析各类存在问题的同时，能否提供一些必要的具体案例支撑。

修改说明：论文在分析相关问题时已有不少案例，如中央部门绩效自评报告公开案例，并进一步添加了部分案例，如添加了绩效目标填报案例，如"其绩效目标的设定难以精确，经常出现诸如'减少了成本''方便了居民的生产生活''提高了效益'等类表述，在完整性、科学性、逻辑性和细化量化等方面都存在明显不足，也难以在评价中予以准确把握。"同时，以俄罗斯规划预算改革为例对规划预算进行了解说。

（四）强化绩效目标的管理效应及契约精神

目标管理是绩效管理的重要前提与基础，绩效目标不仅是预算实施方对资金使用结果的预期，还是预算组织方约束控制资金需求方的方法与手段，绩效目标的填报与审核实质上是预算组织方与实施方就绩效合约内容、就控制与被控制达成的协议。

洛克（1968）认为，如果想要通过绩效目标的设立，实现对组织成员行为动机的有效影响，绩效目标应明确而具体，虽然具有一定的难度，但又可通过努力得以实现，这样的绩效目标才能够产生良好的激励效应（Katherine Barraclough，2005）。绩效目标的设定不仅应考虑上述因素，还应综合参考目标的往年完成情况、绩效评价的结果、投入产出标准以及部门预算控制数等（马蔡琛，2018），只有据此对预算绩效目标进行充分论证，同时强化绩效目标与绩效指标的结合，并加强内外部专业审核，才能促使绩效目标填报质量的有效提高。

对绩效目标的审批，预算组织方还应该更加慎重，因为经由财政部门审核并随预算批准下达的绩效目标，将被视为财政部门与预算部门针对预算资金领用达成的协议，具有绩效合约的约束效应。财政部门还应进一步提升对绩效目标审核的重视程度，并着重对绩效指标和标准值的完整性、客观性和科学性、预算投入和产出目标的匹配性、预算资金对绩效目标实现程度的保障性、评价指标与绩效目标之间的对应性等方面进行审核。

此外，财政部门还应进一步完善绩效目标申报内容。首先，应拓展绩效目标申报表中关于预算资金的内容，仅凭填报预算投入总规模是难以判断预算投入与预期产出和成果之间对应关系的。其次，对于产出成本指标的内容应予以清晰界定，对何为产出成本，产出成本涉及哪些要素，要填报哪些内容，应有明确规定。第三，关于预算编制的科学性、准确性，以及其与产出数量、产出质量与产出效果之间的关系是否对应，只是提交几个数据还难以反映全面的内容，还应提供关于预算编制的补充说明，对预算编制的成本核算依据、核算过程予以充分体现。

（五）科学合理构建评价指标体系

在绩效评价指标体系的建设过程中，需要针对不同的预算绩效管理实施对象、不同的预算资金活动形态、不同的预算绩效管理流程、不同的预算绩效评价目的和目标，规范绩效评价指标的组成要素。

1. 构建政府、部门、政策和项目绩效评价共性指标框架

《关于全面实施绩效管理的意见》将绩效管理划分为政府预算、部门和单位预算、政策和项目预算三个层级，还应据此设计包含预算收入与支出的政府预算绩效评价共性指标框架、兼顾部门职能特征的部门和单位绩效评价共性指标框架、包含事前与事后的政策和项目绩效评价共性指标框架。

2. 强化个性指标体系，构建项目指标库

个性考评指标是针对部门和行业特点确定的适用于不同部门、不同领域、不同行业、不同项目的绩效考评指标，是科学开展预算绩效管理工作的基础，是保障绩效评价结果科学、合理、公正的重要前提（赵敏、王蕾，2016）。

应依照行业分类，设置教育类、科技类、文化体育类、支农类、社会保障类、医疗卫生类等个性指标体系，同时，依照预算功能分类，设置会议培训类、基础设施建设、大型修缮类、设备购置类、信息网络运维类、政策研究类、大型活动类等个性指标体系。在个性指标体系设置过程中，还应充分关注相关领域国家战略及政策提出的绩效要求，并将其充分融合进个性化指标体系之中。

海量指标信息的归集与利用还需有现代化技术工具支撑，绩效指标库的建立应通过大数据分析、系统自动推荐匹配等智能化功能，使指标具有通用性、丰富性、标准性及实用性，可为各级各类部门所共享。

（六）强化结果应用，着力推进事前绩效评估

绩效评价结果应用是预算绩效管理的核心和归宿。评价结果的应用应在优化预算资金配置、提高预算资金使用效益、增进部门基本公共服务责任等方面发挥重要作用。为增强评价结果应用，我国各级各地开展了大量工作，如反馈与整改、与预算挂钩、向社会公开等，并取得了一定成效。但不可否认的是，事后评价已很难改变一个事实，即稀缺而宝贵的财政资金已经消耗殆尽，其实施结果好与不好，都已成为事实，难以改变。在这样一种状况下，与其坐以等待未来不确定的改进，不如强化事前评估，通过绩效评价结果的直接应用，将存在于立项与决策阶段的问题消弭于起始阶段，最大限度降低无效低效支出（童伟、宁小花，2018）。

《关于全面实施预算绩效管理的意见》为此明确指出，"要加强新增重大政策和项目预算审核，开展绩效评估，审核和评估结果作为预算安排的重要参考依据"。由此，不仅应加强事前绩效评估，还应出台相关规定，强制一定额度以上的重大政策或重点项目开展事前绩效评估。

总体来看，落实党的十九大精神，全面实施预算绩效管理，还需从改变预算编制基本单元、再造预算绩效管理流程、完善预算奖惩机制入手，构建相容性预算激励机制，促使部门在谋取自身利益最大化的同时，选择最优社会行为，以实现社会整体效益与部门利益的共同增进。

地方财政压力下的经济发展质量效应*

——来自中国282个地级市面板数据的经验证据

詹新宇　苗真子**

专家意见1：论文题目建议不要用"地方财政压力下的……"，因为这是一种制度环境表述。在论文标题中应直接指明，文章研究的是核心解释变量A（地方财政压力）对因变量B（经济发展质量）的影响，使题目的指向性更为明确。

修改说明：对论文标题进行了修改。

内容提要：理论分析表明，地方财政压力对辖区经济发展质量的正向和负向影响同时存在，致使其经济发展质量效应可能是非线性的。本文在对中国282个地级市财政压力与经济发展质量进行测度的基础之上，建立面板数据模型进行了实证分析，发现地方财政压力与辖区经济发展质量之间的关系的确是非线性的，而且这种非线性关系显著地表现为倒"U"型关系。进一步分析发现，地方财政压力与辖区经济发展质量的倒"U"型关系存在着较为显著的地区异质性；分位数回归结果还表明，地方政府在面临不同财政压力程度时，其经济发展质量效应也存在显著差异。本文的研究表明，一定程度的地方财政压力，有助于辖区经济发展质量的改善，但是如果地方财政压力过大，反而将恶化辖区经济发展质量。论文据此还提出了相应的对策建议。

关键词：地方财政压力；经济发展质量；全要素生产率；财政纵向失衡

中图分类号：F812.7　　**文献标识码**：A

---

* 终稿发表于《财政研究》2019年第6期。

** 作者简介：詹新宇，中南财经政法大学财政税务学院教授，经济学博士，硕士生导师。

苗真子，中南财经政法大学财政税务学院硕士研究生。

一、引言

改革开放40年来，中国经济突飞猛进的总量增长创造了令人瞩目的"世界奇迹"。但是，经济总量增长和经济发展质量不协调的情况愈发明显，诸多不利于经济可持续发展的现象比比皆是，如：资源利用率低下，要素投入粗放扩张的现象仍然存在；单位GDP能耗居高不下，水污染、大气污染、碳排放等生态问题令人忧心；收入分配差距扩大的势头尚未得到有效扭转，产业结构同质化竞争日益严重，化解产能过剩难题长期存在。诸如此类以高成本换取高增长的经济发展模式已经难以为继。为此，党的十九大报告提出，中国经济须由高速增长阶段转向高质量发展阶段，推动高质量发展是当前和今后一个时期发展思路、制定经济政策、实施宏观调控的根本要求。

财政是国家治理的基础和重要的支柱，中国经济增长是地方财政压力驱动下的增长（谢贞发等，2017）。然而，地方财政压力在驱动中国经济总量和速度增长的同时，对经济发展质量的影响程度及其影响方向又如何呢？在当前经济转型的关键时期，地方财政压力作为财政分权体制下衍生出的重要问题，对今后中国经济发展模式的转变，迎接经济高质量发展时代的重要性不言而喻。基于此，本文在现有研究成果的基础上，建立度量地方财政压力和经济发展质量的指标，运用中国282个地级市面板数据，实证分析财政压力对经济发展质量的影响及其作用机制。

二、文献综述

在中国式财政分权和多次税制改革的大背景下，财权上收、事权下放，财权与事权的不对等给地方政府造成越来越大的财政压力。压力产生动力，重负之下的地方政府唯有全心全意发展辖区经济才能逐步弥补财政收支缺口，因而辖区内经济得到了快速增长。"新财政集权

专家意见2：引言部分较为简短，缺乏充分的理论逻辑机制论证，未阐述清晰为什么要从地方财政压力视角来研究经济发展质量。

修改说明：第一，进一步凝练了本文的研究主题。第二，进一步凝练本文的研究视角，指明了为什么需要从财政压力视角来切入，并进一步阐述从地方财政压力视角研究经济发展质量的原因。

专家意见3：文献综述部分未形成完整且严谨的分析逻辑链条。尽管文章引用较多文献支撑，但是问题点不聚焦，实证部门检验的倒"U"型关系缺乏理论基础。地方财政压力如何影响经济发展质量的机制？这个问题很有研究意义，尤其是在不同财政压力下，地方政府行为如何做出选择，进而如何作用于不同质量的经济增长模式，这些问题均需要深入论证。

修改说明：进一步凝练本文拟研究的主题，始终紧扣"财政压力对经济发展质量的影响"这一主线，舍弃了过多的旁枝侧叶，并按照《财政研究》已发表论文的常见写作范式，将引言和文献综述合并为第一部分。

理论"认为在财政压力下,地方政府会更偏好扩大预算内收入,通过大规模的招商引资来争夺制造业投资以扩大增值税、营业税税基(陶然等,2009),从而促进辖区经济发展。从实证分析的角度出发,学界对于中国式财政分权对经济增长发挥着助推器作用这一观点已基本达成共识。但是,财政分权体制衍生出的财政压力对于地方政府谋求经济发展的激励作用始终是有限的,越来越多的文献开始将研究视角置于具有中国特色的政治晋升激励。源于中国政治体制的经济学特征备受学界关注,一是GDP主导下的政绩评价考核机制(Li & Zhou,2005),二是干部任免制度。周黎安(2004)指出,中国的经济分权和政治集权相辅相成,在政治晋升激励下,地方政府官员有动力也有压力推动地方经济快速发展。地方政府之间的标尺竞争是经济分权和政治集权对地方政府颇为重要的影响渠道之一。在中国政治体制下,地方政府有着"唯上不唯下"的政治负责惯性;在政治集权和绩效评估考核机制下,中国历来都有考绩黜陟的情况。在当今社会,地方政府长官为了营造斐然的政绩从而在绩效考核中为自己积累更多的晋升底牌,不仅要力保GDP的高增长,还要在各类经济指标排名中力求靠前,这种在GDP增长率的激励下所形成的政治竞争,张晏(2005)将之称为基于上级政府评价的"自上而下的标尺竞争"。然而这种看似弊端重重的、为了增长而竞争的激励并非一无是处,在中国经济转型的初始阶段,政治激励大大推动了中国经济增长,对于资源的有效配置作用也大有可观(王永钦等,2007)。由此可见,适度的财政压力客观上有力助推了中国经济增长奇迹的出现。

随着财政压力的逐渐增大,地方政府面临实际的财政压力约束时,一系列经济发展问题逐渐涌现出来。第一,地方政府发展经济的行为发生扭曲,为了追求经济发展速度,地方政府在收紧的预算约束的激励与重压之下,会倾向于扶持能够带来地方独享税源的企业。因此,地方政府可能会针对高税行业出台一系列财税扶持政策,如,加大财政补贴、扩大税收优惠的力度与覆盖面等政策,这样既能减轻企业税负,同时又能够增强自身吸引生产要素的竞争力(Xu,2011;龙小宁等,2014)。此外,陈思霞(2017)统计发现,诸如房地产业、交通运输业等营业税支撑产业的增加值在所得税改革后大幅上升。第二,当财政压力逐渐增大时,地方政府急于寻找财政增收的新突破点。陈抗等(2002)认为财政收入集权将激励地方政府将财政压力转嫁给企业及个人,转向预算外以及体制外收费。王佳杰等(2014)发现,财政支出压力会导致非税收入总量以及人均非税收入的显著增长。Han和Kung(2015)

发现地方企业所得税分享比例降低使政府的发展重心转变为与土地有关的房地产业和建筑业，这是由于该行业带来的土地出让等财政收入无须与上级政府共享，从而弥补了地方财政缺口。这一行为导致土地出让底价悄然上涨，房价刚性成本抬升，构成了地方 GDP 增长的重要组成部分。第三，压力型财政激励影响地方政府行为决策方式，进而导致社会经济演进中的种种扭曲，造成地区间发展不平衡。也有学界观点认为，地方政府在财政压力下衍生出的经济增长模式或许不具有可持续性。谢贞发等（2015）认为，欠发达地区为了满足财政支出需要，吸引资本、促进当地工商业发展的缓解财政压力的应对策略，实际上会比发达地区有更强的动机放松税收征管或给予其他财政优惠或牺牲环境质量，来获取经济增长和财政收入的增长。此外，也有些学者认为，压力型财政激励可能导致地方政府过度依赖土地财政，进而着力发展房地产行业，这种单一的传导式经济增长模式并不具有可持续性（Du，Lu & Tao，2015）。姚东旻等（2013）测度了中国未来 30 年财政缺口，数据分析结果表明中国存在严重的财政缺口，不利于中国经济的可持续发展。第四，财政压力驱动地方政府采取地方保护主义，重复建设，招商引资中通过过度优惠、大搞形象工程建设等不理智策略展开恶性竞争，导致辖区内产业结构失衡，资源配置效率低下等（吕丽娜，2007）。

新时代背景下，我国社会经济发展的主要矛盾发生转变，国内经济环境和外部世界格局均发生了根本性变化，过于注重数量而忽视质量的发展理念已经不符合高质量发展时代的要求，新的发展理念应运而生。在"高质量发展时代"，经济的数量和规模固然重要，经济增量对经济的带动作用不可忽视，但在注重经济持续健康发展的新时代，经济发展应由从前的"铺摊子"转为"上台阶"，评判经济的关注点也应逐步转移到经济发展的"好不好"上面。

经济发展质量是对一个国家和地区经济发展状况的综合评价，然而它又是一个内涵丰富的多维度概念，目前学界尚无确切的评估指标。关于经济发展质量内涵的界定，师博和任保平（2018）认为应该从经济增长的强度、稳定性、合理化、外向性、人力资本和生态资本等角度构建经济高质量发展的评估体系；刘艳等（2014）以技术效率测度经济增长质量，并构造 DEA - Malmquist，对中国经济增长的技术效率进行估算；魏婕等（2012）构建包含经济增长效率、结构、稳定性、福利变化与成果分配、生态环境代价以及国民经济素质的 6 个维度指标，并利用主成分分析法来测度经济增长质量指数。其实，经济发展质量的提升本质就是经济效率的提升，全要素生产率由于综合了各要素对经济增长的贡献从而受到社会各界的重视。国际上很多权威机构估算了中国全要素生产率的变化趋势，将其作为考察中国经济增长质量的重要指标，如世界银行在《2030年的中国》研究报告中认为要越过"中等收入陷阱"，中国需要把驱动经济增长的重心放在TFP上。提高全要素生产率对于中国未来经济发展至关重要，令其成为经济发展的动力源泉（郑玉歆，2007）。蔡昉（2013）认为，在人口红利趋于消失的情况下，中国势必要将全要素生产率的提高作为新的生产率源泉。在经济新常态的大背景下，探讨经济可持续发展的重要改革方向和政策取向就是要形成"从要素驱动、投资驱动转向创新驱动"的新常态关系，全要素生产率在经济源头增长中发挥的作用不容忽视（徐现祥，2018）。宏观经济层面TFP的增长是未来保持中国经济中高速增长、提高经济增长质量的重要支撑和内在机制（蔡跃洲，2017）。此外，党的十九大报告明确指出"推动经济发展质量变革、效率变革、动力变革，提高全要素生产率"，再一次强调了高质量发展的核心是提高全要素生产率。

在经济新常态下，中国经济高质量发展呈现出了许多新特征和新趋势。产业结构优化，工业向中高端迈进，产业分工深化，服务业正在成为拉动经济增长的新动力；发展目标关注普惠式增长，在解决好发展不平衡不充分的问题之上，更加重视人与自然和谐发展、资源与环境的长远共存，不断加快生态文明的建设步伐，这将不断增强经济发展的可持续性。这些趋势的确立，是推动我国经济再上一层楼的强劲支撑，同时也为中国经济转向高质量发展创造了良好的基础条件。近十年来，我国各地区GDP增长差距趋于收敛，然而区域经济发展质量的差异总体上呈扩大趋势，区域内全要素生产率的增长差异出现明显分化，东部和西部两区域内经济发展质量差异程度较高，区域内存在较严重的增长失衡，中部和东北地区较低（杨跃峰，2014）。当前，我国经济已经在高质量发展的道路上迈出重要的第一步，经济"含金量"逐步提升，发展的质量底色更加彰显。同时我们也要认识到，实现高质量发展仍然面临严峻的挑战，实现高质量发展必须突破这些难点，这也是当前建设现代化经济体系必须突破的难关。

财政政策是提高经济增速、调节经济关系最为重要的"政府之手"，在国家治理中的发挥着重要支柱作用。林春（2017）从收入角度、支出角度和自有收入角度构建了中国财政分权指标体系，采用SYS-GMM计量分析后发现，中国财政分权体制对经济增长质量具有显著性的促进作用。苏洪（2015）主张通过协调政府间财政支出关系来实现央地权利与义务的划分，并将源于跨区域合作的经济增长份额纳入绩效考核来促进合作，打通自由、便捷的要素流通渠道，进而推动总量全要素生产率的增长，实现中国经济增长质量的提升和经济发展的长期可持续。王江宏（2013）分析了我国 18 个城市经济发展与财政收入增速的变化趋势后，认为需要实现财政收入与经济增长同步发展，基于区域发展异质性，适当减轻中西部地区的税收负担，实现经济的长期可持续发展。徐现祥等（2018）认为，当中央政府降低经济增长目标，地方政府将政策工具转向创新驱动发展，能够实现经济高质量和可持续发展。

梳理现有的研究文献之后发现，尽管有大量学者从多角度探索了财政压力对我国经济社会各方面产生的复杂影响，其中大多涉及的是其对经济增长速度和路径选择的研究。到目前为止，还未有学者将财政压力和经济发展质量置于同一理论分析框架下研究，从实证的角度探讨财政压力对经济发展质量的影响程度及其影响方向问题。然而，随着经济发展进入新时代，我国社会主要矛盾已转化为人民日益增长的美好生活需要和不平衡不充分的发展之间的矛盾，厘清财政压力对经济发展质量的影响是实现高质量发展亟须解决的现实问题。为此本文通过构建衡量地方财政压力和经济发展质量的指标，测算中国 282 个地级市的财政压力和经济发展质量。从地方财政压力的新视角，研究财政压力的经济发展质量效应，进行稳健性检验，并进一步分析财政压力对经济发展质量的异质性及其影响机制，从而提出相关政策建议。

三、模型构建与变量说明

（一）模型构建

在经济社会发展过程中，地方政府面临着日益复杂的压力来源，如自上而下的政绩考核压力、同级政府间横向发展的竞争压力、自下而上日益增长的人民需求压力等等。地方政府的运行就是对不同来源

专家意见 4：当前我国财政政策"加力提效"的总基调，与本文的研究主题非常匹配，建议增加一些这方面的阐述。

修改说明：对"加力提效"与本文选题意义进行了紧密连接，具体如下：当前"加力提效"是中国财政政策的总基调，随着在积极财政政策方面的逐步"加力"，地方财政收支将面临着更为趋紧的压力考验；所谓"提效"，则是旨在进一步提高财政资金的使用效率和效益，着力推动经济转型升级，提升经济发展质量。由此可见，本文对财政压力与经济发展质量关系的研究，有着重要的现实意义。

专家意见 5：模型构建之前关于两种对立观点的分析，建议进一步增加一些影响机制的理论和文献分析。

作者修改说明：对正负两方面的观点部分，都增加了诸多研究影响机制方面的文献。

的发展压力的分解和应对。理论界将这种运行模式简称为"压力型体制",它是经济转轨过程的产物(杨雪冬,2012)。其实,以上纷繁复杂的政府压力大都转化为地方政府的财政压力(谢贞发,2017)。数据分析表明,无论采用何种方式度量地方财政压力,地方政府都面临着较大的财政压力,而且从财政压力的均值变化上看,随着财税体制改革的不断推进,地方政府的财政压力也随之逐渐增大。

首先,地方财政压力可能会正向促进经济发展质量的提升。在市场经济转轨过程中,政府力量往往在市场经济发展中发挥着主导甚至决定性的作用(席鹏辉等,2017)。在分税制改革和所得税分享改革实施之初,地方政府财政压力尚且不大时,地方政府尚且可以腾出手来通过财政政策、货币政策、产业政策等手段对辖区经济增长的进行调控和干预。首先,地方政府对公共服务领域投入较多的精力,扩大公共服务的供给规模,大力兴建基础设施,减免企业税收负担,给予企业资金贷款扶持,利用非耕地资源兴办投资开发项目,从而改善投资硬环境;其次,地方政府逐渐关注投资"软环境",继续推进"放管服"改革,优化政府职能,提高行政效率,建立多方位的环境监测评估体系,大力改善营商环境;再次,地方政府扩张财政性福利支出的比例,着重关注辖区内收入分配、产业结构、民生工程、创新能力,改善居民的生活环境等等。由此推断,在地方政府财政压力增长的初始阶段,辖区内经济发展质量较高。

其次,地方财政压力也可能会恶化辖区经济发展质量。在中国式财政分权体制下,由于中央和地方的财权和事权长期分离,地方政府掌握着将近50%的税收却承担着80%以上的财政支出,地方政府财政收支压力很大。1994年分税制改革和2002年所得税分享改革后,地方政府财政压力日益加重,这让本就捉襟见肘的地方政府财政收支格局雪上加霜。为保障地方政府的正常运转和维持现有的利益分配格局,力不从心的地方政府会寻找新的"生财之道"。在经济压力与政绩压力双重作用之下,地方政府扭曲财政支出结构,偏好扶持高税基的生产性企业,重点扶持金融、房产、建筑等地方高税行业进而带动经济增长(Han & Kung, 2015);此外,地方政府在招商引资领域开展"逐底竞争",以高资本回报率缓解财政压力,从而降低环境规制水平和能耗管制标准,吸引高耗能高回报产业流入。最后,我国长期存在产业结构失调与产业内部失衡、低水平重复建设和重复引进问题,造成产能过剩的局面。因此,在地方财政缺口不断扩大的背景下,地方政府的这一系列举措难免只顾得了经济发展速度,却无暇关注经济发展质量。

综合以上分析可见，财政压力对地方经济发展质量的影响不是单纯正向的或是负向的，而正负两方面的作用可能同时存在，即地方财政压力对经济发展质量的影响可能是非线性的。为此，本文将实证模型设定为非线性的二次函数。具体的模型为：

$$QED_{it} = \alpha_0 + \alpha_1 \times FP + \alpha_2 \times FP^2 + \alpha_k \times X_{itk} + city_i + year_t + \varepsilon_{it} \quad (1)$$

其中，被解释变量 QED_{it} 为经济发展质量，核心解释变量 FP 为地方政府财政压力，X_{itk} 为控制变量集合，$city_i$ 控制个体固定效应，$year_t$ 控制时间固定效应。

专家意见6：公式（1）中，模型书写有误，地方政府财政压力（FP）是面板数据，那么应该加上下标，并且控制变量是集合形式呈现，应该有求和符号。

修改说明：对本文模型设定的规范性、准确性和专业性方面进行了全方位的修改。

（二）数据说明

1. 财政压力的度量

考虑到所得税是地方财政收入的重要来源之一，本文以所得税损失率度量地方财政压力，政策实验数据依托2002年中国所得税分享改革带来的所得税损失率，采用增量分成模式对基数进行返还。选取的时间区间为2004～2012年。将2004年作为起始年份，是因为2001～2002这两年存在地方政府盲目做大所得税收入的情况，数据选取的过程中排除这两年。此外，本文测算出来的2003年各地级市财政压力出现大量的负值，这与真实情况不符，因此在实证回归过程中舍去2003年的数值。2013年开始，中国又相继启动了"营改增"等一系列税制改革，为了更准确地分析所得税改革下的财政压力的经济效益，实证回归数据截至2012年。

2. 经济发展质量测算

经济发展质量是对一个国家和地区经济发展状况的综合评价，应从民众生活和社会活动的角度来度量经济发展对其带来的变化状况，从而表现该国家或者地区的经济发展的综合情况，而不是仅仅看其经济总量。本文将全要素生产率（tfp）作为衡量经济发展质量的重要指标之一，参照索罗余值法，首先构建总量生产函数。在经济增长的实证文献中，柯布—道格拉斯生产函数仍然是最常见的表达形式，同时借鉴 Lucas（1988）的做法，将人力资本引入生产函数，假设各地区生

专家意见7：进一步强化"地方财政压力"的测度概念，并对论文所得税损失率和纵向财政失衡这两种方法的测度结果进行对比。在稳健性检验中，采用纵向财政失衡度作为用所得税损失率度量财政压力的代理变量，这两个代理变量之间有什么根本性差异呢，是否可以作为代理变量替换？

修改说明：对比这两种测度方式结果发现，尽管水平值存在差异，但其变化趋势基本同步。对于第一种测算方式，在技术方法上，借助外生所得税分享改革政策冲击的度量方法有助于克服内生性问题。对于第二种测度方式，由于纵向财政失衡度和财政压力之间存在一定的共性，因此可以作为所得税损失率的一个有力补充。但纵向财政失衡度口径更宽，从宏观方面度量了地方财政收支失衡所带来的财政压力。这种共性下的个体根本差异使得纵向财政失衡度可以作为代理变量替换。

产函数为：

$$Y(t) = A(t) \times K^{\alpha}(t) [H(t) \times L(t)]^{\beta} \quad (2)$$

其中，$Y(t)$ 是总产出，$A(t)$ 为技术水平，$K(t)$ 为物质资本存量，$H(t)$ 为全社会人力资本存量，$L(t)$ 是劳动力数量，α 和 β 分别代表资本和劳动的产出弹性。将上式取对数后，即为：

$$\ln Y(t) = \ln A(t) + \alpha \times \ln K(t) + \beta \times \ln[H(t) \times L(t)] \quad (3)$$

此时，$\ln A(t)$ 即本文所求的全要素生产率。

地级市层面资本存量的测算借鉴柯善咨、向娟（2012）的做法，估算资本存量的表达式为：$K_t = K_{t-1}(1-\delta) + 1/3(I_t + I_{t-1} + I_{t-2})$。公式中涉及到的四个变量分别是：当年投资序列 I，固定资产投资价格指数，经济折旧率 δ，初始资本存量 K_0。投资序列 I 来自历年全社会固定资产投资的数据，缺失的数据通过查阅《中国区域经济统计年鉴》以及各省市统计年鉴补充，在此基础上仍然缺失的数据则利用插值法进行补充。固定资产价格投资总指数直接采用《中国统计年鉴》中公布的各省份固定资产价格总指数，以 2003 年为基期。经济折旧率借鉴单豪杰（2008）的算法，统一采用 10.96% 进行估算。初始资本存量 K_0 的计算公式为：$K_0 = I'_0 \left(\dfrac{1+g}{g+\delta}\right) R^2$，$I'_0$ 为初始年份的不变价投资，g 为不变价投资的平均增长率，δ 为经济折旧率。

3. 控制变量选取

X_{itk} 表示控制变量集合，根据现有文献，控制了以下因素对经济发展质量的影响：

（1）人口因素。首先是人口（$lnpop$）。亚当·斯密在《国富论》中指出，北美经济发展增速快的重要原因之一是人口的迅速增长，经济发展对人口的需求支配着人口的生产。本文将各地级市年末总人口取对数，以此控制人口对经济发展质量的影响。其次是人口密度（$lnden$）。一定数量的人口和人口密度是社会分工和经济发展的必要条件，人口数量大和人口密度大会促进产业投资、政府竞争和科技创新，从而有利于经济发展。本文借鉴谢贞发（2017）的做法，引入人口密

专家意见 8：关于"经济发展质量测算"，未分析清楚为什么选取这样的指标作为代理变量？

修改说明：第一，对现有经济发展质量的测算方法进行了简要总结。第二，详细说明了选择全要素生产率（TFP）作为测度指标的原因——TFP 已被认为是国家"十三五"规划下判断经济增长质量和增长潜力的最重要标准，党的十九大报告更是明确指出"推动经济发展质量变革、效率变革、动力变革，提高全要素生产率"，再一次强调了高质量发展的核心是提高全要素生产率。

专家意见 9：控制变量选择中，由于 TFP 是采取索罗余值算出来的，建议删除"经济增长速度"这一控制变量。

修改说明：原文中的经济增长速度指标，确实不太显著，这可能与本文基于增长模型"索罗余值法"算出来的 TFP 有关，因此在修改稿中删除该变量，发现删除之后，不改变本文的核心结果。

度并将其取对数后作为控制变量。最后是人力资本（h）。何元庆（2007）发现中国的全要素生产率增长与人力资本水平密切相关，人力资本是重要的"非物力资本"，对于提高社会生产力和资本配置效率，从而形成经济增强源泉发挥着不可或缺的作用。人口素质的提高是提升劳动力质量的根本着力点，为经济发展提供有效的人力资本支撑，将逐渐没落的人口红利转变为人才红利。本文用各地高等学校在校人数与年末总人口的比值来衡量地方人力资本情况。

（2）经济发展水平因素。首先是经济发展水平（$lnpgdp$）。人均 GDP 代表地方的资源禀赋条件。本文参考国内研究常用的方法，用人均 GDP 的对数作为测度指标。经济增长速度快的地区意味着该地经济实力较为雄厚，基础设施完善，资源利用率较高，从而更加注重经济发展质量的提升。其次是固定资产投资率（fir）。根据经济增长理论，固定资产投资的增长会带动经济的增长。投资乘数理论也表明，投资增加可以拉动国内生产总值成倍增加。

由此可见，固定资产投资对经济增长起着举足轻重的拉动作用。本文借鉴王佳杰（2014）的做法，用各地区固定资产的投资额占其 GDP 的比重来衡量固定资产投资率。最后是劳均资本存量（$lnpk$）。许多学者在度量生产性投入时，都会核算资本存量。资本存量反映了人类在某一时点所掌握的全部物质生产手段，代表了企业现有生产经营规模和技术水平。本文以各地级市每年的实际资本存量除以各年度就业人员得出劳均资本存量。为了保持数据的平稳性，对劳均资本存量取对数。

（3）地方政府行为因素。首先是政府干预程度（gov）。政府的相关政策和行为会对辖区企业生产经营状况产生较大的影响，间接地波及到地区经济发展的发展活力，以此来影响地区经济的发展质量，故这里采用各地区财政支出与 GDP 的比值来衡量。其次是地方财政自给率（$fssr$）。财政自给率是评估地方财政水平的重要指标。地方政府的财政自给率越高，自身"造血能力"就越强，说明辖区经济健康、繁荣且活跃，债务违约的概率越低，经济发展前景优良。本文参考罗必良（2010）的做法，采用地方财政一般公共预算收入除以一般公共预算支出度量财政自给率。

（4）辖区经济发展特征。首先是对外开放程度（$open$）。对外开放向来是经济快速发展的重要前提。习总书记在 2018 年 4 月的博鳌亚洲论坛上也指出，新时代中国经济高质量发展也必须在更加开放的条件下进行。对外开放可以提高生产分工的专业化水平，引进外国先进的科学技术从而推动本国生产技术进步。本文用进出口总额与GDP的比值来衡量对外贸易依存度。需要说明的是，进、出口总额的初始获得数据都是以美元计量的，本文按照每年人民币-美元的平均汇率换算成人民币。其次是产业结构（is），本文用第二产业产值占GDP比重来衡量宏观产业结构，产业结构越大越高代表着地区的工业化程度越高。此外还有第三产业占比（pti），地方政府有强烈的财政激励发展第三产业，缓解财政压力，促进辖区经济增长。因此本文控制了pti对经济发展质量的影响（上述各指标具体数据如表1所示）。

表1　　　　　　　　　　主要变量统计特征描述

变量名称	观察值数	均值	标准差	最小值	最大值
核心解释变量					
fp	2538	0.1195	0.5209	-5.5508	12.7960
vfi	3107	0.6197	0.2664	-0.7659	0.9920
tfp	2538	0.0009	0.0428	-0.1366	0.2664
pl	2820	215.1552	168.7514	0.0000	1870.0210
控制变量					
$lnpop$	2538	5.8375	0.6631	2.8190	7.1217
$lnden$	2538	5.6221	0.9818	1.5476	7.8562
h	2538	0.0136	0.0196	0.0001	0.1270
$lnpgdp$	2538	0.0064	0.6152	-1.6573	1.8361
fir	2538	0.5840	0.2457	0.0872	3.2056
$lnpk$	2538	10.7322	0.8532	8.1659	13.7239
gov	2538	0.1577	0.1189	0.0201	1.5353
$fssr$	2538	0.4698	0.2323	0.0369	2.4494
$open$	2538	0.2005	0.3987	0.0000	4.6217
is	2538	0.4865	0.1156	0.0000	0.9097
pti	2538	0.3547	0.0780	0.0858	0.6531

本文所用到的数据来自《全国地市县统计资料》，《中国区域经济统计年鉴》，《中国城市统计年鉴》，EPS数据平台——中国区域经济数据库、中国城市数据库、国泰安数据库和各省份统计年鉴。由于部分变量数据缺失，最终本文的基准模型部

分是282个地级市，稳健性检验部分是242个地级市。

四、实证分析

（一）基准模型分析

在研究方法上，首先判断应选择个体固定效应还是随机效应，Hausman检验结果发现均拒绝原假设，因此采用固定效应模型。引入时间虚拟变量后的估计结果仍然显著拒绝原假设，说明存在时间效应。综上，本文最终采用双向固定效应模型，同时控制了时间效应和个体效应。回归过程中消除了异方差和序列相关对估计结果的影响。

为了研究财政压力在不同因素作用下对经济发展质量引起的效应，本文逐步引入不同的控制变量进行回归，回归结果如表2所示。在表2中，以所得税损失率度量的财政压力（fp）作为自变量，fp_2是财政压力fp的平方项；因变量是全要素生产率（tfp）。模型（1）中仅引入财政压力的一次项，结果表明财政压力一次项的系数大于0，即财政压力在一定程度上有助于提高辖区内经济发展质量。为了进一步考察财政压力和经济发展质量的内在关系，模型（2）中引入财政压力的二次项，并逐步引入各控制变量。模型（2）单独考察关键解释变量财政压力的一次项和二次项，回归结果发现，财政压力（fp）的一次项系数在10%的水平下显著为正，二次项系数在10%的水平下显著为负，这初步证明了地方财政压力对经济发展质量的影响可能是非线性的，并且二者之间的变化趋势表现为倒"U"型的曲线。

表2　　　　　　　　　　基准模型回归结果

	(1) tfp	(2) tfp	(3) tfp	(4) tfp	(5) tfp	(6) tfp	(7) qed
fp	0.2701* (1.78)	0.1251* (1.82)	0.0968** (2.23)	0.0962** (2.13)	0.0750** (1.99)	0.0634*** (3.19)	0.1249** (2.00)
fp_2		−0.4315* (−1.70)	−0.3563* (−1.88)	−0.3474** (−2.26)	−0.2997*** (−2.62)	−0.2597*** (−4.29)	−0.5304*** (−6.33)
$lnpop$			−0.1599** (−2.43)	−0.0734* (−1.91)	−0.0713* (−1.75)	−0.0818** (−2.17)	−0.7807** (−2.02)

续表

	(1) tfp	(2) tfp	(3) tfp	(4) tfp	(5) tfp	(6) tfp	(7) qed
lnden			0.1305** (2.30)	0.0959** (2.40)	0.1031** (2.49)	0.1006** (2.54)	1.1157*** (2.88)
h			0.4030** (2.44)	1.1486*** (3.56)	1.0324*** (3.33)	0.9155*** (3.08)	6.2456** (2.22)
lnpgdp				0.2347*** (10.17)	0.2315*** (10.22)	0.2410*** (9.26)	1.6059*** (6.95)
fir				-0.0119 (-1.38)	0.0047 (0.39)	0.0067 (0.57)	-0.3423 (-1.48)
lnpk				-0.0324*** (-4.79)	-0.0339*** (-4.96)	-0.0324*** (-4.55)	-0.1970*** (-2.75)
gov					-0.1150*** (-4.11)	-0.1107*** (-3.84)	0.3074 (0.60)
fssr					0.0028 (0.23)	-0.0002 (-0.02)	-0.2484 (-1.07)
open						-0.0319*** (-2.91)	-0.2070** (-2.00)
is						-0.0326 (-0.58)	-0.4635 (-0.77)
pti						-0.0425 (-0.71)	-0.7222 (-1.49)
_cons	0.0138*** (3.87)	0.0138*** (3.87)	0.2085 (1.34)	0.2499 (1.17)	0.2180 (1.02)	0.3171 (1.53)	1.2638 (0.52)
观测值	2538	2538	2538	2538	2538	2538	2538
R^2 值	0.1006	0.1007	0.1114	0.3204	0.3303	0.3344	0.1413
时间固定效应	控制	控制	控制	控制	控制	控制	控制
地区固定效应	控制	控制	控制	控制	控制	控制	控制

注：*、**、***分别表示在10%、5%、1%的显著性水平下显著，括号内为各统计量的 t 值。下同。

模型（3）至模型（6）中依次加入人口、经济发展水平、地方政府行为、辖区经济发展特征等控制变量。分析模型（6）的回归结果，本文发现，首先，财政压力的一次项系数和二次项系数在1%的水平下均显著，并且符号相反，这一结果证明了前文的假设，即地方财政压力下经济发展质量的变化呈先上升后下降的倒"U"型曲线；其次，财政压力二次项的系数小于0，说明财政压力促进全要素生产率提升的边际效应随着财政压力的增加而递减；再次，根据二次函数的数学性质，其对称轴为$-\alpha_1/2\alpha_2$，将财政压力一次项和二次项的数值代入计算后结果为0.1221，结合地级市财政压力的均值分布后发现，大约略微超过半数的财政压力的数值处于对称轴的左侧，余下的财政压力的数值在对称轴的右侧。这意味着，当财政压力不大且处于对称轴左侧时，辖区内经济发展质量逐步提高；当财政压力超过某一界限时，即财政压力的数值位于对称轴右侧时，经济发展质量开始下降。模型（7）借鉴徐现祥（2018）的方法，把经济发展质量（qed）定义为全要素生产率对经济增长的贡献份额，把全要素生产率 tfp 除以各地级市 GDP 增长速度的值作为经济发展质量的代理变量，回归结果发现，财政压力对经济发展质量的影响效用的显著性水平以及财政压力的一次项系数、二次项系数的正负与模型（6）的结果基本相同，仅在数值上有一些变化。将模型（7）的系数代入对称轴的计算公式后结果为0.1177，这表明，大约超过半数的财政压力的数值处于对称轴的右侧，余下的财政压力的数值在对称轴的左侧。以上回归结果再次证明了前文的假设：地方财政压力对经济发展质量的影响是非线性的，财政压力对经济发展质量的影响呈先上升后下降的倒"U"型趋势，即财政压力较小和较大的地区，经济发展质量较低；相反，适度的财政压力则有利于提高经济发展质量。由此可以初步判断，适度的财政压力可以对地方政府产生财政激励，从而推动辖区内经济发展，随着财政压力的增加，地方政府的经济发展模式扭曲，辖区内经济发展质量逐步下降。

从表2的回归结果中还发现，经济增长速度（lnpgdp）对经济发展质量的影响始终显著为正，这说明经济增长速度对经济发展质量存在显著的正向影响。经济增长转向高质量发展阶段是我国经济发展的必经阶段，也是经济增长转型的应有之义。迈向"高质量经济时代"仍然要以经济总量的稳定和可持续增长为基础，尤其是在经济发展转型的阶段，不能简单地将GDP弃之不顾，相对高速的经济增长对于中国经济发展仍然重要，提高GDP总量和人均GDP值依然是实现经济高质

专家意见10：前文中"经济发展质量测算"未分析清楚为什么选取这样的指标作为代理变量？本文选取了全要素生产率、全要素生产率对经济增长的贡献份额、劳动生产率和产业结构高级化指数作为经济发展质量的代理变量进行基准回归和稳健性检验，但是并没有解释清楚，到底什么指标能更好地反映经济发展的质量？

修改说明：本文在前文"（二）数据说明 2. 经济发展质量测算"部分对现有经济发展质量的测算方法进行简要总结以及详细说明为何选择全要素生产率作为实证分析的主要测度指标之后，在稳健性检验部分，详细说明了为何要进行3个维度的稳健性检验。并且，从指标定义、文献梳理、测度方法等方面进行更加细致清晰的阐述。

量发展的重要手段。2018年中国人均国内生产总值接近1万美元,但这一数值仍未达到全球人均水平。总的来说,当前中国人均GDP水平还不高,提高人均GDP方为正道。当下至关重要的是,既不完全抛弃GDP,又不完全以GDP论英雄,兼顾增长速度与发展质量。此外,第三产业占比(pti)对经济发展质量也始终具有显著的助推作用。第三产业突飞猛进的发展,将为经济发展唤醒新的活力。国家统计局最新数据显示,2018年中国第三产业占GDP的比重为52.2%,对经济增长的贡献程度超过半数,然而对比英美等发达国家整体接近80%的三产比例,中国第三产业还处在发展的起步阶段,地区间产业增速差异较大,水平层次不齐,尚未形成整体合力,新兴服务业的活跃度和整体竞争力乏善可陈。因此,发展第三产业是促进中国经济发展的"当务之急",在经济转型的重要关口,抓住新一轮产业变革的机遇,对于提高经济发展质量意义重大。

(二) 稳健性检验

本文主要通过变换因变量经济发展质量的度量方式、变换核心解释变量财政压力的度量方式来进行稳健性检验。

1. 变更经济发展质量的度量方式

据《人民日报》报道,2018年北京人大会议上明确将社会劳动生产率列入经济社会发展的主要目标之一,在2017年社会劳动生产率22万元/人的基础上,力争2018年将其提升至22.5万元/人。劳动生产率反映了社会生产的过程中投入与产出的效率关系。劳动生产率的数值越高,说明每个从业者的劳动对GDP增长的贡献越大,其劳动力要素的产出效率也就越高。刘兮、王晓(2018)指出,社会劳动生产率是指所有劳动者在一定时间内创造的劳动产出价值和劳动投入消耗之间的比值,它和GDP一样,可作为衡量经济发展效率和生产力发展水平的核心指标。提高社会劳动生产率将成为助推经济平稳发展的动力引擎,有助于促进经济发展模式转向中高端的协调发展。冷崇总(2008)将劳动生产率作为评价经济发展质量的指标之一,并将其定义为国家或地区GDP除以全社会劳动者平均人数。劳动生产率与经济发展质量之间具有正向促进关系,提高劳动生产率有助于进一步释放人才红利,推动辖区经济走上"人才高质量发展的快车道"。为此,本文将劳动生产率(pl)作为衡量经济发展质量的指标来进行稳健性检验。根据定义,劳动生产率 = 地级市地区生产总值/年末从业人员人数。考虑到劳动生产率（pl）的面板数据可能存在非平稳序列等计量问题，此处对劳动生产率（pl）的值采用取对数的形式，即 lnpl（见表3）。

表3　　　　　稳健性检验Ⅰ：变换经济发展质量度量方式

	(1) lnpl	(2) lnpl	(3) lnpl	(4) lnpl	(5) lnpl	(6) lnpl	(7) isu
fp	0.2939* (1.78)	0.2863* (1.92)	0.2228** (2.19)	0.1725** (2.08)	0.1787*** (3.17)	0.1694*** (2.63)	0.2371*** (2.86)
fp_2		-1.0204** (-2.47)	-0.8263** (-1.97)	-0.7398*** (-4.42)	-0.7603*** (-4.74)	-0.7542*** (-5.87)	-0.9749*** (-7.95)
lnpop			-0.3228 (-1.46)	0.1184 (0.73)	0.1175 (0.74)	0.0795 (0.53)	0.0908 (1.48)
lnden			0.2356 (1.09)	0.1652 (1.18)	0.1567 (1.14)	0.1590 (1.36)	0.0311 (0.45)
h			-2.8922*** (-2.85)	0.8954 (0.94)	1.0368 (1.07)	0.4742 (0.48)	2.7739** (1.98)
lnpgdp				0.4237*** (5.94)	0.4275*** (6.00)	0.4909*** (6.85)	0.0519* (1.73)
fir				-0.2004*** (-4.69)	-0.2218*** (-4.89)	-0.2086*** (-4.77)	-0.0006 (-0.03)
lnpk				0.4666*** (7.48)	0.4683*** (7.51)	0.4794*** (7.63)	-0.0062 (-0.50)
gov					0.1513* (1.84)	0.1617* (1.86)	-0.0157 (-0.15)
fssr					0.0072 (0.15)	-0.0020 (-0.04)	-0.0011 (-0.05)
open						-0.1257*** (-2.77)	0.0408 (1.49)
is						-0.4261** (-2.05)	-1.2429*** (-4.34)
pti						-0.3786 (-1.55)	2.8357*** (9.62)
_cons	5.1357*** (498.07)	5.1357*** (499.71)	5.7188*** (4.39)	-0.9764 (-0.83)	-0.9542 (-0.84)	-0.4898 (-0.44)	-0.2563 (-0.60)

续表

	(1) lnpl	(2) lnpl	(3) lnpl	(4) lnpl	(5) lnpl	(6) lnpl	(7) isu
观测值	2538	2538	2538	2538	2538	2538	2538
R² 值	0.1739	0.1750	0.1830	0.6292	0.6306	0.6383	0.8040
时间固定效应	控制	控制	控制	控制	控制	控制	控制
地区固定效应	控制	控制	控制	控制	控制	控制	控制

专家意见 11：文中提到"营业税是地方政府的第一大税种，有强烈的财政激励发展第三产业，缓解财政压力，促进辖区经济增长"。既然可以缓解财政压力，那么对财政压力这个解释变量也存在影响，可能会存在多重共线性问题。

修改说明：我们在修改稿中新增了"多重共线性分析"这一部分，测算了解释变量之间的方差膨胀因子，发现共线性问题难以避免，但并不严重。

参考表 2 的回归方式，模型（1）单独考察财政压力一次项和劳动生产率的效应关系，模型（2）引入了财政压力的二次项，回归结果依然证明了前文的假设，即地方财政压力对经济发展质量的影响表现为倒"U"型的曲线。逐步加入控制变量后，财政压力的二次项系数始终显著为负，财政压力的一次项系数显著为正。这说明随着财政压力的增加，财政压力下提高全要素生产率的边际效应逐步递减。将模型（6）中财政压力的一次项系数和二次项系数代入对称轴公式计算后，此处的对称轴为 0.1123，这表明，大约超过半数的财政压力的数值处于对称轴的右侧，余下的财政压力的数值在对称轴的左侧，这与前文的回归结果基本一致。此外，模型（7）是第三产业产值与第二产业产值的比值，是用来衡量经济发展质量的一个新的指标，即用产业结构高级化指数（isu）来度量经济发展质量。从回归结果来看，财政压力二次项的系数在 1% 的显著性水平下显著为负，财政压力一次项的系数也是显著为正，这与前文的实证结果是一致的。

2. 变更财政压力的度量方式

为了避免基准模型里仅使用地方财政所得税损失率来度量财政压力可能存在的片面性，本文在此处采用纵向财政失衡度（vfi）作为财政压力的代理变量，借鉴储德银等（2018a）的计算方法，其具体计算公式为 $vfi = 1 - (收入分权/支出分权) \times (1 - 地方政府财政自给缺口率)$。因变量分别采用全要素生产率（tfp），劳动生产率（pl）和产业结构高级化指数（isu）来度量经济发展质量。考虑到劳动生产率（pl）的面板数据可能存在非平稳序列等计量问题，此处依然对劳动生产率（pl）的值采用了对数形式，即 lnpl。模型（1），模型（3）和模型（5）是仅考虑财政失衡度一次项（vfi）和二次项(vfi_2)的基础回归，模型（2），模型（4）和模型（5）加入了全部的控制变量。表4的实证结果表明，财政压力的系数尽管在数值上有着大小变化，但一次项系数和二次项系数均通过了显著性检验，且正负符号与上文一致。将模型（2）、模型（4）和模型（6）中财政压力一次项和二次项系数代入计算对称轴，结果分别为0.6424，0.6431和0.6429，结合财政失衡度的均值和中位数，发现超过半数的财政失衡度值位于对称轴的右侧，即随着用纵向财政失衡程度度量的财政压力增加，地方经济发展质量先上升后下降，影响趋势呈倒"U"型，这一结果稳健地支持了前文实证分析中的研究结论（见表4）。

表4　　稳健性检验Ⅱ：变换财政压力度量方式

	（1）tfp	（2）tfp	（3）lnpl	（4）lnpl	（5）isu	（6）isu
vfi	0.0598** (2.50)	0.0433*** (3.38)	0.3495 (0.69)	0.1582* (1.81)	0.0264*** (5.11)	0.0243*** (4.48)
vfi_2	-0.0474*** (-3.25)	-0.0337*** (-3.10)	-0.2775*** (-3.20)	-0.1230** (-1.97)	-0.0206** (-2.22)	-0.0189*** (-3.52)
$lnpop$		0.0125 (0.20)		0.0572 (0.28)		-0.0444 (-0.57)
$lnden$		0.0527 (0.97)		0.0372 (0.20)		-0.0316 (-0.48)
h		0.6445** (2.54)		1.5725** (2.17)		1.0646 (1.32)
$lnpgdp$		0.2263*** (5.98)		0.4493*** (6.84)		0.1233*** (4.19)
fir		0.0086 (0.60)		-0.3039*** (-4.77)		0.0140 (0.59)
$lnpk$		-0.0381*** (-4.12)		0.3405*** (6.46)		-0.0224 (-1.62)
gov		-0.1400*** (-2.66)		-0.5798** (-2.15)		-0.3638** (-2.32)
$fssr$		-0.0027 (-0.16)		-0.0734 (-1.60)		0.0388 (1.41)

续表

	(1) tfp	(2) tfp	(3) lnpl	(4) lnpl	(5) isu	(6) isu
is		-0.0697 (-0.95)		-0.1876 (-0.82)		-2.2012*** (-11.82)
pti		-0.0036 (-0.04)		-0.5251** (-2.18)		1.9887*** (7.02)
_cons	0.0474*** (7.03)	-0.9892** (-2.40)	5.2718*** (206.73)	-0.0198 (-0.01)	0.8920*** (34.55)	1.2131** (2.57)
观测值	3107	3107	3106	3106	3107	3107
R^2 值	0.0888	0.3091	0.1625	0.5929	0.1364	0.8125
时间固定效应	40.7988	37.1666	22.7043	43.6562	37.3145	57.2153
地区固定效应	0.0000	0.0000	0.0000	0.0000	0.0000	0.0000

五、进一步分析

本部分主要从分地区和分位数两方面，对地方财政压力下的经济发展质量效应做进一步分析。

（一）地区异质性分析

除了进行全部样本回归以外，本文将根据经济发展程度将中国分为东、中、西三部分。通过分样本回归，我们将进一步检验不同地区财政压力对经济发展质量的影响是否存在差异。回归结果如表5所示。表5中，财政压力（fp）作为自变量，因变量是全要素生产率（tfp）。地级市政府的财政压力各有差异，这种差异将影响政府对公共基础设施供给、城市生态环境的投入等，因而导致东、中、西部地区经济发展质量各有不同，也进一步拉开了区域间经济发展的差距。

> **专家意见 12：** 将地区异质性直接划分为东、中、西三部分，需要阐述清楚其划分依据，以及这种划分是否对其影响机制具有作用。
>
> **修改说明：** 我们补充了比较充分的划分理由。通过测算 2004～2012 年间地方财政压力的各年均值，发现地方财政压力存在着明显的区域差异，东部最大，西部次之，中部最小，而且它们的变化轨迹也不完全相同。因此，地方财政压力对经济发展质量的影响，可能存在地区间的异质性，在此通过分样本回归，进一步检验不同地区财政压力对经济发展质量的影响是否存在差异。

表5　地区异质性分析：分地区回归

	(1) tfp	(2) tfp	(3) tfp	(4) tfp	(5) tfp	(6) tfp
fp	0.01456*** (5.30)	0.1144*** (7.39)	0.0572** (2.37)	0.0518*** (3.02)	0.0497* (1.69)	0.0525** (2.22)
fp_2	-0.3461*** (-5.91)	-0.3115*** (-3.34)	-0.2729*** (-4.15)	-0.2771*** (-3.36)	-0.2572* (-1.75)	-0.2287*** (-2.87)
lnpop		0.3548* (1.81)		-0.0976*** (-3.89)		-0.0858 (-1.18)
lnden		-0.0439 (-0.27)		0.1181*** (2.73)		-0.0029 (-0.04)
h		0.8418 (1.55)		0.0160 (0.02)		1.0491*** (3.05)
lnpgdp		0.3106*** (7.86)		0.2635*** (8.63)		0.2466*** (4.36)
fir		-0.0285 (-1.31)		-0.0210 (-1.39)		0.0087 (0.52)
lnpk		-0.0189* (-1.65)		-0.0433*** (-5.90)		-0.0451*** (-5.04)
gov		-0.5616*** (-2.80)		-0.2186** (-2.41)		-0.0824** (-2.09)
fssr		-0.0656* (-1.95)		-0.0311 (-1.23)		0.0216 (1.12)
open		-0.0168 (-1.09)		0.0342** (2.08)		0.0740* (1.72)
is		-0.4932*** (-3.26)		0.0915 (0.95)		-0.0477 (-0.62)
pti		-0.5788*** (-3.03)		-0.0778 (-0.96)		-0.2196** (-2.48)
_cons	0.0021*** (5.22)	-1.1999 (-1.55)	-0.0039** (-2.52)	0.4731 (1.33)	-0.0003 (-1.40)	1.1397*** (3.19)
观测值	837	837	909	909	792	792
R^2 值	0.0028	0.3215	0.0048	0.3382	0.0014	0.2958
地区固定效应	控制	控制	控制	控制	控制	控制

从各表的回归结果来看，东、中、西部地区财政压力的一次项系数显著为正，二次项系数显著为负，财政压力下的经济发展质量变化趋势呈倒"U"型，这与前文的假设一致，但系数的大小有较大区别。模型（1）和模型（2）展示了财政压力对东部地区经济发展质量的影响，东部地区的财政压力均值为0.1479，其对称轴位于均值的右侧，说明对于东部地区而言，适当的财政压力有利于提升其经济发展质量。究其原因，东部地区历来是中国经济发展的领头羊，前期依靠"长三角""珠三角"等城市区位优势已经完成了较为扎实的资本积累，重工业快速发展，城市公共服务供给水平较高，政策扶持力度大，良好的生活条件吸引了更多的人才流入和金融业集聚。随着财政压力的逐步增加，东部地区依靠前期积累的资本优势、人才优势和较高的城镇化水平，主动转型升级，经历经济发展"阵痛"后触底反弹，灵活掌握政策，主动适应经济新常态，投入较多的财力、人力发展战略新兴产业、科技创新产业和高端制造业等，使现代服务业逐步成为财政增收新动力，因此率先走上经济高质量发展的道路。但需要警惕的是，东部地区已存在财政收入增速放缓的情况，在减税降费的大背景下，东部地区的财政压力仍然不容忽视。

专家意见13：分地区的实证结果分析时，只是对东部地区的拐点做了详细说明，未对中、西部地区做说明。

修改说明：对中、西部地区财政压力均值以及它与处于拐点左边还是右边的情况，做了详细阐明，从而更为鲜明、准确地阐明了财政压力经济发展质量效应的地区异质性问题。

模型（3）和模型（4）展示了中部地区的回归结果，中部地区的财政压力均值为0.0919，对称轴为0.0934。近年来，中部地区虽然承接了东部沿海地区的产业转移，利用东部经济的"溢出效应"和自身后发优势，为中部地区经济的高质量发展初步营造了良好的氛围，但是由于产业同构性及行政壁垒的存在，中部地区各地级市之间缺乏沟通合作，缺乏真正的经济领头羊城市，部分地区既"东张"又"西望"，一方面希望融入东南沿海，一方面渴盼从西部地区获得更多的财政扶持。近年来，一系列减税降费政策带来一部分减收，但是地方政府仍然需要为国家和所在的省各项稳增长、调结构、促改革、惠民生等政策以及本级政府运转的刚性支出买单，因此，在日益沉重的财政负担之下，中部地区如何提高经济发展质量也是充满挑战。

模型（5）和模型（6）展示了西部地区财政压力对地方经济发展质量的影响，西部地区财政压力的均值为0.1213，其对称轴位于均值左侧，这与中部和东部地区的情况截然不同。即较大的财政压力不利于西部地区经济发展质量的提升。长久以来，西部地区因为其自身气候、地形、区位处于劣势，产业结构僵化且单一，产能过剩，越来越成为制约当地经济发展的瓶颈。再加之西部地区本就人均收入较低，行政、物流成本较高，消费规模不大，与中部和东部地区始终有较大差距。虽然西部地区也面临着沉重的财政压力，但在"西部大开发"战略和"一带一路"建设的扶持下，西部地区经济发展开始进入起步阶段。此外，政府间的转移支付也在某种程度上构成了地方政府可支配的财政收入，这也有助于缓解财政压力，促进辖区经济增长。当前，西部地区的发展方式仍是较为粗放的，先污染后治理的情况比比皆是，如果西部地区一味效仿东、中部地区的先污染后治理的发展模式，以牺牲环境及民众利益为代价的 GDP 会带来扭曲的经济社会局面，长此以往经济发展质量不容乐观。

（二）财政压力程度异质性分析

为了进一步分析财政压力对经济发展质量的影响，此处通过分位数回归方法，来分析处于不同财政压力程度下，其经济发展质量效应有何异同。分位数回归的思想最早由 Koenker 和 Bassett（1978）提出，这一思想是对普通最小二乘法的扩展，相比较于均值回归，分位数回归更不易受到极端值影响，能够更加全面地展示被解释变量条件分布的整体面貌。因此，分位数回归的系数估计量更加稳健。表6展示了分位数回归的结果：模型核心自变量为基于所得税损失率度量的财政压力（fp），因变量则是以全要素生产率（tfp）度量的经济发展质量。模型（1）是 OLS 回归结果，模型（2）至模型（6）展示了随着分位数的增加，地方财政压力对经济发展质量的效应趋势。由财政压力（fp）的系数变化可以看出，财政压力对经济发展质量的条件分布的两端影响小于对其中间部分的影响，这也从一个侧面证明了财政压力对经济发展质量的影响是倒"U"型的。

> **专家意见 14**：对分位数回归表述为对"不同财政压力下，经济发展质量效应有无异质性"，这种表述存有错漏。
>
> **修改说明**：对该表述重新进行了修改。

表6　　　　　　　财政压力程度异质性分析：基于分位数回归

	（1）OLS	（2）q10	（3）q25	（4）q50	（5）q75	（6）q90
fp	0.0048* (1.81)	0.0029* (1.66)	0.0035** (2.51)	0.0058** (1.96)	0.0041*** (7.20)	-0.0019*** (-5.04)
$lnpop$	0.0001 (0.38)	0.0073* (1.76)	0.0035** (2.03)	0.0009 (0.72)	-0.0007 (-0.39)	-0.0041 (-1.47)

续表

	(1) OLS	(2) q10	(3) q25	(4) q50	(5) q75	(6) q90
$lnden$	0.0018 (1.01)	-0.0003 (-0.11)	-0.0007 (-0.34)	-0.0014 (-0.87)	-0.0030** (-2.16)	-0.0055** (-2.44)
h	-0.0022 (-1.62)	0.0222 (0.15)	0.0162 (0.28)	-0.0014 (-0.03)	0.0799 (1.18)	0.2070** (2.37)
$lnpgdp$	0.0688 (1.04)	0.0238** (2.19)	0.0156*** (3.75)	0.0126*** (2.84)	0.0135*** (2.83)	0.0165*** (4.05)
fir	0.0165*** (5.32)	-0.0025 (-0.20)	0.0014 (0.17)	-0.0085** (-1.97)	-0.0127 (-1.63)	-0.0038 (-0.35)
$lnpk$	-0.0014 (-0.27)	-0.0059 (-1.37)	-0.0055** (-2.56)	-0.0048** (-2.00)	-0.0049* (-1.73)	-0.0103*** (-3.42)
gov	-0.0069*** (-3.46)	0.0121 (0.42)	0.0137 (1.27)	0.0186 (1.21)	0.0157 (0.63)	0.0251 (0.84)
$fssr$	-0.0039 (-0.32)	-0.0290 (-1.52)	-0.0177*** (-2.79)	-0.0060 (-0.86)	-0.0113 (-1.47)	0.0024 (0.17)
$open$	-0.0180** (-2.48)	-0.0165*** (-2.63)	-0.0075** (-2.04)	-0.0031 (-0.84)	-0.0002 (-0.04)	0.0161** (2.27)
is	-0.0014 (-0.51)	0.0211 (0.55)	0.0269 (1.59)	0.0113 (0.60)	0.0062 (0.33)	-0.0141 (-0.49)
pti	0.0107 (0.62)	-0.0052 (-0.12)	-0.0016 (-0.08)	-0.0152 (-0.57)	-0.0164 (-0.87)	-0.0583 (-1.35)
_cons	-0.0198 (-0.90)	-0.0176 (-0.26)	0.0117 (0.37)	0.0585*** (2.88)	0.1089*** (2.99)	0.2339*** (6.07)
观测值	2538	2538	2538	2538	2538	2538

六、结论与启示

理论分析表明，地方财政压力对辖区经济发展质量的正向和负向影响同时存在，致使地方财政压力的经济发展质量效应可能是非线性的。在对中国地级市财政压力与经济发展质量进行测度的基础之上，本文建立面板数据模型实证分析，发现地方财政压力与辖区经济发展质量之间的关系的确是非线性的，而且这种非线性关系显著地表现为倒"U"型关系。进一步分析发现，地方财政压力与辖区经济发展质量的倒"U"型关系存在着较为显著的地区异质性；分位数回归结果还表明，地方政府在面临不同财政压力程度时，其经济发展质量效应也存在显著差异。本文的研究表明，一定程度的地方财政压力有助于辖区经济发展质量的改善，但是如果地方财政压力过大，反而将恶化辖区经济发展质量。本文的研究启示是：

首先，要客观看待财政压力的积极作用。地方政府的财政压力应留有余地，切忌涸泽而渔，要统筹兼顾经济新常态的宏观背景，严防地方财政过大的风险倒逼经济社会的稳定发展，为财政收入增长营造良好的发展空间。增强财政收入端的有效供给，完善省以下的财政管理体制，强化财政预算管理，提高财政资金的使用效率，确保财政收入可持续稳定增长。着力做大做好财政收入"蛋糕"，处理好完成经济增长数量目标与提高经济质量的关系，审视财政政策的方向和重点，从助力高质量发展的战略高度，有序推进现代财政制度改革。

其次，应将地方财政压力控制在适当范围内。进一步完善分级财政管理体制，明确政府间财政收支范围，合理划分各级政府间的财权责任与事权责任，中央应基于地方政府更加灵活宽泛的财政资金使用权，让地方政府充分发挥信息资源优势，提高地方财政的支出效率。完善地方政府税收征管体系和政府间转移支付制度，多途径、全方位缓解财政压力，并最终演化为财政体制的创新和完善。

最后，因地制宜提升各地区经济发展质量。提高经济发展质量的道路上不能允许任何一个地方掉队，改革措施应该同其经济发展程度及需要相匹配。各地区发挥辖区内资源要素禀赋优势，通过更加精准的跨区域合作缓解要素的空间结构失衡，在更加具体、精准的区域合作实践中实现合作共赢，进而为经济高质量发展提供源源不断的动力源泉。继续推进东部地区的产业结构调整和升级，推进城乡一体化进程，全面发展，缩小差距；加快建设中部地区的中心城市和城市群，完善城市结构体系，扩大区域合作范围，探索新的经济发展动力；西部地区以发展大城市为核心，继续推进西部大开发，此外，中央转移支付应该更多地倾向于发展中西部地区，实现地区财政资源促进经济增长效果的帕累托最优状态。根据各地区的特点对症下药，补不足、增动力，提升中国经济发展的"木桶容量"，促进经济发展质量的稳步提升。

专家意见15：对策建议部分，建议基于分地区回归的异质性分析结果，将对策建议进一步修改，更明确地指出东中西部的不同之处。

修改说明：在研究启示的第三条，本文进行了全方面修改，将其凝练为"地方财政压力的调控应因地制宜"，并根据东中西部地区不同的回归结果，揭示了其不同的政策启示。

增加了对当期财政政策"加力提效"方面的政策启示阐述，从而使得本文的现实针对性更强。

财政政策从需求到供给的转型：
积极与否和改革展望*

李 华 官高俊 黄宝华**

专家意见1：作为学术论文，不必回应社会观点，建议调整标题，直接把论文的研究目标作为论文题目。

修改说明：考虑论文的研究目标和内容，将论文题目修改为《财政政策转型的区制分析和效应对比》。

内容提要：新常态下我国财政政策实现了由需求侧向供给侧的转型。本文使用宏观经济数据，运用马尔科夫区制转换向量自回归模型对2007年第3季度至2018年第3季度财税政策的经济增长效应进行了实证检验。结果验证了我国财政政策对经济增长的影响内生地以2012年为界限划分为两个区制，与经济走势一致，在长期内对经济增长呈现出显著的非线性效应，而且财政支出与税收的激励效应在不同区制中作用相异。进一步对营改增和个人所得税改革研究后发现，在我国当前所处的经济环境中，提高直接税比重同时降低间接税比重将有利于经济增长。据此对今后我国财政政策的改革进行了后期建议性展望。

关键词：财政政策；经济增长；区制转换；非线性效应

一、问题的提出：现实中财政政策的转型

1998年亚洲金融危机后我国开始采取积极财政政策促进经济增长。尤其是2007

---

* 终稿发表于《财政研究》2019年第7期。
** 作者简介：李 华，山东大学经济学院教授，博士生导师，财政学系主任。
　　　　　　官高俊，青岛市退役军人事务局。
　　　　　　黄宝华，山东大学经济学院硕士研究生。

年后受全球经济危机的影响,我国经济增长速度出现大幅下降,政府出台了新一轮力度较此前更大的积极财政政策,主要采取财政增支手段扩大投资和消费需求。但是,随着调控政策的运行和经济形势的发展以及社会主要矛盾的变化,需求侧的刺激效应出现弱化。如图1所示,2012年以来,中国的消费和投资的增长率不断下滑,拉动经济增长的"三驾马车"出现了疲软迹象。同时,以发债增支为主要手段的财政政策并没有同期实现经济的增长,宏观经济与财政中的滞胀特征(高赤字、低增长)开始显现,导致财政赤字率不断上升,从2011年的1.10%上升至2017年的3.69%,但是GDP增速却连续多年下降。这意味着实行通过增支的积极财政政策可以在短期内扭转经济衰弱,但在整体经济下行的背景下,继续沿用此前的财政调控政策效果开始弱化,长期的需求刺激无法保证经济持续平稳增长。

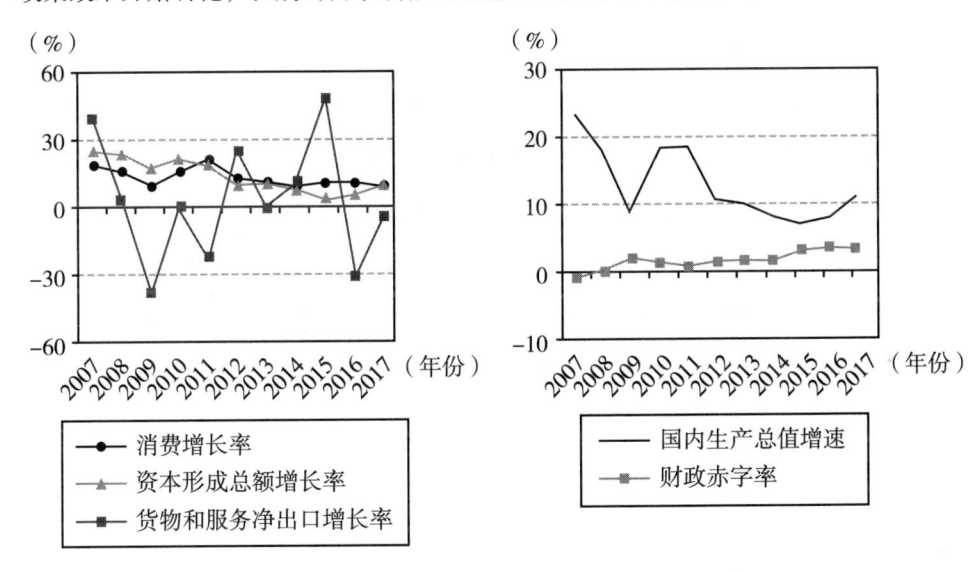

图1 中国宏观经济增长趋势

当前,我国经济发展进入新常态。从生产要素来看,劳动力成本、企业融资成本、科技创新水平对高质量发展产生了严重的约束;从供需结构来看,既存在部分行业,如钢铁、煤炭、房地产等的产能过剩、库存过多,也存在产品档次,如中低端产品和高端产品供给不匹配的问题。面对这种结构性问题,仅仅通过增加投资和刺激消费是不够的,更需要从要素端和供给端进行调控,因此,我国积极财政政策的着力点从需求侧向供给侧转移。

2012年党的十八大以及2013年发布的《中共中央关于全面深化改革若干重大问

题的决定》意味着我国经济发展进入新的阶段。此后"供给侧结构性改革"成为促进我国经济发展的战略举措。自2013年起，围绕着生产要素和产业结构的调整，国家相继出台了一系列政策文件，其中财税领域的具体措施包括：全面推进营改增，减轻企业税收负担；实施税收优惠政策，鼓励企业科技创新；改革资源税，出台环境保护税改革政策，倡导资源节约型、环境友好型发展；加大对中小城镇和农村地区的财政补贴，缩小区域发展差距；加大民生保障支出，提高居民基本生活水平并提供优质公共服务等。总的来看，普及面广、力度大的减税措施是这一阶段的政策亮点。

虽然我国多年来一直实行积极财政政策，以经济发展作为总体目标，但是不难发现，不同阶段的积极财政政策在政策手段、作用重点方面具有明显差异：前者的核心是需求侧管理，目的是保证经济增长，调控手段以增加政府支出为主，倾向于通过政府投资和政府消费提升需求总量；后者从要素端和供给端入手，目标是提升我国经济的长期发展潜力，主要是降低生产要素成本。从需求到供给，我国积极财政政策进行了转型。于是我们也在思考，中国财政政策的转型的政府导向和实际运行在时间进程上是否一致？不同类型的政策，甚至不同的财税政策在经济增长（产出）以及消费、投资等方面是否存在差异？近年来影响巨大的营改增和个人所得税改革效果如何，是否实现了积极财政政策的激励效应？我国政策调整的基础[①]和未来走向是什么？上述四个问题是本文进行研究的动因和重点。

二、文献综述

长期以来，学术界围绕着财政政策的经济增长效应作了诸多讨论，研究成果从整体上可以划分为以下两类：

一是关于财政政策经济增长效应的总体评价和政策工具效应的对比分析。Florian（2002）运用SVAR模型对德国的财政政策进行了研究，结果表明增加财政支出扩大了产出和私人消费，而增加税收则对产出和私人消费均产生了负向作用。Angelopoulos

---

① 例如，2018年政府工作报告提出积极的财政政策取向不变，但调低了赤字率。当年赤字率按2.6%安排，比2017年预算低0.4个百分点。

等（2006）对 23 个 OECD 国家的研究显示生产性政府支出可以带来更高的经济增长率，税收对经济增长的影响因税率水平的不同而变化。Francisco 和 Pablo（2008）建立 VAR 框架探究西班牙的财政政策效果，指出扩张性的财政支出短期内可以刺激产出，但长期无法保持该效果。Mika 和 Ville（2010）认为正向的税收冲击将有利于产出和投资，但对私人消费的作用不确定。Charil 和 Dave（2013）综合利用 DSGE 模型和 SVEC 模型探究南非的财政政策效果，脉冲响应结果显示政府支出的增加可以在短期内刺激产出，但长期效果并不显著；增加税收在短期内抑制产出，长期作用可以忽略。国内学者对财政政策的经济增长效应的定量分析，多数以国内生产总值作为被解释变量，以财政政策指标作为解释变量，通过计量模型考察财政政策变量是否对经济增长产生影响以及影响的方向和大小，以此作为财政政策有效性的依据。近年来，伴随着计量工具的进步，定量研究的方法更加多样化，常见的包括构建向量自回归模型、面板数据模型、动态随机一般均衡模型等等。其中，马拴友（2001）、高铁梅等（2002）、李生祥、丛树海（2004）等依据 IS – LM 模型测算了财政政策乘数。胡琨、陈伟珂（2004）、靳春平（2007）、张峁等（2010）均采用向量自回归（VAR）模型对我国财政政策的经济增长效应进行实证检验。李晓芳、高铁梅等（2005）、吴江、张艳丽、刘勇（2011）等学者采用 SVAR 模型对财政政策加以研究。郭庆旺、贾俊雪（2005）、严成樑、龚六堂（2009）、罗来军等（2009）使用面板数据对财政政策效应进行检验。王文甫（2010）、简志宏等（2011）、罗英、聂鹏（2011）等学者在动态随机一般均衡模型（DSGE）框架下，具体考察财政冲击对经济的动态效应。此外，孙磊（2006）选用结构性向量误差修正模型（MS – VECM）研究财政政策的动态效应，满向昱等（2015）构建三变量的平滑转移向量自回归模型（STVAR），研究我国财政政策对经济增长的非对称效应。

二是财政政策不同时期非线性效应的研究。财政政策的非线性效应是指财政政策除了具有凯恩斯效应之外，在有的时期内表现出非凯恩斯效应。Giavazzi 和 Pagano（1990）最早提出财政政策的非线性效应，发现丹麦、爱尔兰等国家实施的紧缩性财政支出政策反而在短期内刺激了经济增长。此后对财政政策非线性效应阶段的划分主要有两种方法，第一种方法是利用基本结构性预算余额、结构性预算余额、国债或公共消费等指标外生定义财政政策非线性效应的不同阶段。例如，Giavazzi 和 Pagano（1996）以基本结构性赤字占潜在 GDP 的比率作为划分标准，对 19 个 OECD 国家进行研究，提出当财政政策变化较大且持续期较长时，政府消费、税收以及转移支付对私人消费的影响表现出非凯恩斯效应。方红生、张军（2010）利用1978~2004年的省际面板数据检验我国财政政策非线性稳定效应，结果证实中国的财政政策确实存在非线性效应，并认为该效应可能与预期和劳动力市场有关。吕炜、储德银（2011）同样使用结构预算余额占潜在GDP的比例作为划分标准，构建个体固定效应动态面板数据模型对24个OECD国家进行考察，结果显示在财政紧缩和财政扩张时期，政府消费、税收和转移支付均会对私人消费产生非凯恩斯效应，且财政紧缩时期出现非凯恩斯效应的可能性更大。第二种方法是通过建立马尔科夫区制转换向量自回归模型（MS-VAR）内生地划分非线性效应阶段。Florian和Katrin（2001）利用德国数据建立MS-VAR模型的结果显示，在1972~1974年、1979~1982年以及1992~1993年内财政政策对私人消费的影响出现了非凯恩斯效应。郭庆旺等（2007）考察了20世纪90年代以来财政政策对宏观经济的影响，认为财政支出的相机抉择政策符合凯恩斯的逆经济周期思想，但税收却在一定时间内存在非凯恩斯效应。张明喜、高倚云（2008）及王立勇、刘文革（2009）利用包含GDP、财政支出和税收的三变量MS-VAR模型对我国的财政政策进行检验，实证结果均表明1995年之前中国的财政政策对经济增长具有非凯恩斯效应，1996年以后才开始产生凯恩斯效应。王立勇、高伟（2009）研究政府支出和税收对私人消费的影响，结果显示在1978~1980年和1984~1997年间，只有政府消费支出对私人消费产生了显著的非凯恩斯效应，而政府投资支出并无非线性效应，税收对私人消费的非凯恩斯效应不显著。潘敏、张依茹（2012）利用MS-VAR模型证实了财政支出对经济增长和收入分配的影响是时变的。陈浪南、柳阳（2014）通过MS-VAR模型分析财政政策对私人投资需求的非线性效应，认为在投资需求不足时，扩大财政支出将有利于私人投资增长，反之则产生抑制作用。更进一步地，王立勇、毕然（2014）将财政支出划分为基础建设支出、R&D支出、教育支出、社会保障支出和政府消费，结果表明不同类型的财政支出对私人投资的非线性效应不同。

　　财政政策效应的考量对于一国经济发展和政策优化具有重要的意义。关于我国财政政策经济增长效应的研究，虽然国内学者采用的方法不尽相同，但多数结果认为积极的财政政策，尤其是扩张性的财政支出，对我国经济发展起到了一定的促进作用，这也与我国的现实情况相吻合。但是，根据前文对财政政策运行阶段的分析可知，我国从2012年开始出现了明显的政策转向，财政政策的调控重点由需求侧向供给侧转移。毫无疑问，政策目标和内容的变化极有可能导致政策效应的不同。财政政策效应的分析必须以该国的经济背景和实行的财政政策为基础。因此相关研究可能的突破在于对当前财政政策和财政改革非线性效应的检验和不同政策政策的效应对比。基于此，本文将以我国积极财政政策的转型为研究起点，从财政政策的非线性效应出发，构建马尔科夫区制转换向量自回归模型（MS-VAR），内生地比较不同时期财政政策对经济增长的影响，并进一步探究我国当前两大重点税制（营改增和个人所得税）改革的经济增长效应。文章接下来的结构安排如下：第三部分是理论假说与模型构建；第四部分是模型的设定；第五部分是实证分析结果；第六部分是结论与改革展望。

专家意见2：第二部分的假说稍显简单，建议加强基于文献分析所阐述的内容，在假说提出后，进行论述和理论探讨。

修改说明：根据中国财政政策多年运行的现实状况以及当前经济形势下财政政策目标和工具的调整，对财政政策转型前后的经济效应进行了补充分析。

三、理论假说与模型构建

（一）理论分析和待检验假说

财政政策是政府根据一定时期的政治、经济、社会发展目标，运用支出与税收等政策工具调节社会总供求，进而实现经济增长、物价稳定、充分就业等目标的政策体系。依据传统凯恩斯经济理论，在IS-LM框架下，政府支出或税收的变化会导致社会总产出的变化。就扩张性财政政策而言，财政支出的增加和税收的减少一方面使企业的利润水平上升，企业产量提高，进而投资需求增加，社会总产出增加；另一方面使居民可支配收入增多，进而消费需求上升，导致社会总产出增加。在有效需求不足的情况下实行扩张性财政政策会表现出凯恩斯效应。但是，当政府支出处于较高水平时，继续增加政府支出会导致政府债务规模扩大，居民及企业预期未来政府会通过增加税收弥补财政赤字，因此居民倾向于缩减消费，企业倾向于减少投资支出，进而导致社会总产出水平降低，出现财政政策的非凯恩斯效应。反之，政府采取紧缩性的财政政策，私人部门预期未来税收负担降低，可支配收入增多，因此倾向于增加消费和投资，带动社会总需求并提高产出水平。从劳动力市场效应看，政府财政支出减少使政府部门对劳动力的需求量大幅下降，生产部门的劳动供给相对过剩，因此工人工资水平下降，再加上政府实行减税降费等措施使企业生产成本进一步降低，进而刺激企业加大投资、增加产出。以供给侧为重点的财政政策恰好是在财政赤字率不断提高的情况下，适度缩小财政支出规模，综合运用税收、专项补贴等方式降低企业成本，因此，供给侧调控的财政政策倾向于发挥非凯恩斯效应。

假说1：我国在实施积极财政政策的过程中，进行了政策目标和政策工具的调整，财政政策的转型具有区制特征，不同阶段的积极财政政策会产生不同的经济增长效应。

中国的税制结构以流转税为主，2007～2017年对货物和劳务普遍征收的增值税和营业税占比大约为48%～39%，流转税是纳税人的主要税收负担。我国自2012年起实施的营改增是近年来最为重要的税制改革和减税改革。截至2017年，营改增共减税2万亿元。营改增通过统一税制、消除重复征税、优化税制结构促进了我国经济结构优化、产业层次提升、企业转型发展、服务贸易增强，为可持续发展提供了动力。税费的"减法"、企业效益的"加法"和市场活力的"乘法"是我国税收和经济良性发展的内在逻辑。

假说2：自2012年开始的营改增降低了企业税收负担，优化了税制结构，对产出、投资和消费产生影响。

随着经济发展和个人收入水平的提高，个人所得税受到政府和社会公众的普遍关注。近年来我国个人所得税税收收入不断增长，从2007年的3185.58亿元增长到2017年的11966亿元，个人所得税税收收入比重也从6.98%提高到8.29%，个人所得税成为影响居民收入水平和消费水平的重要因素之一。为了降低个人税收负担、实现社会公平和激励创新和投资，我国个人所得税制度也不断进行改革，出台优惠措施。尤其是在2006年、2008年及2011年三次提高个人所得税费用扣除标准，是个人所得税改革的重要内容[①]，有效地降低了个人的应纳税所得额和适用税率，减轻了个人税收负担，从而对个人的税后收入、消费和投资产生影响。但是考虑到我国个人所得税占比较低，同时社会公众的消费和投资受到经济社会大环境的影响，个

---

① 2018年8月31日，第十三届全国人大常委会第五次会议表决通过了《关于修改〈中华人民共和国个人所得税法〉的决定》，个人所得税费用扣除标准提高到5000元。鉴于本文数据考察期截至2018年第三季度，此次税制改革暂不分析。

税改革居民对消费和社会投资的影响具有不确定性。

假说3：个人所得税分阶段改革，对产出、投资和消费产生影响。

（二）模型构建

Hamilton（1989）最早提出马尔科夫模型（Markov Switching），简称为MS模型，该模型描述了在不同的经济阶段、状态或机制下，经济行为所具有的不同特征或性质，也被称为区制转换模型（Regime Switching）。Krolzig（1998）将区制转换与传统VAR模型相结合，提出马尔科夫区制转换向量自回归模型（MS-VAR），这是一种典型的非线性模型，其参数可以随区制或状态的变化而变化。此外，外生定义财政政策非线性效应阶段可能对临界值、时期长短等问题的选择存在主观性，而该模型可以从经济时间序列本身出发，内生地划分不同经济状态，使研究更加贴近经济现实且具有说服力。

考虑滞后p阶的传统VAR模型：

$$y_t = \alpha + \beta_1 y_{t-1} + \beta_2 y_{t-2} + \cdots + \beta_p y_{t-p} + e_t$$

将其转换为均值调整的VAR模型：

$$y_t - \mu = \beta_1(y_{t-1} - \mu) + \beta_2(y_{t-2} - \mu) + \cdots + \beta_p(y_{t-p} - \mu) + e_t$$

可以看出，VAR模型的估计系数是固定的，但现实中经济状况常常受到各种冲击而发生结构性改变，不同经济时期变量之间的相关性不同，甚至不再具有线性关系。因此引入不可观测的区制变量s_t，首先考虑均值跳跃型马尔科夫区制转换向量自回归模型，即区制转换会引起y_t过程中均值的即刻的跳跃性的变化。假定模型中的均值、系数、随机误差均依赖于该区制变量，则模型可以表示为：

$$y_t - \mu_{s_t} = \beta_{1s_t}(y_{t-1} - \mu_{s_{t-1}}) + \beta_{2s_t}(y_{t-2} - \mu_{s_{t-2}}) + \cdots + \beta_{ps_t}(y_{t-p} - \mu_{s_{t-p}}) + \varepsilon_t$$

其中，$\varepsilon_t \sim NID(0, \sum(s_t))$。

区制变量s_t是一个取值为$\{1,2,\cdots,M\}$的马尔科夫链，表示经济所处的M种状态，s_t服从遍历不可约的马尔科夫过程，在某一时期，经济从一个状态变为另一个状态时，其转移概率可以通过一阶马尔科夫概率规则体现。区制转移概率记为：

$$p_{ij} = P(s_t = j \mid s_{t-1} = i), \forall i, j \in \{1, 2, \cdots, M\}$$

且 $\sum_{k=1}^{M} p_{ij} = 1$，即无论 $t-1$ 时期所处的经济状态如何，在 t 时期所有经济状态发生的概率之和为 1。M 状态马尔科夫过程的转移概率矩阵为：

$$P = \begin{bmatrix} p_{11} & p_{12} & \cdots & p_{1M} \\ p_{12} & p_{22} & \cdots & p_{2M} \\ \vdots & \vdots & \ddots & \vdots \\ p_{M1} & p_{M2} & \cdots & p_{MM} \end{bmatrix}$$

矩阵中每一行的各个概率之和为 1，对角线上的 $p_{ij}(i=j=1,2,\cdots,M)$ 表示下一时期的经济状态与本期保持相同的概率。

假设区制转换后均值并未发生即刻的跳跃性的变化，而是平滑地调整为新的均值水平，则称之为截距依赖型模型，表达式为：

$$y_t = v_{s_t} + \beta_{1s_t} y_{t-1} + \beta_{2s_t} y_{t-2} + \cdots + \beta_{ps_t} y_{t-p} + e_t$$

根据马尔科夫区制转换向量自回归模型中的均值、截距等不同参数对区制变量的依赖，MS-VAR 模型可以划分为多种类型，主要有 MSI-VAR、MSIH-VAR、MSM-VAR 以及 MSMH-VAR。

（三）变量选取与数据来源

首先，本文建立了包含财政支出、税收、产出、消费以及投资的五变量 MS-VAR 模型（下文称为模型一），考察不同时期财税政策对经济增长的效应及其作用机制。为了进一步探究税制改革，尤其是营改增和个税改革的影响，本文继续将模型中的税收变量替换为营业税和增值税（下文称为模型二）与个人所得税（下文称为模型三），研究不同税类或税种及其改革的经济增长效应。

国家财政政策中，财政支出政策使用国家财政预算支出表示；税收政策使用国家财政预算收入中的税收收入表示；营业税和增值税使用国家财政预算收入中国内增值税和营业税之和表示；个人所得税政策使用国家财政预算收入中个人所得税数据表示。消费指社会消费品零售总额；投资指固定资产投资完成额（不含农户）；在包含总税收和个人所得税的模型中使用国内生产总值作为产出数据；考虑到营业税和增值税运行的现实情况，在包含营业税和增值税的模型二中使用不

专家意见 3：论文采用的度量财政政策和税收政策的指标是税率还是税额？论文理论讲的是政策变化，因此从税率的角度可能更加适当。总额指标可以受很多变量的影响，以此做自变量可能带来很多误解。

修改说明：本文采用的是以绝对数值作为实证分析的变量指标。我们认为当讨论营改增、个人所得税时，若采用税率的话，实际上就是税负率，而这个数据是难以获得的。论文主要是讨论税收的总额对于经济增长的影响，所以用绝对规模进行分析，包括消费和投资变量也采用了相对应的绝对量指标。

包含批发零售业①的国内生产总值增加值作为产出数据。以上数据均来自于中经网统计数据库。

本文采用季度数据，样本区间为2007年第三季度至2018年第三季度，为了消除通胀因素对实证结果的干扰，模型中的所有变量均以2007年为基期，利用居民消费价格指数进行了平减。考虑到使用季度数据可能存在季节性特征，因此，对所有变量进行了Census X12季节调整，以消除季节性影响。此外，对所有变量取对数，分别记为lnG，lnT，lnT_1，lnT_2，lnC，lnI，lnY，lnY_1。变量含义和统计值描述如表1所示。

表1　　　　　　　　　　核心变量统计值描述

变量	均值	最大值	最小值	标准差
财政支出 G（亿元）	33689	60595	9506	14404
总税收 T（亿元）	25691	47296	10130	9331
营业税和增值税 T_1（亿元）	10613	17698	5460	3065
个人所得税 T_2（亿元）	1818	46009	735	891
产出 Y（亿元）	142431	234582	69410	47520
产出 Y_1（亿元）	129312	212791	63379	42717
消费 C（亿元）	57656	103083	21783	23317
投资 I（亿元）	100523	196553	18316	52824

四、模型的设定

（一）平稳性检验

在实证分析之前，对各变量的数据进行ADF平稳性检验，检验结果如表2所示。从中可以看出，各个变量的原序列均是不平稳的，但除国内生产总值的一阶差分序列在5%的显著性水平上平稳以外，其余各个变量的一阶差分序列均在1%的显著性水平上平稳。因此，实证分析中采用各变量的一阶差分序列继续进行研究。

---

① 批发零售业一直征收增值税，本文重点考察营改增这一税制改革的效应，因此在模型二中使用不包含批发零售业的国内生产总值增加值作为产出数据。

表2　　　　　　　　　　　　变量的平稳性检验结果

变量	ADF 统计量	1% 临界值	5% 临界值	10% 临界值	平稳性
$\ln T$	2.5097	−2.6198	−1.9486	−1.6120	不平稳
$\ln T_1$	3.0306	−2.6198	−1.9486	−1.6120	不平稳
$\ln T_2$	3.3299	−2.6185	−1.9484	−1.6121	不平稳
$\ln G$	4.7993	−2.6225	−1.9490	−1.6118	不平稳
$\ln C$	3.3863	−2.6198	−1.9486	−1.6120	不平稳
$\ln I$	0.5327	−2.6240	−1.9493	−1.6117	不平稳
$\ln Y$	2.9215	−2.6198	−1.9486	−1.6120	不平稳
$\ln Y_1$	3.1323	−2.6198	−1.9486	−1.6120	不平稳
$\Delta \ln T$	−8.0851***	−3.5924	−2.9314	−2.6039	平稳
$\Delta \ln T_1$	−9.3560***	−3.5924	−2.9314	−2.6039	平稳
$\Delta \ln T_2$	−8.0987***	−3.5924	−2.9314	−2.6039	平稳
$\Delta \ln G$	−6.8614***	−3.6009	−2.9350	−2.6058	平稳
$\Delta \ln C$	−4.2935***	−3.5924	−2.9314	−2.6039	平稳
$\Delta \ln I$	−7.9825***	−4.1985	−3.5236	−3.1929	平稳
$\Delta \ln Y$	−3.5186**	−3.5924	−2.9314	−2.6039	平稳
$\Delta \ln Y_1$	−3.7477***	−3.5924	−2.9314	−2.6039	平稳

说明：*，**，*** 分别代表 10%，5% 以及 1% 水平下显著。

（二）滞后阶的选取

由于 MS-VAR 模型是将区制转换与传统 VAR 模型相结合，因此需要确定变量的最优滞后阶数。确定滞后阶数时，一方面希望滞后阶数尽可能大，从而更好地体现模型的动态变化过程；另一方面，滞后阶数过大又会导致模型待估计参数增多，增大估计误差，进而降低了模型的精准度和可信度。本文综合利用 LR 检验、FPE、AIC、SC、HQ 信息准则确定最优滞后阶数，具体结果如表3所示。从中可以看出，除 SC 检验外，LR、FPE、AIC 和 HQ 准则下的最优滞后期均为1期，因此将三个模型的最优滞后阶数统一确定为1期。

表3　　　　　　　　　　　滞后阶数的选取

准则	模型	0	1	2	3
LR	总税收	NA	**77.04761**	25.94315	33.79540
	营业税和增值税	NA	**74.37097**	21.48110	34.84416
	个人所得税	NA	**70.68722**	19.18890	36.87136
FPE	总税收	1.37e-16	**5.20e-17**	7.84e-17	7.99e-17
	营业税和增值税	9.61e-17	**3.93e-17**	6.88e-17	6.72e-17
	个人所得税	1.96e-16	**8.89e-17**	1.68e-16	1.51e-16
AIC	总税收	-22.33489	**-23.31674**	-22.96200	-23.09430
	营业税和增值税	-22.69204	**-23.59741**	-23.09394	-23.26820
	个人所得税	-21.98012	**-22.78024**	-22.20036	-22.45570
SC	总税收	**-22.12592**	-22.06291	-20.66331	-19.75075
	营业税和增值税	**-22.48307**	-22.34358	-20.79524	-19.92464
	个人所得税	**-21.77114**	-21.52641	-19.90166	-19.11214
HQ	总税收	-22.25880	**-22.86016**	-22.12494	-21.87677
	营业税和增值税	-22.61594	**-23.14084**	-22.25688	-22.05066
	个人所得税	-21.90402	**-22.32366**	-21.36330	-21.23816

说明：加粗表示该准则下的结果最优，下同。

（三）模型的选取

根据前文对我国财政政策实践阶段的分析以及选取的数据样本区间，本文拟确定财政政策的需求侧管理和供给侧管理两个区制。通过对传统线性VAR模型、MSI-VAR、MSIH-VAR、MSM-VAR以及MSMH-VAR模型的比较，选取最具解释力的模型。如表4所示。

表4　　　　　　　　　　模型的设定检验

模型		Log-likelihood	AIC	HQ	SC
Linear VAR	总税收	523.4908	-22.2554	-21.5757	-20.4123
	营业税和增值税	530.7448	-22.5928	-21.9131	-20.7497
	个人所得税	511.6883	-21.7064	-21.0267	**-19.8633**

续表

模型		Log-likelihood	AIC	HQ	SC
MSI(2)-VAR(1)	总税收	531.0228	-22.2801	-21.4947	-20.1503
	营业税和增值税	536.8971	-22.5534	-21.7679	-20.4235
	个人所得税	520.9602	-21.8121	-21.0267	-19.6823
MSIH(2)-VAR(1)	总税收	**556.1266**	**-22.7501**	-21.7381	-20.0059
	营业税和增值税	**572.3776**	**-23.5059**	**-22.4940**	**-20.7617**
	个人所得税	**551.0477**	**-22.5138**	**-21.5019**	-19.7697
MSM(2)-VAR(1)	总税收	537.0906	-22.5624	**-21.7769**	**-20.4325**
	营业税和增值税	541.3896	-22.7623	-21.9769	-20.6325
	个人所得税	522.6546	-21.8909	-21.1055	-19.7611
MSMH(2)-VAR(1)	总税收	548.5064	-22.3956	-21.3837	-19.6515
	营业税和增值税	556.8290	-22.7827	-21.7708	-20.0385
	个人所得税	537.7427	-21.8950	-20.8830	-19.1508

从表 4 中可以看出，当模型中包含总税收时，MSIH(2)-VAR(1)模型的对数似然值最大，明显大于线性 VAR 模型，MSIH(2)-VAR(1)模型的参数拟合效果最好。其次，根据 AIC、HQ 和 SC 准则，该准则的数值越小表明模型越好，其中 AIC 准则下 MSIH(2)-VAR(1)模型的数值最小，HQ 和 SC 准则下的 MSM(2)-VAR(1)模型拟合效果较好，综合考虑后决定采用 MSIH(2)-VAR(1)模型作为最终估计模型。

当模型中包含营业税和增值税时，MSIH(2)-VAR(1)模型的对数似然值和三个准则均显示该模型的拟合效果最好。当模型中包含个人所得税时，除 SC 准则下的线性 VAR 模型拟合较好之外，MSIH(2)-VAR(1)模型的对数似然值和 AIC、HQ 准则均显示该模型的拟合效果最好。因此，模型二和模型三同样选用 MSIH(2)-VAR(1)模型作为最终估计模型。

（四）模型的区制特征

本文利用 Oxmetrics 软件和 GiveWin 软件对模型进行估计，图 2 给出了模型一的样本区间内财政政策效果的区制划分。可以看出，在 2012 年之前区制二占主导地位，仅有少数几个季度处于区制一；从2012年第二季度开始，除2015年、2017年及2018年的第一季度外，几乎全部处于区制一。详细区制划分见表5。这与前文分析的我国财政政策的供给侧管理和需求侧管理时段大致吻合。

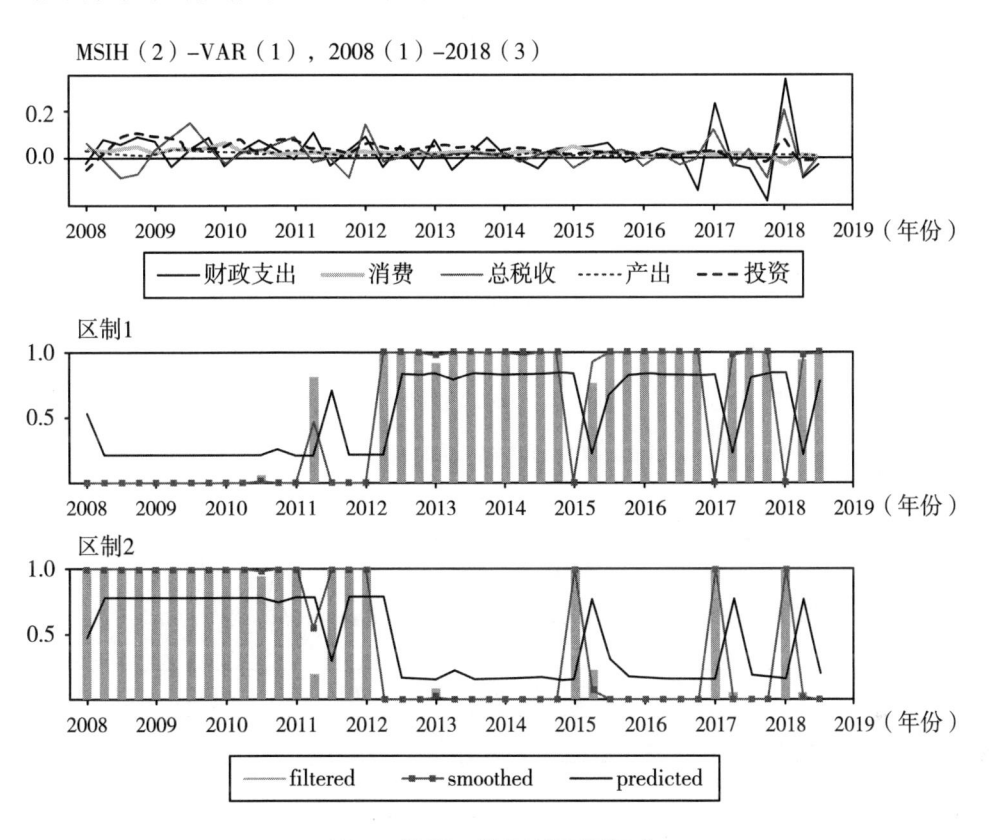

图2 模型一的区制平滑概率

表5　　　　　　　　　　模型一的区制划分

区制	时间	样本数	频率	持续期
区制一	2012年第二季度至2014年第四季度 2015年第二季度至2016年第四季度 2017年第二季度至2017年第四季度 2018年第二季度至2018年第三季度	23.3	0.5737	6.09
区制二	2008年第一季度至2012年第一季度 2015年第一季度至2015年第一季度 2017年第一季度至2017年第一季度 2018年第一季度至2018年第一季度	19.7	0.4263	4.53

表 6 给出了两个区制的转移概率矩阵,可以看出经济状况维持在区制一或区制二的概率分别为 0.8358 和 0.7790,两个区制的稳定性水平均较高,但区制一和区制二之间仍然存在转换概率。

表 6　　　　　　　　　　　模型一的区制转移概率矩阵

	区制一	区制二
区制一	0.8358	0.1642
区制二	0.2210	0.7790

同样地,利用 Oxmetrics 软件和 GiveWin 软件对模型二进行估计。营业税和增值税是税收的组成部分,因此模型二的基本区制特征与模型一相似,两个区制的稳定性均较高且持续期相近。图 3 为模型二的区制图,其中模型二的区制一主要包含 2012 年及以后,这也与我国的营改增进程高度吻合。

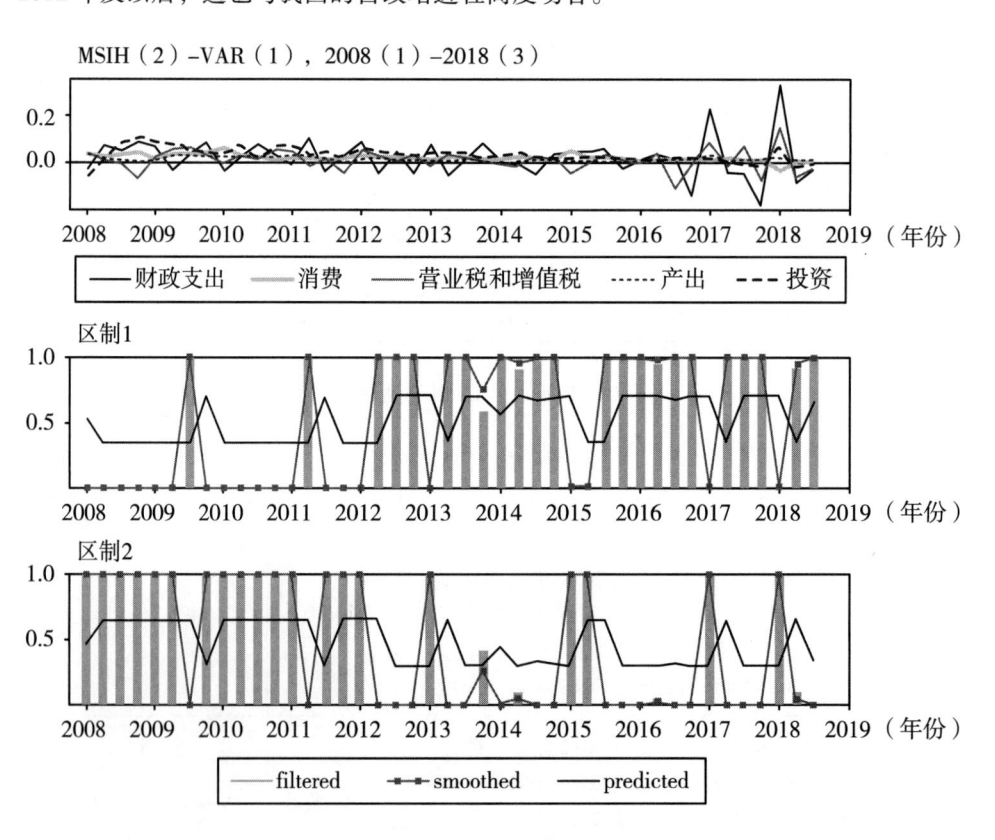

图 3　模型二的区制平滑概率

模型三中的区制出现了多次转换，如图4所示。除2015年第一季度和2018年第二、三季度外，从2011年第二季度开始全部处于区制一，我们认为这一区制转换应当是由我国在2011年进行的个人所得税改革导致的。

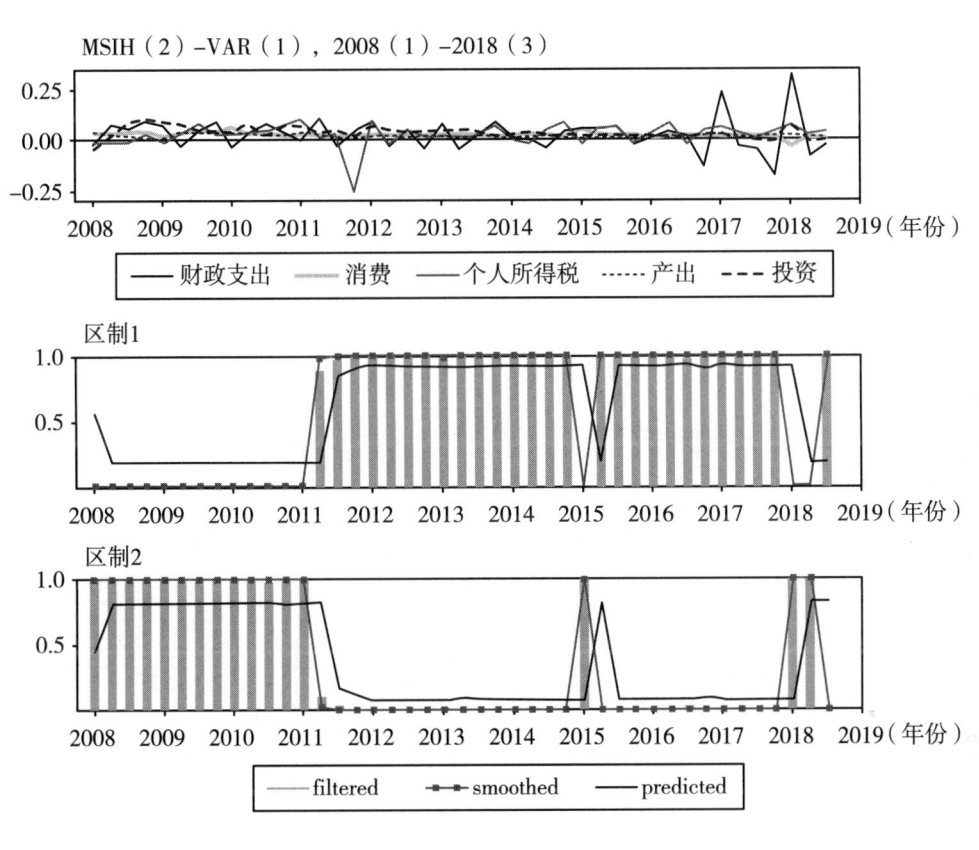

图4　模型三的区制平滑概率

五、实证分析结果：财政政策效应的对比分析

为考察和对比积极财政政策的效应，本文进一步利用脉冲响应分析检验在不同区制、不同财政政策变量对我国经济增长以及消费和投资的影响。

（一）财政支出的脉冲响应分析

不同区制下产出、消费、投资三个变量对财政支出的脉冲响应如图5所示。

区制1

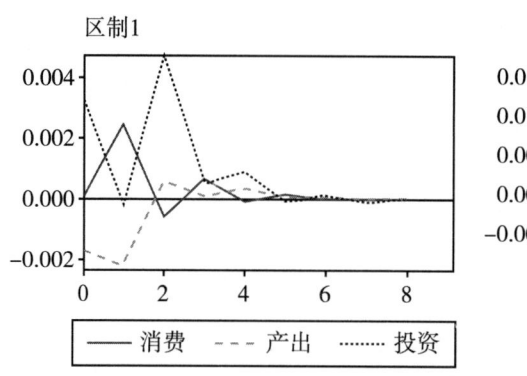

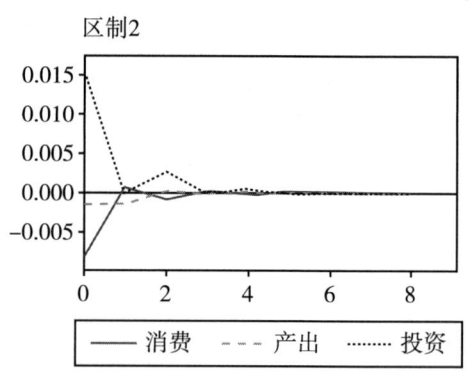

区制2

图 5　各变量对财政支出的脉冲响应

从图5可知，当在本期给财政支出一个单位的正向冲击后，区制一中的产出增速在第1期最大下跌至超过 -0.002，到第2期缓慢回升至约0.0006，在第3期时增长速度再次放缓并逐渐趋向于零；区制二中的产出在前2期一直维持了较低的负向增长，第2期后转为正增长但增速很小。

区制一中，消费对一单位财政支出的正向冲击的响应值首先为正，在第1期时高达0.0025，第2期时由正向转为负向，第3期时再次转为正向，此后稍有波动但整体保持正向。区制二中，当期的消费响应为 -0.0075，到第1期时变转为正增长，此后的每一期都出现波动，响应值也逐渐靠近零值线。

投资受到一单位财政支出的正向冲击后，其响应值在两个区制中均为正，且波动方向基本保持同步，但区制二中的波动幅度远大于区制一。区制一的投资增速在第2期达到最大，约为0.0046，此后增速逐渐下降并在第5期后趋于零。区制二中的投资从当期最大增速0.015开始不断下降，第1期出现零增长，第2期时增速再次为正，第3期后增速便接近零值。

综上而言，产出对财政支出的冲击在两个区制内均呈现出波动性，并且产出的响应值随着作用期的延长而逐渐减小，在前两期中的负面影响较为显著，此后以微弱的正向影响为主。短期内，消费对正向财政支出冲击的响应方向在两个区制内相反，长期均表现出微弱的波动性。两个区制内的投资响应方向相同，均随财政支出的增加而增加。

鉴于多数变量对财政支出冲击的响应表现出波动性，因此本文利

专家意见4：为何第一阶段的财政支出增加会增加消费和投资，但最后的结果是产出下降。

修改说明：我们认为产出的变化应当是在消费、投资和进出口的共同作用下产生的。考虑到中国的财政政策相对比较稳定，所以我们选择了季度数据，但由于关税的季度数据的缺失，本文的实证部分未包含进出口，所以出现部分实证结果中的消费和投资变动与产出变动不同。

用累积响应函数研究不同区制下财政支出冲击的影响。累积响应函数表示某一变量对一单位正向冲击的加总的反映，如图 6 所示，在区制一中，产出的累积增速处于零值线以下，第 4 期后维持在 -0.003 的水平，即一单位财政支出的正向冲击对产出的累积作用为负。区制二中的产出响应与区制一十分相似，第 1 期的累积增速稍有下降，第 2 期后便不再具有大幅度变动，增速基本维持在 -0.003。

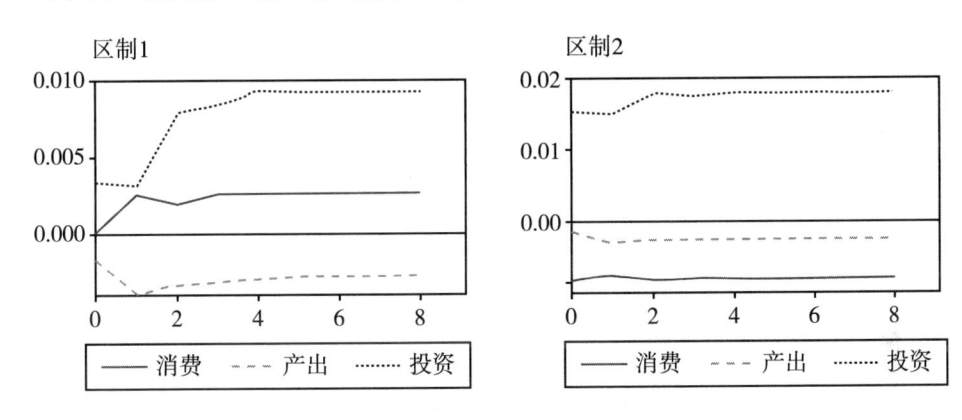

图 6　各变量对财政支出的累积响应

给予一单位正向的财政支出冲击后，在区制一中，消费的累积增速从当期的零值开始不断增加，第 2 期时稍有波动但整体保持正增长，第 4 期后增速不再变动。区制二中的情况则不同，消费累积响应在作用期内波动非常小且均为负增长，长期内累积增速稳定为 -0.008。

两个区制中的投资对财政支出冲击的累积响应方向相同。区制一中投资的累积增速从当期的 0.0035 迅速上升至第 2 期的 0.008，随后增速放缓并在长期中保持了接近 0.009 的累积增速。区制二中投资的累积响应值同样为正，第 2 期后增速维持在 0.018 左右。

整体而言，两个区制中扩张性财政支出的政策均不利于产出增加，即增加财政支出将抑制经济增长。在正向财政支出的冲击下，区制一中的消费短期内快速增加，长期增速维持稳定；区制二中增加财政支出则完全挤出了消费。此外，增加财政支出的政策可以促使两个区制的投资增长且区制二的投资增速更快。

（二）税收的脉冲响应分析

当在本期给税收一个单位的正向冲击后，如图 7 显示，区制一中的产出增速在当期为负，第 1 期后出现正向增速，第 2 期后增速下降但仍然为正。区制二中产出首先表现为最大的正增长，约为 0.006，然后增速不断下降，第 2 期后转为负增长，在第 5 期后税收冲击对产出的影响趋于零。

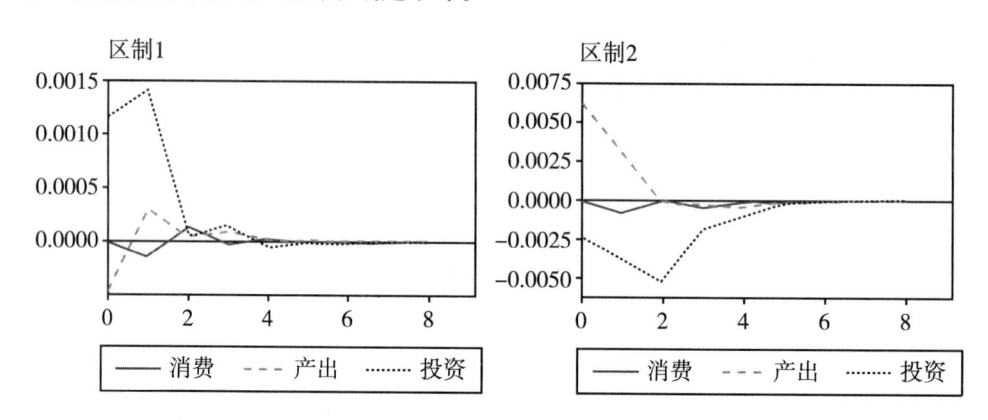

图 7　各变量对税收的脉冲响应

> **专家意见 5**：论文中提到税收增加反而使 GDP 增长更快，这个结论看似是违背凯恩斯主义的，即经济增长较快可以反过来增加税收。但二者之间不一定是因果关系，有可能两者之间没有因果关系。
>
> **修改说明**：我们认为增加税收不一定对经济产生逆向效果，因为增加的税收有可能通过其他部门的支出对经济产生促进作用。同时我们也认可审稿专家的观点，经济增长确实有可能带动税收的增加。

区制一的消费对税收冲击的响应围绕零值线上下波动，第 4 期后波动逐渐趋于零。区制二的消费也表现出波动性，但响应值始终为负。

税收冲击对投资的影响在两个区制内完全相反，区制一中的投资增速在第 1 期时最大，接近 0.0015，第二期时迅速下降为 0.0001，此后稍有波动但整体保持正增长。区制二的投资增速则始终为负，其中第 2 期的负向增速最大，为 -0.005，第 5 期后增速逐渐消失。

综上而言，总产出在不同区制下对税收冲击的反应不同，区制一中的产出增速短期为负，长期主要为正增长，而区制二中的产出增速短期为正，长期以负增长居多。总体而言，税收冲击对两个区制的消费影响以负增长为主。对投资而言，增加税收的政策会使区制一的投资增加，而在区制二中则会对投资产生抑制作用。

图 8 显示了其他变量对一单位税收的正向冲击的累积响应函数，区制一中产出的累积响应始终为负，区制二中产出的累积响应则为正。

两个区制中的消费的累积响应均为负。其中，区制一的消费从当期的 0 响应开始下降，第 2 期稍有回升，长期表现为负增长；区制二的消费响应则随作用期而呈现出不断增大的负增长趋势。

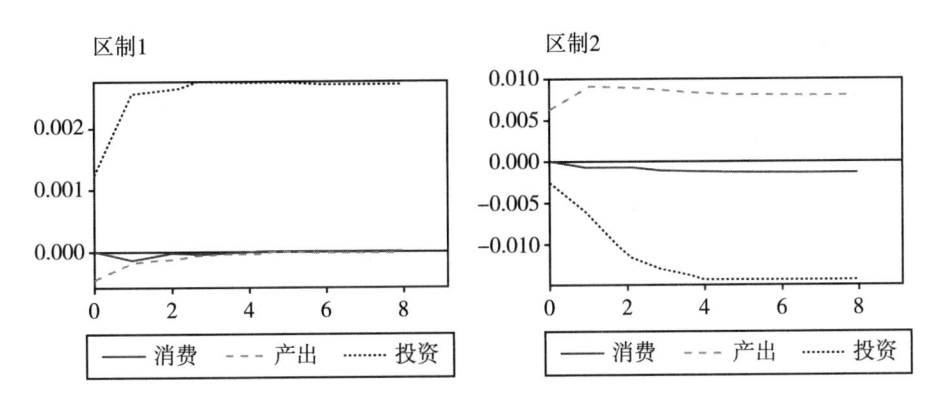

财政政策从需求到供给的转型：积极与否和改革展望

图8 各变量对税收的累积响应

两个区制的投资的累积增速相反，区制一中投资的累积响应值为正，第3期后稳定在0.0028左右；区制二中投资的累积响应值为负，从当期的 -0.0025 开始，累积响应值下降速度很快，第4期后基本保持在 -0.02。

在区制一中，增加税收的措施将使产出水平下降，而在区制二中增加税收对产出增长起到推动作用。综合来看，增加税收不利于刺激消费，但对投资的作用则随区制而有所不同。增加税收有利于区制一的投资增长，但却挤出了区制二的投资。

（三）营业税和增值税的脉冲效应分析

对于营业税和增值税的脉冲效应，我们通过模型二进行分析。图9显示，对于营业税和增值税的正向冲击，区制一中的产出响应值首先为正，第2期时变转为负向增长，此后增速减小但始终为负。区制二中产出的增速一直为正，其中当期的正向产出增速最大，随后下降并不断趋向于零。

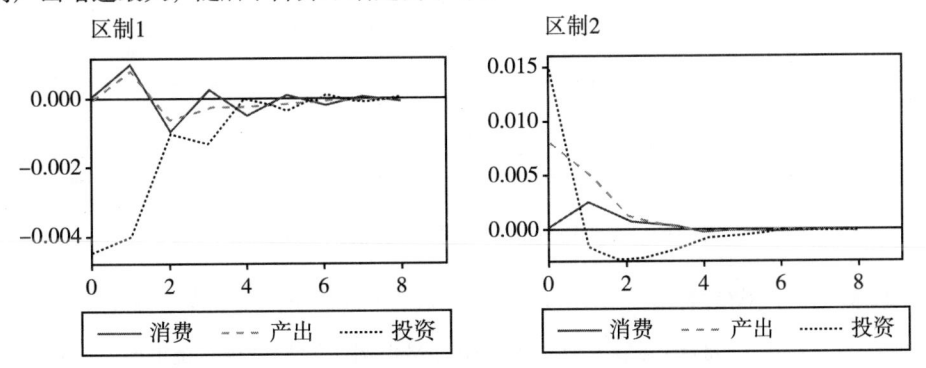

图9 各变量对营业税和增值税的脉冲响应

图9显示区制一中消费围绕零值线上下波动，第1期时响应为正，第2期时为负，第3期时再次为正，如此反复并逐渐趋于零。区制二中的消费在第1期出现最大正增长，此后增速不断减小，第4期后趋于零。

区制一的投资响应为负，从当期的最大负增速开始逐渐减小，期间不断波动，但整体趋势逐渐靠近零值线。投资的响应在区制二中首先表现为当期的最大正增长，约为0.015，之后增速迅速下降为负，第2期后出现小幅度回升，但始终为负值，同样，投资的响应值在第4期后便逐渐趋于零。

可以看出，区制一中增加营业税和增值税的措施仅在第1期对产出有促进作用，长期中抑制作用占主导地位，而在区制二中增加营业税和增值税将有利于刺激产出增加。区制一的消费在营业税和增值税冲击的作用下不断波动，区制二的消费则以正增长为主。在区制一中增加营业税和增值税会对投资产生明显的抑制作用，区制二中的投资短期内增加，但长期会减少。

图10是各个变量对营业税和增值税的累积响应，通过对比可以发现，在区制一中，增加营业税和增值税在当期可以促使产出增长，但增速不断下滑，第2期后便起到抑制作用，并且抑制作用越来越强，第6期后累积增速稳定在 −0.001 左右。在区制二中增加营业税和增值税可以提高产出，第2期后产出的累积响应趋于稳定。

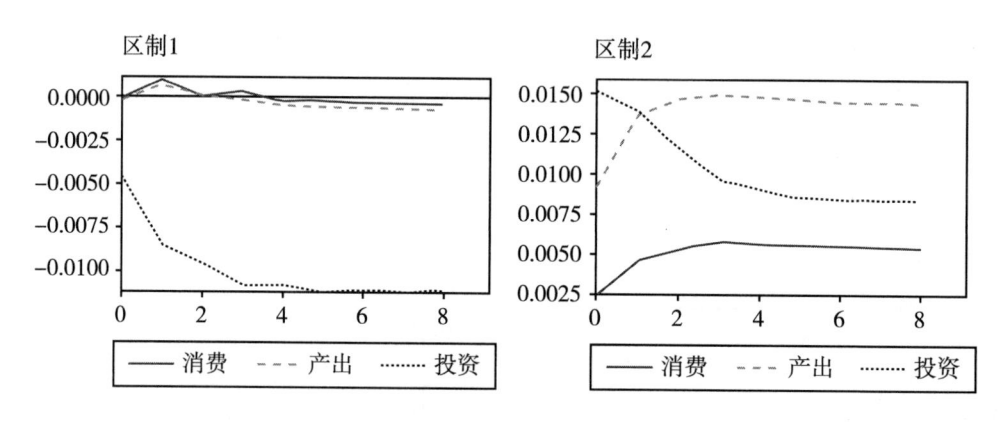

图10 各变量对营业税和增值税的累积响应

区制一的消费在营业税和增值税的冲击下呈现波动下降的趋势，前3期为正累积响应，其中第1期时达到最大值，第3期后累积响应转为负向。在正向的营业税和增值税冲击下，区制二的消费的累积响应值为正。

区制一中投资的累积增速为负且随着作用期的延长，负向的累积增速值不断增大，长期维持在约 -0.0125 的增长速度。区制二中的投资的当期累积增速最大，约为 0.015，随后累积增速下降但始终为正。

产出在区制一和区制二中对营业税和增值税冲击的累积响应方向在长期中完全相反。长期增加的营业税和增值税在区制一中抑制了消费，而区制二中的消费水平则呈现出增加趋势。区制一中减少营业税和增值税会刺激投资增长，且刺激作用逐渐增强。区制二中的投资与营业税和增值税同向变动，增加营业税和增值税将带动投资增长。

（四）个人所得税的脉冲响应分析

当给个人所得税一个单位的正向冲击后，其他变量的响应如图 11 所示。区制一中产出首先表现为正响应，当期响应值最大，第 1 期后响应值转为负值，随后逐渐减弱并趋于零；区制二中产出始终表现出正响应，第 2 期后响应值便接近零值线。

专家意见 6：实证部分对财政支出、营业税、增值税、个人所得税及其对消费产出的影响进行讨论的内容较多，论文较大篇幅集中于实证结果，建议增加结果分析。

修改说明：目前论文讨论实证结果的篇幅较大。我们通篇考虑后将实证结果进行了适当的精简凝练，增加了关于结果的分析。如对个人所得税的脉冲响应分析中，按照产出、消费和投资对两个区制内的脉冲响应结果及其与现实政策的吻合度进行了总结分析，同时对比了个人所得税与流转税的脉冲响应特点。

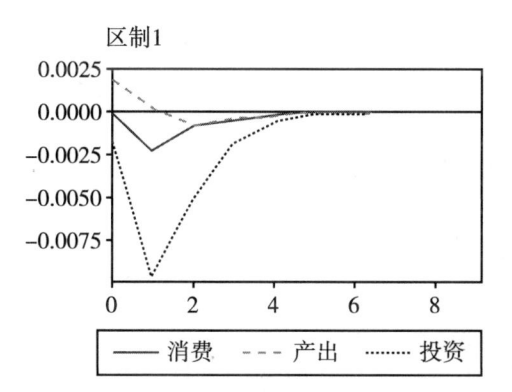

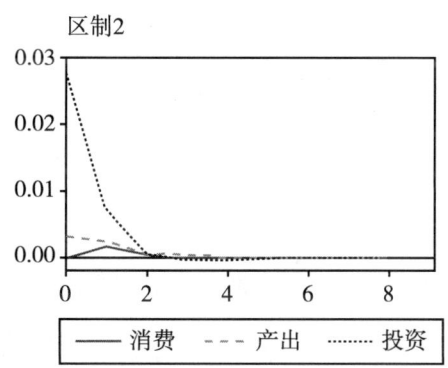

图 11　各变量对个人所得税的脉冲响应

区制一中的消费和投资对一单位个人所得税冲击的响应变化相同，均为负值，当期为零响应，第 1 期的负向增速最大，且投资的负响应值约为消费的 4 倍，第 1 期后响应值逐渐减小，到第 4 期后逐渐消失。区制二的消费在前两期内基本维持了正增长，第 3 期时出现微弱的负增长，此后响应逐渐趋于零。区制二的投资在当期的响应值最大，约为 0.03，此后迅速下降，第 2 期响应值接近于零，第 4 期时出现小幅度的负响应。可以发现，相比于营业税和增值税，个人所得税对其他变量的作用期更短，多数变量的响应在4期后便逐渐消失。

产出对个人所得税冲击的累积响应方向短期内均以正向为主，但长期内有所不同。个人所得税的增长导致区制一中产出的累积增速在长期内稍有下降，但区制二的产出仍然保持正增长趋势。消费和投资在每个区制内的累积响应方向相同，在两个区制之间则相反。

图12的累积效应图显示，对一单位个人所得税正向冲击，区制一中产出的累积响应为正，并且保持了稳定增长；消费和投资的累积响应则为负，且投资的累积响应值大于消费。区制二中的产出、消费和投资均表现出不同程度的正增长，其中产出和消费的累积响应较小，投资的累积响应值则高达0.035。

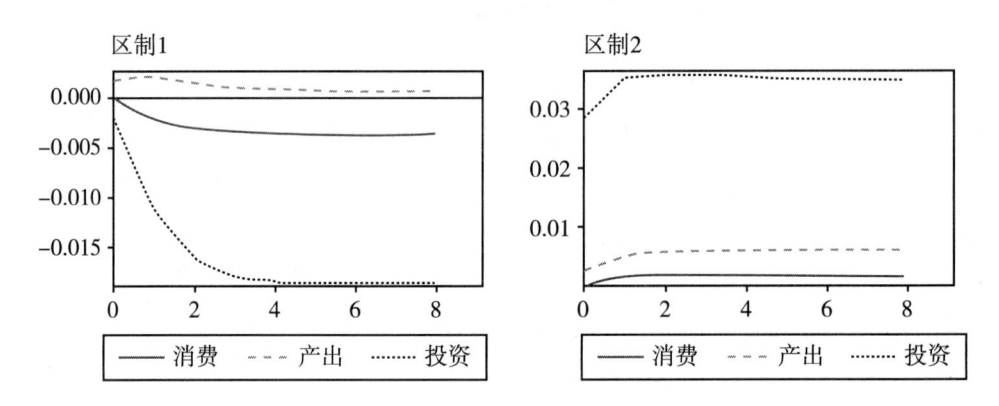

图12 各变量对个人所得税的累积响应

产出的正向累积响应方向意味着个人所得税增长将有利于经济增长，而个人所得税冲击对消费和投资的作用则在两个区制内不同，区制一中个人所得税增长会降低消费和投资水平，但在区制二中会刺激消费和投资增长。

六、结论与改革展望

(一) 结论

本文从财政政策的经济增长效应出发，通过构建马尔科夫区制转换向量自回归模型，实证分析了我国财政支出和税收对经济增长的影响，并进一步研究了税收结构中的流转税（以增值税和营业税作为考察对象）和所得税的具体作用，得到的结论如下：

1. 财政政策对经济增长的影响是时变的

我国财政政策对经济增长的影响大致可以以 2012 年为界限内生地划分为两个区制，这一结果与我国的宏观经济形势及财政政策转变时期相吻合。2012 年前我国一直实行积极的或稳健的财政政策，具体措施以刺激需求侧的消费、投资、出口为主。2012 年后需求端的积极财政政策刺激效应不断弱化，为了应对不断下滑的经济，供给侧管理逐渐受到重视，供给侧结构性改革越来越成为财政政策的核心，财政政策侧重点的转变导致其对经济增长的作用发生转变。总体而言，2012 年之前的增支政策和 2012 年之后的减收政策具有增加产出的积极作用，但同期的其他财政政策却不利于产出增长。

2. 财政支出政策对经济增长表现出非凯恩斯效应

在区制一中增加财政支出可以在一定程度上带动消费和投资，但却抑制了产出。在区制二中，增加财政支出刺激了投资的增加，但对产出和消费均产生了挤出作用，这说明我国财政支出政策总体上具有非凯恩斯效应。2012 年前的金融危机使我国经济迅速降温，对外贸易受到严重冲击，居民的储蓄率高而消费倾向低，企业纷纷降低投资意愿。此时，政府扩大财政支出，通过政府投资扩张总需求，但政府投资主要用于基础设施建设等方面，对消费的拉动作用很弱，且并未对消费结构产生优化作用，居民消费，尤其是农村居民消费的比重甚至出现了下滑迹象。此外，投资和消费对 GDP 增长贡献率的实证分析结果均显示，投资增速快于消费，这意味着一旦投资增速放缓，则必然影响就业和居民收入水平，进而导致居民消费下降。因此，金融危机后的四万亿投资虽然维持了表面的经济状况，但实质上并未改善内在经济结构，也就难以获得产出的增长。2012 年后，面对着资源短缺、环境污染、部分产业产能过剩及库存过高等诸多问题，增加财政支出更加难以保证经济增长。因此，以增支为主的政策逐渐淡出，转而控制财政赤字和国债发行规模，调整财政支出结构，以应对经济发展的不平衡。

3. 总税收冲击对经济增长表现出非线性效应

区制一的产出对正向税收冲击的响应为负，即减少税收将有利于产出增长。而增加税收使区制二的产出呈现上升趋势。两个区制内的产出对于税收的变动分别表现为凯恩斯效应和非凯恩斯效应，即产出对总税收冲击表现出非线性效应。投资在两个区制内的反应恰好与产出相反。整个样本区间内消费对税收冲击的响应相同，增加税收挤出了消费。

在区制二中，增加税收抑制了消费和投资，这与传统凯恩斯主义的观点一致，但却有利于产出增长。主要原因在于金融危机影响下的国内经济形势不容乐观，企业遭受严重打击，纷纷缩紧支出，居民消费同样下滑明显，这样的情况下，增加税收反而有利于集中资金力量，利用政府统一规划提振经济。2012年后，经济发展进入新常态，通过一系列减税措施可以降低企业压力，进而提升就业和工资水平，将政策的利好之处传导至居民层面，带动居民消费，从而实现产出增长的目标。

4. 营业税和增值税及个人所得税对经济增长的影响存在显著差异

营业税和增值税属于间接税，其纳税人是产品的制造商、批发商或零售商，但最终负税人往往是商品的购买者或最终消费者。区制一的结果显示，降低营业税和增值税的政策在长期内对产出和消费产生促进作用，同时刺激投资增长。对于生产者或厂商而言，首先可以将营业税和增值税转嫁给消费者，其次，我国2012年陆续推进的营改增措施消除了重复征税，减轻企业负担，促使企业加大投资力度，因此投资水平上升，随之传导至经济整体，带动了经济增长。在区制二中营业税和增值税增加时，由于消费者往往难以在第一时间有所察觉，并且消费者固有的消费习惯及消费倾向也使得消费水平不会出现大幅度下降，因此，区制二中的产出、消费和投资水平与营业税和增值税表现为同向变动。

个人所得税增加对两个区制中的产出均呈现出不同程度的促进作用，但区制一中的消费和投资水平有所下降。个人所得税作为直接税，对居民收入具有直接影响，同时对调节居民收入再分配差距起到关键作用。个人所得税增加导致居民的可支配收入减少，这可能不利于消费和投资的增长，但可以调节收入分配，缩小收入差距，避免社会矛盾激化，保障经济整体平稳增长。考虑到促进经济增长和实现收入公平分配的双重目标，个人所得税的增长兼具经济和社会意义。在我国，多数农村人口以及收入水平很低的城镇人口是不缴纳个人所得税的。因此，增加个人所得税的渠道主要是高收入群体个人所得税的增长。

我们也发现，区制一中的产出与营业税和增值税的反向关系以及产出与个人所得税的正向关系也与我国当前提高直接税比重、降低间接税比重的改革方向相吻合。

(二) 未来政策的改革展望

1. 突破思维定式，相机抉择财政政策

本文的实证结果表明我国的财政政策在 2007 年至 2018 年间确实存在显著的非线性效应，其中财政支出政策表现为非凯恩斯效应，这与我国此前赖以制定财政政策的凯恩斯主义完全相反。税收政策以 2012 年为分界，在两个区制内表现出截然相反的作用，并且各个税种在不同区制中的作用不同。这一结论将对依据传统凯恩斯主义、倡导增支减收以刺激经济增长的政策惯性产生冲击，在新的经济背景下，我们需要突破思维定式，重新认识财政政策对经济增长的不同影响，未来财政政策的改革要根据当期经济区制的特点，对财政支出手段与税收手段的组合进行不断调整，真正实现财政政策的相机抉择。

2. 压缩财政支出，调整财政支出结构

自 2012 年的供给侧改革时期开始，我国财政政策对经济增长的影响基本处于区制一。在该区制中，增加财政支出有利于刺激投资，但却抑制产出和消费。因此，政府应当准确判断宏观经济所处的时期，当经济处于区制一时，财政支出政策发挥非凯恩斯效应，此时政府应当放弃通过增加财政支出促进经济增长的政策，转而通过压缩财政支出的方式刺激产出。

压缩财政支出意味着政府投资和消费水平的降低，为防止社会总投资和总消费的下滑，就需要调整财政支出结构。一方面，要重点加大对"三农"、生态环境、教育医疗、保障性安居工程等民生领域的投入，加大公共产品和服务的供给，引导并满足居民的消费需求，充分发挥消费在经济增长中的基础作用。另一方面，要通过对特殊群体或产业的财政扶持避免投资水平的滑落，例如对高新技术企业及绿色节能产业等实行专项资金扶持，通过财政补贴支持中小企业发展。既有利于促使企业增加研发投入，拓展发展空间，逐步实现制造大国向制造强国的转变，也有利于企业吸纳劳动力，扩大就业，提高居民收入水平，进而带动消费增长。

3. 完善税制，优化税制结构

在确定总体税收负担的基础上，完善税制和优化税制结构也是保障我国经济增长的有效措施。实证结果表明区制一中的产出与营业税和增值税呈反向关系，与个人所得税呈正向关系。因此，增加直接税、降低间接税是可以促进经济增长的。我国从 2012 年开始逐步实施的"营改增"通过降低税率、消除重复征税的方式有效降低了企业税负，这也是供给侧改革进程中降低间接税比重的重要举措。增值税只对增值额进行征税，充分体现了税收中性原则，同时有利于促使企业提高生产管理水平，为企业未来发展创造有利的税制环境。当前的增值税仍然需要进一步完善，如继续减并增值税税率、扩大增值税抵扣范围等。目前，我国个人所得税依利于民生、公平合理的原则对基本生活费用、附加减除费用和税率等进行了大幅度改革。未来的税制改革目标是逐步提高直接税比重、建立以直接税为主的税制体系。这就意味着我国个人所得税要实行结构性的调整，高收入群体多缴税、低收入群体少缴税，从而缩小贫富差距，促进经济增长。

经济增长规划与土地出让*

胡 深 吕冰洋**

内容提要：在当前官员考核与晋升制度的作用下，官员行为普遍具有目标导向。本文分析指出，在发展规划能够指导官员行为，同时土地对经济增长具有明显促进作用的背景下，经济增长目标能够通过影响地方政府的土地出让策略而最终实现。本文使用面板数据检验了2003～2013年间经济增长目标对地方政府土地出让策略的影响。结果表明，经济增长规划目标确实会影响地方政府协议与招拍挂出让土地的面积、单价与收入，结果显著且稳健。具体而言，当政府面临较高的经济增长目标时，为了促进当地经济发展，地方政府将增加两种出让方式的土地出让规模，降低以工业用地为主的协议出让价格，提高大量包含商业服务业和住宅用地的招拍挂出让获得的出让收入。

关键词：经济增长目标；土地出让；政府行为
中图分类号：F812　　**文献标识码**：A

一、引言与文献综述

制定并执行五年发展规划自新中国成立以来已形成了惯例[①]。"十二五"期间

---

* 终稿发表于《财政研究》2019年第7期。
** 作者简介：胡　深，中国人民大学财政金融学院，博士研究生。
　　　　　　吕冰洋，中国人民大学财政金融政策研究中心，财政金融学院，教授，博士生导师。
　① 五年规划是"中华人民共和国国民经济和社会发展第X个五年规划"的简称。我国的第一个五年规划自1953年开始实施，至2015年末已完整实施了十二个五年规划。其中"一五"到"十五"时期使用的是"计划"一词，自"十一五"后改用"规划"。

GDP 年均增速达到 7.8%，高出原规划值 0.8 个百分点，又一次完成了计划目标。发展规划并不是中国所独有的现象，Heilmann 和 Melton（2013）曾指出社会主义国家都有制定经济社会发展规划的传统。其他一些发展中国家，如赞比亚、肯尼亚、尼日利亚，甚至于发达资本主义国家如法国、德国、日本、韩国，在 20 世纪 90 年代之前也都频繁实施过经济规划。不过多数国家的经济规划执行效率极为低下，像中国这样的情况在全世界范围内都是绝无仅有的①。

经济规划在中国能够得到高效执行有其现实原因。首先，为了保证规划可行而不止步于形式，国家规划设定了具体的可量化的目标，从而使规划目标具有明显的导向性。"十三五"规划中将总的规划分为四个大部分：经济发展、创新驱动、民生福祉、资源环境。各部分又细分为各个单独的指标，如要求在"十三五"期间非化石能源占一次能源消费比重增加 3 个百分点，农村贫困人口脱贫 5575 万人。其次，为了保证实施，在量化目标的基础上，还有对结果的考核。采取诸如将考核的结果与政绩挂钩，禁止未完成考核任务地区政府的主要负责人和领导班子参与年度评奖，不得授予荣誉称号，停止相关项目的审批，情节严重的交由监察部门追责等方式实施奖惩政策②。除此之外，国家规划还以层层分解的方式，将目标分解到各层级各部门，形成各层级政府和各部门自身的规划，各计划之间相互嵌套，环环相扣，严格控制着整个规划的实施进程③。

规划体现了国家的发展战略意图，对引导经济快速稳定健康发展起到了不可忽视的重要作用，并深刻地影响着各级政府的种种行为，这当然也引起了学界的研究兴趣。针对规划、目标以及其与地方政府行为的关系，学者们试图从多个角度来进行分析。如从目标设置的角度，徐现祥和梁剑雄（2014）发现各省之间的经济增长差距会影响各省对自身增长目标的设置。从政策制定方面，马丽等（2012）详细分析了"十一五"期间节能目标责任考核政策制定过程中中央与地方

---

① 世界银行：《1996 年世界发展报告：从计划到市场》对这种现象进行过总结，并认为这些国家的经济计划难以实现主要是由于信息偏差、激励不足和灵活性匮乏等原因。
② 相关文件极多，仅举两例：《国务院关于印发"十三五"推进基本公共服务均等化规划的通知》；《国务院办公厅关于印发安全生产"十三五"规划的通知》。
③ 以"十三五"规划为例，各省编制各自"十三五"规划之前往往会召开会议以贯彻落实党的十八届五中全会精神（十八届五中全会的主要内容就是研究关于制定国民经济和社会发展第十三个五年规划的建议）。

之间的互动关系。从政策实施方面，狄金华（2015）研究了地方政府面对上级给定的目标和自身设置的目标时不同的策略性行为；王汉生和王一鸽（2009）研究了目标管理责任制在农村基层的具体体现与存在的问题。从目标的影响后果方面，Fisman 和 Wang（2017）的研究指出 2004 年开始的安全生产领域目标考核制导致了地方政府谎报死亡人数。

单就经济增长目标而言，相关研究相对较少。如徐现祥和刘毓芸（2017）研究了全球多个经济体的计划目标与实际经济增长的关系，余泳泽和潘妍（2019）指出对经济增长目标的考核不利于服务业的发展。本文试图探讨经济增长目标与政府具体行为关系，以此丰富经济增长目标的研究内容。本文的研究发现，在经济增长目标对政府行为具有强烈约束力，且土地征用与出让成为地方政府筹集财政资金、推进城市化和工业化的重要手段的前提下，经济增长目标能够显著影响地方政府的土地出让策略。具体而言，无论是以协议的方式还是招拍挂的方式，更高的经济增长目标都会促使地方政府扩大出让土地的规模。在面临更高的经济增长目标时，地方政府还会降低协议的出让单价。此外，更高的经济增长目标对招拍挂出让的收入也有显著的正向影响。

本文的接下来结构安排如下：第二部分介绍本文研究的两大背景，指出增长目标对地方政府行为产生影响的原因，点明土地出让影响经济增长的途径。第三部分介绍本文使用的数据和实证策略。第四部分给出实证结果并进行分析。第五部分得出总结。

二、事实：增长计划导向与土地供给策略

（一）经济增长目标的导向性

各级政府在年初的《政府工作报告》中都会总结上年的发展情况并对当年发展做出具体规划。政府对经济增长目标的规划极为重视，总是第一个提及且伴有大篇幅讨论，同时完成的程度也极高。根据本

专家意见1：本文与杨继东和杨其静的《保增长压力、刺激计划与工业用地出让》（《经济研究》2016 年第 1 期）的文章相似，应在文中写出本文与其的区别。

修改说明：我们认为本文与《保增长压力、刺激计划与工业用地出让》在作用机制、研究范围与数据跨度、文章贡献三个方面存在区别，在修改过程中，我们增加了相关脚注，在脚注中简略阐述了这些区别。

专家意见2：原文中并未明述本文的主要贡献，需要明确展示该部分内容。

修改说明：对本文可能的两点贡献增加了相应表述：其一，本文扩展了对经济增长目标的相关研究；其二，本文将土地出让细分为协议与招拍挂两种，并分别从单价和面积两个维度进行研究，而以往对土地出让的研究多集中于两种出让中的一种或面积与单价两个维度之中的一种进行研究。

文所搜集的数据，从每个地级市自身的执行状况来看，2003~2013年，共有76.84%的地级市完成了计划目标，当年经济增长率比目标值低过0.5个百分点的地级市仅占6.72%。平均而言，各地级市对当年经济增长规划目标的执行力度达136.28%（即如果当年增长规划为实现8%的经济增长率，当年实际完成增长率为10.9%），即便扣除通胀影响，经济增长计划的执行力度依然有102.12%。图1展示了市级政府当年所制定的经济增长规划目标与当年经济增长率实现值之间的关系，可以看出经济增长计划与经济增长率有明显的正相关关系。显然，地方政府对经济增长目标是否能够实现极为重视。

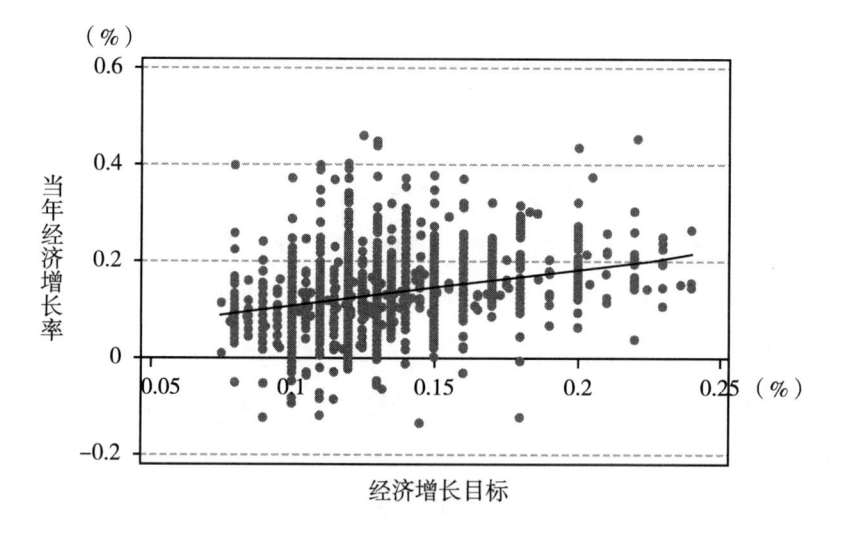

图1 经济增长计划值与经济增速

为什么地方政府会努力实现当年的经济增长目标呢？原因主要有两点：一是由于当前政府部门广泛实行目标责任制，二是地方官员自身对于晋升的追求。

目标责任制是督促完成经济增长目标的压力。设定计划、分解计划、执行计划而后对结果进行考核，这种层层分解、监督与考核的目标管理体制是当前政府运作的主要特征。以"十三五"规划为例，《关于建立健全国家"十三五"规划纲要实施机制的意见》明确指出，"各地区各部门要根据有关职责分工，制定《纲要》涉及本地区本部门的主要目标和任务实施方案，明确责任主体、实施时间表和路线图，确保《纲要》各项目标任务落地""将《纲要》中可分解到地方的约束性指标落实到各地，并加快完善相关指标的统计、监测和考核办法"。①

晋升是激励完成经济增长目标的动力。官员的级别决定了资源和权力的配置，级别越高，官员手中的权力越大，可调用资源的也越多。对晋升的追求因此成为理解官员种种行为的关键（Blanchard & Shleifer, 2001; Maskin et al., 2002; Whiting, 2001; Zhou, 2002）。由于晋升的决定权掌握在上级政府手中，下级官员想要成为晋升备选人员、获得晋升的机会必须达到上级对下级官员绩效的考核目标。而在众多的考核目标中，对经济增长目标完成程度的考核极为重要（周黎安，2004）。

（二）土地出让对经济的带动作用

根据《中华人民共和国土地管理法》规定，我国的土地根据类型归国家或集体所有，同时县级和市级政府被赋予征用、开发等相关土地管理权利。这使地方政府成为土地一级市场的唯一供应者。通过出让、租赁、划拨等方式，政府可以将土地的使用权转移给私人部门，而出让是其中最主要的转移方式。自2000年以来，土地出让的规模以及出让的面积迅速膨胀。据统计，2016年全国土地出让收入规模高达3.7万亿元，相较于2001年0.13万亿元的全国土地出让收入，十余年间的增幅竟有28倍之多。土地出让面积最高时也达到37.48万公顷（2013年），相比2001年规模翻了一番。地方政府热衷于出让土地以获得高额的土地出让收入，而出让的土地对当地经济的发展也有不小的促进作用。

土地出让对经济的带动作用的是多方面的，如以推动工业发展促进城市化（中国经济增长前沿课题组，2011），还可以通过带动房地产业并与其他产业形成多产业联动，促进经济增长（陈志勇和陈莉莉，2011）等。不过笼统地看，主要体现在两个方面：其一是通过土地融资提高生产性基础设施服务提供水平；其二是利用土地招商引资促进产业发展。

私人部门获得受让的土地使用权时缴纳给政府的土地出让金，在扣除征地和拆迁补偿、土地开发费用和新增建设用地土地有偿使用费以及一些其他费用后，形成了可供当地政府自由支配的财政资金。这些资金多数被用于完善国有土地使用功能的

---

① 关于五年规划指标的分解、检测评估与考核，鄢一龙（2013）曾进行过详细的研究。

知识助产士：编者与作者、读者的沟通

专家意见3：虽然表1给出了土地出让收入中用于城建的比例，但由于土地出让收入并不完全是可以由地方政府支配使用的，其中包含拆迁补偿等成本，这个数据需要在表中有所显示。

修改说明：同意"土地出让收入并非出让土地得到的净收益"。根据国土资源年鉴所显示数据，2003~2008年，土地出让净收益占出让价款的平均值为36%。在修改过程中，我们将这一情况纳入到了表1的备注中。

配套设施建设支出和城市基础设施建设支出①。表1统计了土地出让收入中用于城建的比例，以及城建资金中来自土地出让收入的比例。除土地出让金的渠道之外，土地还可以通过抵押来融资，据国家审计署披露，截至2013年6月底，地方政府性债务余额中有51.27%被用到了"市政建设"和"交通运输设施建设"之中。

表1　　　　　　土地出让金与城市建设　　　　　单位：%

	2011年	2012年	2013年	2014年	2015年	2016年
城建资金中来自土地出让收入的比例	58.57	49.95	66.03	60.02	60.74	60.81
土地出让收入中用于城建的比例	20.50	19.64	20.11	21.68	27.88	27.43

注：表中城建资金仅指城市市政公用设施建设维护管理财政性资金收入中源自市级自筹的部分。城市市政公用设施建设维护管理财政性资金收入另外还有两个来源，分别是中央拨款和省级拨款。表中土地出让金为总协议出让与招拍挂出让的总成交价款，如扣除拆迁补偿等成本，仅计算出让纯收益，用于城建的比例还会大幅提高。

土地还是招商引资的重要筹码。对于企业而言，生产成本是否低廉是其选址建厂的重要参考，较低的土地价格和完善的配套设施对企业有巨大的吸引力。一旦企业在本地建厂生产，既能给当地政府带来大量税收，还可解决本地就业问题，又可带动当地商品贸易的繁荣。同时，由于征收土地的成本较低，以低价协议出让给企业并不会给地方财政带来损失。因此地方政府也乐意以低价的方式吸引企业投资，甚至采取低价策略的政府之间为吸引好企业而相互竞争，不惜采取"零地价"和"负地价"的方式向企业供给土地。

（三）地方政府的土地供给策略

考核与晋升的共同作用使地方政府乐意发挥其"能动性"来达成经济增长目标。

---

① 1990年颁布的《中华人民共和国城镇国有土地使用权出让和转让暂行条例》规定，"土地使用权出让金列入财政预算，作为专项基金管理，主要用于城市建设和土地开发"。但地方政府对该资金管理混乱且使用随意。2006年颁布的《国务院办公厅关于规范国有土地使用权出让收支管理的通知》（国办发〔2006〕100号）对土地出让收入做出了更为细致的要求。根据规定，政府获得的土地出让收入只能用于五个方向，分别是（一）征地和拆迁补偿支出、（二）土地开发支出、（三）支农支出、（四）城市建设支出和（五）其他支出。

而土地在经济发展中的重要作用，自然使地方政府有动机将土地的出让行为与经济的增长目标相挂钩，并根据经济增长目标的高低调整出让的策略。土地出让可以使用协议或招拍挂的方式。协议定价主要由政府与受让方协商，因而一般适用于低价出让的情况；招拍挂定价主要由市场决定，但政府仍可以通过设定拍卖土地的起拍价和保证金等方式对价格产生一定的影响能力[①]。因此，地方政府对土地出让的垄断权限使得其可以控制土地出让的三个方面：一是控制出让规模；二是控制出让价格；三是控制出让收入。不过，根据所出让土地用途的不同，地方政府对规模、单价和收入这三方面的控制力度也不完全相同。

土地可以分为三类，分别是农用地、建设用地和未利用土地。出让的土地一般是建设用地并且主要用于工业、商业服务业和住宅。在规模方面，由于土地是生产与经营活动的载体，随着城市的迅速发展和经济总量的扩张，经济活动对工业、商业服务业和住宅用地的需求都会有所增长。增加土地供应可以降低土地的稀缺性，促进工商业的繁荣发展。在单价方面，工业的选址主要看成本。因而对工业用地采取低价有助在与周边区域引资竞争中取胜，吸引企业投资设厂，带动本地就业，直接促进本地的经济发展，政府出让工业用地一般会采取协议的方式。而商业服务业以及住宅的选址则对其在本市内的区位要求较高，具有一定的区域垄断性，对商业服务业以及住宅用地即便高价出让也依然能够成交，因此政府出让这类用途的土地一般会采用招拍挂的方式。从收入方面来看，更高的出让收入对地方政府而言就意味着更多的可自由支配的财政资金，当然也意味着可用于基础设施服务的资金更多了。不过对于工业用地而言，其本身出让价格就低，扣除征地、拆迁补偿等支出后更是寥寥无几，因此出让收入中可自由支配的部分主要通过出让商业服务业和住宅用地获得。

---

① 2001年以前，土地大部分以协议方式出让，至2001年，招拍挂出让土地面积均未超过5%（李郇等，2013）。2002年国土资源部发布的《招标拍卖挂牌出让国有土地使用权规定》规定，商业、旅游、娱乐和商品住宅等各类经营性用地，必须以招标、拍卖或者挂牌方式出让，之后协议出让土地面积占总出让面积的比重出现大幅下滑，从2003年的72%迅速下降至2008年的16%，招拍挂出让土地份额得到大幅提升。在之后迅速形成了工业用地主要通过协议方式出让，住宅等经营用地主要通过招拍挂方式出让的格局。由于地方通过协议低价出让工业土地竞争引资的情况愈演愈烈，2003年国土资源部发布《协议出让国有土地使用权规定》明确指出工业用地除只有一个使用意向者之外，均应使用招拍挂的方式出让，但从数据上来看，2003年直至2006年协议出让面积仍居高不下，占总出让面积的60%以上，该规定并没有很好地得到落实。在此之后，2006年国务院发布的《国务院关于加强土地调控有关问题的通知》再次要求对工业用地必须采用招拍挂的方式出让，2007年和2008年协议出让面积占总出让比例才大幅下滑，降至不足20%，与此同时挂牌出让面积一路攀升，从原来的不足30%增长到2008年的70%以上。

根据以上分析，我们可以推断，当政府面临较高的经济增长目标时，为了促进当地经济发展，地方政府将增加出让规模，降低工业用地出让价格，提高通过商业服务业和住宅用地获得的出让收入。接下来我们将对此进行检验。

三、数据结构与实证策略

由于数据的限制，我们使用协议出让土地来代表工业用地，招拍挂出让土地来代表商业服务业和住宅用地。为了验证经济增长目标对土地出让的影响，本文使用以下计量模型进行回归分析：

$$L_{it} = \alpha Gtar_{it} + \beta X_{it} + \gamma_i + \delta_t + \mu_{it}$$

其中被解释变量 L_{it} 为某年某市的土地出让相关变量，包括协议出让面积（$area\_nego$）的对数，协议出让总收入（$value\_nego$）的对数，招拍挂出让面积（$area\_zpg$）的对数，招拍挂出让总收入（$value\_zpg$）的对数。$Gtar_{it}$ 表示某年某市的经济增速规划值。X 为一系列其他控制变量，包括产业结构（$inds$）、地方经济发展水平（$sgdppc$）、医疗卫生水平（hl）和基础教育水平（tps），分别使用上年第二产业产值占 GDP 的比重、上年实际人均 GDP 的对数、上年卫生机构人员数的对数、上年每万名中小学生平均教师数的对数来表示。γ_i 和 δ_t 分别为地区固定效应和时间固定效应。

本文所使用数据为面板数据，时间跨度为 2003～2013 年。其中各地级市增长规划数据来自各地级市的政府工作报告，经济变量来自《中国区域经济统计年鉴》，土地出让相关变量数据来自《中国国土资源统计年鉴》。需要指出，由于 2003～2008 年《中国国土资源统计年鉴》中没有直接给出招拍挂数据，但分别有招、拍、挂三部分数据，本文使用招、拍、挂三部分数据之和作为 2003～2008 年的招拍挂数据①。在获得并完成所有来源数据的匹配后，本文对数据还进行两点

专家意见 4：文中提到"经济增长目标确实会影响地方政府协议与招拍挂出让土地的面积和单价"。但考虑到中国的幅员辽阔，各地情况不同，对于西部等落后地区，地方政府即使增加了土地供应，这些地也有可能卖不出去，这个问题在文中是怎么处理的？

修改说明：首先，随着各地的经济增长，无论是工业还是商业，其生产经营的规模都会扩大，因而对土地的需求都是增加的。其次，文中使用的土地出让面积数据并非是公告出让面积数据，而是最终成交面积数据。文中考虑的是经济增长目标对已经成交的土地面积与单价的影响。为了避免产生误解，我们在正文中增加脚注对此进行了说明。

专家意见 5：文中未描述对异方差的处理。

修改说明：原文确实漏掉了对异方差处理的描述，修改后在文中增加了相关内容。

---

① 为保证该数据的准确性，本文将协议出让数据与计算得到的招拍挂出让数据相加，然后与总出让数据相比较。根据比较结果，如果相加之和偏离总出让数据的程度超过 1%，就将该年该地相应的招拍挂数据设定为缺失，共更正了 37 个样本点。

处理，其一是剔除了上下各0.5%共计1%的数据以避免极端值对回归结果的干扰；其二是将出让单价和出让收入类数据根据GDP平减指数进行了调整。完成所有调整后，各变量的描述性统计结果如表2所示。

表2　　　　　　　　　各变量的描述性统计

变量名	观测值数量	平均值	标准差	最小值	最大值
协议出让面积（$area\_nego$）	3479	198.75	351.63	0.21	2763.44
协议出让收入（$value\_nego$）	3479	40039.54	80001.29	11.80	680958.6
招拍挂出让面积（$area\_zpg$）	3499	472.36	596.66	0.79	4129.15
招拍挂出让收入（$value\_zpg$）	3503	391978	767756.10	118.73	6586415
经济增长目标（$GDPtarget$）	3145	0.12	0.02	0.07	0.24
产业结构（$inds$）	3614	0.47	0.11	0.16	0.82
经济发展水平（$sgdppc$）	3567	15594.56	12195.56	1935.04	74666.35
基础教育水平（k）	3253	607.04	131.25	342.99	1200.67
医疗卫生水平（hl）	3243	32.57	13.53	9.77	88.89

注：表中所有变量均为对数化之前且剔除1%数据量后的值。

针对样本内各地级市经济增长目标，图2给出较为直观的刻画。可以看出，在2003~2013年的范围内，各地级市的经济增长目标主要分布在0.1~0.13之间，数量占到总样本的62.23%。几乎所有地级市的增长目标都不小于7.5%，且有3.02%的地级市增长目标在20%及以上。

专家意见6：既然本文回归所使用的是对数，应当有对数化之后的描述统计。

修改说明：在表2中增加了各变量对数化之后的描述统计。

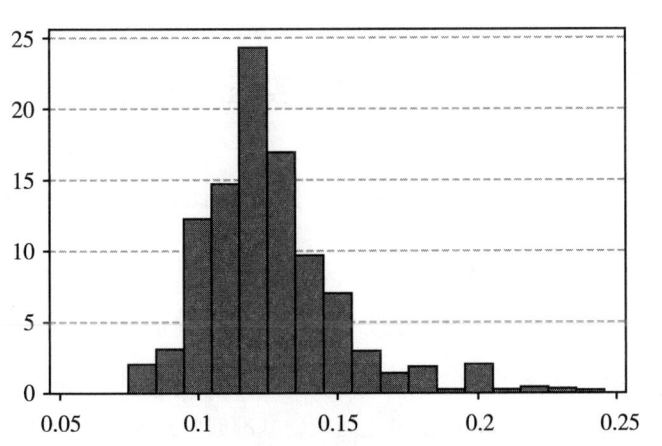

图2　地级市经济增长目标分布

此外，图3和图4还展示了经济增长目标与协议出让面积的散点图以及经济增长目标与招拍挂出让面积的散点图，同时给出了各自的拟合曲线。直观来看，经济增长目标与出让面积存在着正相关关系，特别是与招拍挂出让面积的正向关系较为明显。

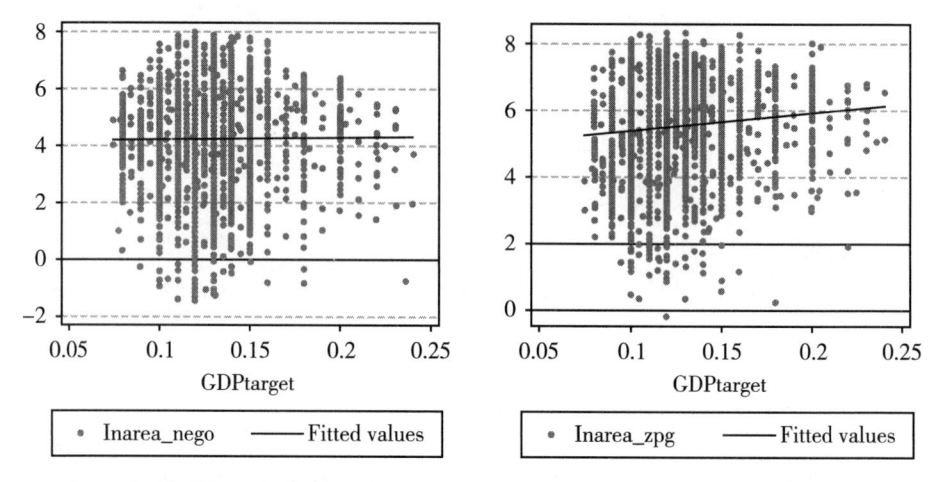

图3 经济增长目标与协议出让面积散点图

图4 经济增长目标与招拍挂出让面积散点图

专家意见7：省级经济增长目标不能很好满足排他性假设，因为省级经济增长目标越高，越想晋升的官员可能越倾向于土地出让，或者省级经济增长目标越高，资本具有更乐观的预期，故而投资的需求越高，对土地出让的需求越高。

修改说明：我们认为，投资对于投资人而言是较为严肃的决定，在看不到地方政府的具体措施时，仅凭高经济增长目标并不能明显提高对土地的需求，因此在影响地方增长目标的途径之外，通过影响预期而影响土地需求的效果相比较而言可以忽略。我们在文中增加了对省级经济增长目标作为工具变量合理性讨论的脚注。

同时为了结果的可靠性，文中随后还增加使用同省各地级市增长目标均值作为新的工具变量，结果表明经济增长目标对地方政府出让策略的影响依然显著。

在具体回归时，我们使用面板固定效应来控制那些不可观测的、与地级市本身特征相关且不随时间变动的变量，以此提高回归的结果可靠性。同时还将使用省级经济增长目标作为市级经济增长目标的工具变量再次检验，以消除其中的内生性问题。

四、实证结果及分析

（一）经济增长目标对协议出让的影响

根据前文的分析，地方政府为了促进经济增长，有可能采用提高协议出让规模，降低出让单价的策略。表3给出了经济增长目标对协议出让面积的回归结果。回归结果（1）为经济增长目标对协议出让面积的基准回归结果，回归结果（2）在此基础上增加了控制变量，结果表明经济增长目标对协议出让面积的影响十分显著,且经济增长目标每提高1个百分点,平均而言当年协议出让面积就会增加6.2%。从控制变量来看,产业结构对协议出让面积的影响为正,这意味着当地的经济结构更偏向于第二产业,那么协议出让用地面积也会更多。经济发展水平对协议出让面积的影响为正。基础教育与医疗卫生水平对协议出让面积的影响为负,但并不明显。尽管使用面板固定效应回归能较好地控制住不随时间变动的不可观测变量的影响,但仍有可能存在一些随时间变动的不可观测变量或其他一些问题导致内生性问题。因此,回归(3)和(4)将该地级市所在省的省级经济增长目标作为该地级市经济增长目标的工具变量再次进行回归,结果表明经济增长目标对协议出让面积的影响依然显著。

表3　　　　　　　经济增长目标对协议出让面积的影响

	（1）协议出让面积 FE	（2）协议出让面积 FE	（3）协议出让面积 IV	（4）协议出让面积 IV
经济增长目标	6.626*** (1.277)	6.212*** (1.429)	16.21*** (2.807)	13.99*** (3.112)
产业结构		1.351* (0.741)		0.828 (0.773)
经济发展水平		0.490* (0.253)		0.443* (0.256)
基础教育水平		-0.432 (0.270)		-0.551** (0.275)
医疗卫生水平		-0.402 (0.254)		-0.372 (0.257)
时间固定效应	控制	控制	控制	控制
个体固定效应	控制	控制	控制	控制
样本数	3015	2677	3006	2668
R^2	0.298	0.303		
地级市个数	320	319	320	319

专家意见 8：对于本文各回归结果的表格，IV 估计需要有一阶段报告结果。同时，回归中应增加固定资产投资水平作为解释变量。

修改说明：在文中所有使用 IV 估计的表格中附加了一阶段结果。同时，增加了固定资产投资水平这一解释变量。

表4给出了经济增长目标对协议出让单价的回归结果。其中（1）为基准回归，（2）在此基础上增加了控制变量。（3）和（4）为使用省级经济增长目标作为工具变量后的回归结果。回归结果表明经济增长目标对协议出让单价的影响方向为负向且影响极为显著。但其他控制变量的效果并不显著，这也从侧面说明了政府可能极大程度地决定协议出让的单价。

表4　　　　　　　　经济增长目标对协议出让单价的影响

	（1）协议出让单价 FE	（2）协议出让单价 FE	（3）协议出让单价 IV	（4）协议出让单价 IV
经济增长目标	－2.474*** (0.719)	－1.737** (0.784)	－4.105*** (1.540)	－4.424*** (1.689)
产业结构		－0.576 (0.409)		－0.387 (0.424)
经济发展水平		－0.214 (0.139)		－0.189 (0.140)
基础教育水平		－0.008 (0.149)		0.031 (0.152)
医疗卫生水平		0.036 (0.139)		0.025 (0.140)
时间固定效应	控制	控制	控制	控制
个体固定效应	控制	控制	控制	控制
样本数	3017	2675	3008	2666
R^2	0.254	0.264		
地级市个数	321	320	321	320

（二）经济增长目标对招拍挂出让的影响

在招拍挂方面，出让面积的增加代表着商业服务业的发展，因而经济增长目标的提高会促进地方政府增加招拍挂出让的面积。表5对此进行了验证，结果是肯定的。回归（1）是基准回归，回归（2）增加控制了一些其他变量。结果表明，经济增长目标确实与招拍挂出让面积之间有显著联系，其影响方向为正。其他控制变量的回归系数表明，经济发展水平越高，对招拍挂土地面积的需求就越高，同时当地更好的教育水平也增加了对土地的需求。使用省级经济增长目标作为工具变量再次检验，结果依然稳健。

表5　经济增长目标对招拍挂出让面积的影响

	（1）招拍挂出让面积 FE	（2）招拍挂出让面积 FE	（3）招拍挂出让面积 IV	（4）招拍挂出让面积 IV
经济增长目标	5.176*** (0.692)	4.163*** (0.699)	9.806*** (1.501)	6.236*** (1.498)
产业结构		-0.029 (0.363)		-0.166 (0.373)
经济发展水平		0.220* (0.123)		0.224* (0.123)
基础教育水平		0.319** (0.132)		0.279** (0.133)
医疗卫生水平		0.183 (0.124)		0.215* (0.125)
时间固定效应	控制	控制	控制	控制
个体固定效应	控制	控制	控制	控制
样本数	3051	2710	3041	2700
R^2	0.672	0.684		
地级市个数	322	321	322	321

土地出让收入的提高有利于城市建设，招拍挂是土地出让收入的主要来源，因此经济增长目标的增加应当会导致招拍挂出让收入的增加。表6给出了经济增长目标对招拍挂出让收入回归的结果。回归（1）和（2）表明，经济增长目标对招拍挂出让收入的影响显著为正，此外基础教育水平和医疗卫生水平的提高也有助于出让收入的增加。

专家意见9：可以在文中考虑东中西城市的异质性。

修改说明：接受外审专家意见。我们在文章中做出了相应的补充。

专家意见10：本文在前文提到了官员对土地出让策略的影响，应当在文中就此增加了官员年龄与任期状况相关变量，并讨论其对土地出让的影响。

修改说明：在文章中增加了相应的回归讨论。

表6　　　　　　　经济增长目标对招拍挂出让收入的影响

	（1） 招拍挂出让收入 FE	（2） 招拍挂出让收入 FE	（3） 招拍挂出让收入 IV	（4） 招拍挂出让收入 IV
经济增长目标	3.844*** (0.692)	2.929*** (0.720)	6.612*** (1.498)	3.522** (1.548)
产业结构		0.845** (0.375)		0.803** (0.388)
经济发展水平		0.101 (0.127)		0.106 (0.128)
基础教育水平		0.422*** (0.136)		0.407*** (0.138)
医疗卫生水平		0.230* (0.128)		0.253** (0.129)
时间固定效应	控制	控制	控制	控制
个体固定效应	控制	控制	控制	控制
样本数	3053	2709	3043	2699
R^2	0.727	0.728		
地级市个数	322	321	322	321

（三）稳健性检验

地方在一个完整年度内出让的土地面积可以分为两部分，其中一部分为原有的可供出让的建设用地，另一部分则是通过当年征用集体土地、转用国有农用地和未利用土地而新增的建设用地[①]。显然，如果当年的经济增长目标较高，地方政府为保证任务的完成，就有更强的动机通过征用集体用地和转用其他用途的国有土地来增加可供出让的土地面积，即经济增长目标与新增土地出让面积之间应该存在正向的影响关系。我们将检验这一关系作为经济增长目标影响地方土地出让行为的稳健性检验。表7分别将新增协议出让面积和新增招拍挂面积作为被解释变量，检验了经

---

① 《中国国土资源年鉴》对出让面积中新增的部分有所披露。

济增长指标对两者的影响,表8再次将省级经济增长目标作为工具变量检验了经济增长指标对新增出让面积的影响。无论是从表7还是表8来看,回归结果都表明经济增长目标确实影响地方土地出让行为。

表7　　　　　经济增长目标对土地出让面积的影响

	(1) 协议新增面积 FE	(2) 协议新增面积 FE	(3) 招拍挂新增面积 FE	(4) 招拍挂新增面积 FE
经济增长目标	9.018*** (2.018)	5.375** (2.242)	8.162*** (1.196)	4.915*** (1.235)
产业结构		2.572** (1.172)		2.190*** (0.653)
经济发展水平		0.482 (0.396)		−0.031 (0.225)
基础教育水平		−0.775* (0.434)		0.602*** (0.228)
医疗卫生水平		−0.347 (0.394)		0.119 (0.219)
时间固定效应	控制	控制	控制	控制
个体固定效应	控制	控制	控制	控制
样本数	2474	2211	2807	2536
R^2	0.258	0.264	0.678	0.682
地级市个数	316	315	321	320

表8　　　经济增长目标(使用工具变量)对土地出让面积的影响

	(3) 协议新增面积 IV	(4) 协议新增面积 IV	(3) 招拍挂新增面积 IV	(4) 招拍挂新增面积 IV
经济增长目标	21.020*** (4.231)	16.900*** (4.800)	12.980*** (2.455)	7.495*** (2.597)
产业结构		1.632 (1.239)		1.987*** (0.677)

续表

	（3） 协议新增面积 IV	（4） 协议新增面积 IV	（3） 招拍挂新增面积 IV	（4） 招拍挂新增面积 IV
经济发展水平		0.418 (0.401)		-0.018 (0.226)
基础教育水平		-0.972** (0.443)		0.548** (0.231)
医疗卫生水平		-0.309 (0.400)		0.147 (0.220)
时间固定效应	控制	控制	控制	控制
个体固定效应	控制	控制	控制	控制
样本数	2465	2202	2798	2527
地级市个数	316	315	321	320

五、结论

晋升的激励与考核的压力使发展规划目标对官员行为产生不可忽视的影响。因而经济增长目标一经确定，地方政府便会尽力确保目标的实现。同时作为地方政府可控的生产要素之一，土地在促进经济增长中发挥了不可忽视的重要作用。增长目标的导向作用与土地的促进影响相结合，使地方政府有充足的动机通过调整土地出让策略来完成既定的经济增长目标。当政府面临较高的经济增长目标时，为了促进当地经济发展，地方政府在出让面积方面选择增加出让规模来保证城市发展的土地需求；在出让单价方面选择降低工业用地出让价格来增加招商引资的力度；在出让收入方面提高商业服务业和住宅用地获得的出让收入，从而增加可调度财政资金，并用于基础设施建设。

减税是否能够激励企业进入？*

何 振　王小龙**

内容提要：本文利用中国工业企业数据和县层面经济数据，实证检验了增值税减税对企业进入的影响。研究结果发现：第一，降低增值税税率和扩大增值税进项抵扣范围都能够显著激励企业进入；第二，异质性检验发现，增值税减税对非国有企业进入的促进作用更大，对国有企业进入的作用则不显著；第三，进一步研究发现，增值税税负降低能够减少企业退出，但对产能过剩行业的影响具有不对称性，总体上不利于化解过剩产能。本文的政策含义在于，我国在实行大规模的减税降费的同时，也有必要继续加强去产能力度，防止加剧产能过剩。

关键词：增值税；减税；企业进入

中图分类号：F812.4　　**文献标识码**：A

专家意见1：我国税收种类很多，题目"减税"指代不明，论文主要研究了增值税减税对企业进入的影响，建议修改题目，以使表述更明确。

修改说明：将论文标题修改为"增值税减税能否激励企业进入？——来自中国的实证证据"。

一、引言

企业进入和退出是实现"创造性毁灭"的重要途径（Schumpeter，1934），对经济增长具有重要意义。新设企业有助于扩大行业规模，削弱垄断势力，加强市场竞

---

* 终稿发表于《财政研究》2019年第7期。

** 作者简介：何 振，中国建设银行博士后工作站、清华大学博士后流动站。

　　王小龙，中国人民大学财政金融学院、中国财政金融政策研究中心，教授，博士生导师。

知识助产士：编者与作者、读者的沟通

专家意见2：税收是影响企业进入的重要因素吗？如果税收并不是影响企业进入的决定性因素的话，研究意义会不会大打折扣？

修改说明：首先，从税收的量上看，税收占经济总产出的比例相对较大；第二，从我国的税收结构看，企业是最主要的纳税人；第三，从现有文献看，一方面，大量文献发现，税收会影响企业的方方面面，另一方面，有一定数量的文献在持续地追踪研究税收对企业进入的影响，并且发现税收会显著影响企业进入。因此，我们认为税收也许不是影响企业进入的核心因素，但无疑是一个非常重要的因素，研究税收对企业进入的影响具有重要意义。

争，将生产率较低的企业挤出市场，并且新设企业往往使用更新的生产技术，全要素生产率更高（Brandt et al.，2012；毛其淋和盛斌，2013；李俊青等，2017）。我国已经进入经济发展新常态，宏观经济调控的重点在于供给端，深化供给侧结构性改革就必须提高资源配置效率，而促进企业进入有助于激励行业创新，优化资源配置，有助于调整经济结构和促进经济高质量发展。

税收历来是政府调控经济的重要手段，也是供给侧结构性改革的重要内容。近年来，我国实施了大规模的减税降费，增值税税负明显降低。2018年我国减税降费规模将近1.3万亿元，其中增值税原适用17%、11%税率的分别调整为16%、10%。2019年减税降费力度进一步加大，其中增值税原适用16%、10%税率的分别调整为13%、9%。增值税是我国最主要的税收收入来源，大幅降低企业的增值税税负能够起到更明显的减税效果，也符合我国降低间接税占比，提高直接税占比的税收改革方向。

本文的研究具有重要的理论意义和政策意义，首先，本文研究了增值税对企业进入的影响，补充了目前为数不多的研究流转税与企业进入的文献，并且提供了来自中国的实证证据。其次，与发达国家主要依靠所得税筹集财政收入不同，我国第一大税收收入来源是增值税，尤其是"营改增"完成后，增值税占税收收入的比重更是进一步提高，增值税对我国经济的影响也比其他税种都要深入，研究增值税对企业进入的影响对我国更有实际意义和政策意义，同时也为其他以流转税为主要税种的发展中国家提供了借鉴和参考。最后，本文的研究有助于更完整地评估减税的经济效果，为政府推进供给侧结构性改革提供了政策参考。

本章的结构安排如下：第二部分是文献综述及理论分析，总结了现有文献的研究结论，并从理论上分析了增值税减税对企业进入的影响，并提出了研究假说；第三部分是实证设计，包括数据采集和处理、指标的测算和回归方程设计等；第四部分展示了主要回归结果，包括基本回归结果、异质性检验、稳健性检验；第五部分进一步研究了增值税对企业退出以及过剩产能的影响；第六部分是结论及政策建议。

二、文献综述及理论分析

（一）文献综述

在理论研究方面，现有文献认为税收影响企业进入的机制主要有三个。第一个机制是风险分担。当企业的投资损失可以在税前扣除时，政府按照所得税率既分享企业的投资收益，也承担企业的投资损失，企业每单位风险承担（risk taking）对应的投资收益并不因税收而改变，因此，所得税对企业进入没有替代效应，只有收入效应，企业家为了达到征税前的投资收益，会提高企业进入的意愿（Domar & Musgrave, 1944; Bruce, 2002; Cullen & Gordon, 2007）。当企业的投资损失不可以在税前抵扣时，政府只分享了企业投资收益，并不承担企业投资损失，征收所得税会降低单位风险承担对应的收益，此时税率提高对企业进入具有收入效应和替代效应，收入效应是指税率提高会降低企业进入的税后收益，企业家为了达到征税前的利润水平，企业进入的意愿会增加，替代效应是指税率提高会降低企业家承担的每单位风险对应的收益，此时，企业家创建企业的意愿会降低。替代效应和收入效应的影响方向相反，税率提高对企业进入的总体影响并不明确，企业进入取决于这两种效应的相对大小。第二个机制是避税动机。当企业所得税低于个人所得税时，企业家为了避税会选择建立企业（Watson, 1985; Kesselman, 1989; Gordon & Slemrod, 2000），将个人收入转移为企业收入。因此，个人所得税率提高有利于企业进入。第三个机制是风险补贴。这个机制是以综合所得税制为前提的，以美国为例，美国个人所得税是累计税制，并且允许设立个人独资企业或合伙企业的纳税人根据事后投资是否盈利选择是否合并纳税，如果企业盈利，企业家可以选择不合并纳税，此时，投资收益将按税率较低的企业所得税纳税；如果企业亏损，企业家可以选择合并纳税，此时，投资损失可以使用个人所得税的其他项目收入抵扣，因此，合并选项降低了政府的收益分享比例，提高了损失分担比例，对

专家意见3：文献综述部分全部都是关于企业所得税和个人所得税的研究，且基本都是国外较为老旧的文献，针对中国背景的分析还非常薄弱，关于中国增值税体系的变迁、征纳特征等制度安排应进行介绍，建议适当补充文献。

修改说明：第一，大幅删减及增补了相关文献，以确保论文研究的聚焦性。鉴于目前关于税收和企业进入的理论分析基本上都是围绕所得税开展的，我们认为其能够为本文从理论上分析增值税对企业进入的影响提供一定的参考，因此，在文献综述部分保留了现有文献认为所得税影响企业进入的三个机制。第二，对中国的增值税制度的变迁以及征纳制度进行了补充介绍，并重点介绍了与本文工具变量相关的"金税工程"，以便于读者更好地理解本文的工具变量。

企业进入有正向作用（Gordon，1998；Cullen & Gordon，2007）。

在实证检验方面，按照研究的税种不同，可将相关文献划分为两类。第一类文献研究税收对自雇行为的影响，实证结论并不一致。Blau（1987）对美国时间序列数据研究发现，个人所得税税率越高，自雇比例越高。Gentry 和 Hubbard（2000）使用美国面板数据，研究发现个人所得税税率对自雇和企业进入的影响并不显著，相反，个人所得税累进性越强，政府投资分享比例与损失分担比例差距越大，越不利于自雇和企业进入。Bruce 和 Mohsin（2006）利用美国数据考察了不同税种对企业进入率的影响，研究发现，个人所得税和资本利得税对企业进入有负向作用，但作用很微弱，企业所得税对企业进入有负向作用，但并不稳健。Hansson（2012）利用瑞典家庭数据，研究发现无论是使用平均税率还是边际税率，个人所得税对自雇均具有显著负向影响。Gurley - Calvez 和 Bruce（2013）通过对美国家庭数据研究发现，无论是提高工资税率还是降低企业税率，都会降低企业家面临的相对税率，进而提高企业进入率。Baliamoune - Lutz 和 Garello（2014）通过对欧洲国家的微观数据研究发现，个人所得税的累进性对自雇显著负向作用。

第二类文献研究税收对新建企业的影响，此时的新建企业并不包括自雇行为。大部分文献发现降低企业所得税对企业进入有利。Djankov et al.（2010）使用 85 个国家数据，研究发现企业所得税率提高对企业进入具有负向作用。Da - Rin 和 Di - Giacomo（2011）使用 17 个欧洲国家的面板数据，研究发现降低企业所得税的平均有效税率能够激励企业进入。Curtis 和 Decker（2018）使用发达国家城市数据，研究发现企业所得税对企业进入具有显著负向影响，个人所得税和营业税对企业进入的影响并不显著。贾俊雪（2014）通过测算中国内资、民营和外商投资企业的前瞻性有效平均税率，研究发现所得税税率降低能够有效激励企业进入。

专家意见 4：理论分析部分，"政府也承担企业的投资损失"、"替代效应"、"收入效应"的诠释是否准确和清晰有待商榷。实际上，政府征税以零为下限，是不可能与企业一起蒙受投资损失的（政府一般不会因企业经营不善而反而给其补贴）；在陈述"替代效应"和"收入效应"时，应注意这是微观经济学中比较静态分析的术语，企业的进入增加或减少应说明是与何种状态相比。另外，相比于在脚注中提供案例和计算说明，作者不妨将其扩展为一个小的理论模型，可使分析更为透彻。

（二）理论分析

从已有文献看，目前国内外关于税收和企业进入的研究主要围绕个人所得税和企业所得税，很少涉及增值税，由于增值税和所得税的征缴机制并不相同，增值税对企业进入的影响可能有所不同。第一，增值税的征缴机制决定了增值税的收益分享比例大于风险分担比例，即企业的投资损失并不能完全在增值税税前抵扣。具体讲，根据增值税的征缴办法，在计算增值税进项税额时，只有部分支出项目可以抵扣增值税①，而这部分进项税额无论企业是否盈利均可抵扣，因此，这部分进项税额与投资成本的比例即政府分担的风险比例，考虑到企业投资成本中一般包含部分不可抵扣增值税的项目，政府风险分担比例一般会小于增值税税率。在计算增值税销项税额时，一般以企业全部销售收入为计税依据。企业应交增值税等于销项税额减去进项税额的余额，此时，企业投资成本中的不可抵扣项目被纳入增值税的计税范围，应交增值税的计税依据大于企业的会计利润额，因此，增值税的收益分享比例一般大于增值税税率，当然也大于风险分担比例。第二，随着增值税税率的提高，投资成本中不可抵扣部分承担的税负更重，增值税的收益分享比例与风险分担比例的差距会越来越大，使得替代效应更强，为了更清晰地展示增值税收益分享比例、风险分担比例与增值税税率之间的关系，以及增值税税率提高对两者差距的影响，本文在脚注部分提供了具体的案例和证明过程②。第三，由于企业很难将税负完全转嫁给消费者，增值税税率上升也会减少企业投资收益，降低企业家出于避税目的而设立企业的激励。第四，由于中国现行的个人所得税法施行分类所得税制，因此，风险补贴机制在中国并不存在。综合来看，本文认为，增值税会减少企业承担单位风险对应的收益，对企业进入同时具有替代效应和收入效应，并且增值税税率提高会扩大增值税的收

修改说明：第一，将脚注中的小案例修改为一个财务模型，借由模型，解释了政府承担企业的投资损失实际上是指，如果政府允许企业跨期抵扣投资损失，那么企业当年的投资损失可以在后续盈利年度进行抵扣，从这个角度看，政府也承担了企业当年的投资损失，只不过是在以后年度承担。第二，在文献综述中对"替代效应"和"收入效应"做了脚注说明，指出企业进入的增加和减少是征税后新均衡状态与初始均衡状态的对比。

---

① 可以抵扣的项目包括：购进的原材料、燃料、电力等，增值税转型后，企业外购的固定资产也纳入抵扣范围。不可抵扣的项目包括：不动产建设、劳动力成本等。

② 案例如下：假设暂不考虑企业所得税，增值税税率为17%，企业为制造某种新产品，投资总成本为100万元，其中购买原材料支出合计50万元（其中，不含增值税的价格为42.74万元，增值税进项税额7.26万元），雇佣工人支出50万元（这部分支出不允许抵扣增值税进项税额），此时，政府分担的风险比例是7.26%（7.26% = 7.26/100），小于增值税税率17%。产品制造完成后，企业销售收入为200万元（其中，不含增值税销售收入为170.94万元，增值税销项税额29.06万元），此时企业缴纳增值税21.8万元，企业缴纳增值税后的盈利为72.8万元，政府从企业盈利中分享比例为21.8%（21.8% = 21.8/(21.8 + 72.8)），大于增值税税率17%，此时，政府收益分享比例（21.8%）大于损失分担比例（7.26%）。税率与收益分享比例和损失分享比例证明如下：以上述案例为例，假设增值税税率为t，此时，增值税进项税额为：$50 - 50/(1+t)$，政府的风险分担比例为：$0.5 - 0.5/(1+vat)$，增值税销项税额为$200 - 200/(1+t)$，应交增值税为：$150 - 150/(1+t)$，收益分享比例为：$1.5 - 1.5/(1+t)$，收益分享比例与风险分担比例之差为：$1 - 1/(1+t)$，不难看出，随着增值税税率t上升，两者之差越来越大。

益分享比例与风险分担比例之差,使得替代效应更强,并且会减少对企业家出于避税动机而设立企业的激励。

综上所述,本文提出假设 1:增值税减税会激励企业进入。

增值税减税对企业进入的影响可能与企业产权性质相关。现有研究认为,国有企业存在经济和政治双重激励,非国有企业则仅有经济激励。增值税减税能够增加企业进入的经济收益,并不涉及国有企业的政治激励,因此,增值税减税对非国有企业的影响可能更大。

据此,本文提出假说 2:增值税减税对非国有企业进入的激励更大。

三、实证设计

(一) 计量模型设定

本文主要研究增值税税负对企业进入的影响,增值税税负降低的方式有两种,第一种是直接降低增值税税率,第二种是扩大增值税进项税额抵扣范围,比如生产型增值税转成消费型增值税。本文分别研究了这两种增值税税负降低方式对企业进入的影响。

首先是增值税税率的变动,本文使用了两种回归方法,第一种是泊松回归(Poisson),由于企业进入率存在大量零值,并且这种零值并非是由于受限或截断产生的,而是真实事实的反映,传统的处理过度零值的 Tobit 模型或 Heckman 模型并不适合处理这种情形下的多度零值(Min & Agrist,2002),参考贾俊雪(2014)的做法,本文选择使用泊松回归模型进行估计①。第二种是双向固定效应模型,由于泊松回归目前还不能做到在控制个体异质性的情况下同时使用工具变量解决其他可能的内生性问题②,并且泊松回归的非线性特点决定了,即使在回归方程中加入反映个体异质性的个体虚拟变量,也不能解决个体异质性引发的偏误,甚至还可能加重偏误(Wooldridge,2007)。Agrist 和 Pischke(2009)认为在大样本下对 Probit、Tobit 等非

---

① 泊松回归适用于被解释变量是非负整数的情形,并且此时的零值是事实的反映。

② 目前在 Stata 软件中,泊松回归的 xtpoisson 命令允许控制个体异质性,ivpoisson 命令允许使用工具变量,但还没有类似 xtivreg 的命令可以在控制个体异质性的情况下同时允许使用工具变量。

线性模型改用线性回归方法进行分析并不会带来严重的偏误，因此，本文还使用线性回归模型进行检验。

其次是扩大增值税进项抵扣范围，本文利用东北地区的增值税转型政策，采用双重差分模型（DID）进行了检验。2004年中国在东部地区部分行业进行了增值税转型试点，由生产型增值税向消费型增值税转型。生产型增值税的课税对象是销售收入减去所购中间品价值后的余额，不允许纳税人在计算应缴增值税时扣除外购的固定资产的价值，由于其课税范围相当于国民生产总值，故称为生产型增值税。消费型增值税则允许纳税人在计算应缴增值税时一次性全部扣除外购的固定资产的价值，由于其课税范围相当于全社会消费品的价值，故称为消费型增值税。根据财政部和国税总局印发的《东北地区扩大增值税抵扣范围若干问题的规定》，从2014年7月1日起，黑龙江省、吉林省、辽宁省的八大行业①的增值税一般纳税人，外购、自制和融资租赁取得的固定资产（不包括不动产）所含的增值税进项税额可以用于抵扣。2004年增值税转型通过允许纳税人抵扣外购固定资产，降低了纳税人的增值税实际税率（许伟和陈斌开，2016）。

下面本文将详细介绍三种估计方法使用的回归模型，首先是非线性的泊松回归方程：

$$entryrate_{it} = \exp(\beta_1 \times cvat_{it} + \gamma \times X + \mu_t + p_j) + \upsilon_{it} \qquad (1)$$

其中，i代表县，t代表年份，j代表省份。被解释变量 $entryrate$ 是企业进入率；$cvat$ 是县增值税实际税率；X 是可能影响企业进入的一组县层面控制变量，包括人口规模、密度、产业结构、财政实力等。μ 为年份固定效应，用以控制对所有地区企业进入具有相同影响的宏观因素的影响；p 为省份固定效应，用以控制省份的不可观测异质性对企业进入的影响；υ 为随机误差项。本文主要关心参数 β_1 的大小和显著性，在研究增值税税率与企业进入的关系时，如果税率对企业进入具有显著负向作用，那么预期 β_1 应当显著为负，反之 β_1 应不显著或显著为正。

专家意见5：实证部分使用的三个模型均使用了县级面板数据，但泊松回归仅控制省级固定效应和年度固定效应，线性回归控制了县固定效应、年度固定效应、省份—年度固定效应，DID模型控制了县固定效应、年度固定效应——尽管从后文回归结果来看结论较为一致，但从理论上说，不同的固定效应设定对应的回归结果解读是完全不同的，请作者在文中说明三个模型的固定效应设定差异的原因。

修改说明：三个模型的固定效应设定差异的原因在于：第一，由于泊松回归无法通过控制个体虚拟变量控制个体固定效应，因此不控制县固定效应。第二，由于泊松回归无法控制县固定效应，为排除县固定效应的影响，本文在方程（2）控制了县固定效应。同时为进一步控制各省的税收分成比例及省层面的经济政策等因素的影响，方程（2）还控制了省份时间固定效应，并且提示读者，方程控制不同的固定效应，相应估计结果的解读也应当有所不同。第三，由于2004年增值税转型试点区域为东北三省，核心解释变量与省份时间固定效应完全共线，故方程（3）不控制省份时间固定效应。

---

① 八大行业包括：装备制造业、石油化工业、冶金业、船舶制造业、汽车制造业、农产品加工业、军品和高新技术产品等，更细致的行业分类参见《东北地区扩大增值税抵扣范围若干问题的规定》附录。

其次是线性回归方程，具体方程设定如下：

$$entryrate_{it} = \beta_0 + \beta_1 \times cvat + \gamma \times X + \mu_t + \delta_i + \mu_t \times p_j + \varepsilon_{it} \quad (2)$$

其中，i 代表县，t 代表年份，j 代表省份。$entryrate$、$cvat$ 和 X 的含义与方程（1）相同；μ 为年份固定效应；δ 为县固定效应；p 为省份固定效应，$\mu \times p$ 为省份时间固定效应，用以控制每个省份对省内企业进入具有相同影响的随时间变化的宏观因素的影响，比如各省的税收分成比例、转移支付分配方式以及其他省份层面的经济政策变化等；ε 为随机误差项。如果增值税税率降低能够激励企业进入，则参数 β_1 应当显著为负，反之则不显著或显著为正。

最后是双重差分模型，具体方程设定如下：

$$entryrate_{it} = \beta_0 + \beta_1 \times dbvat_{it} + \gamma \times X + \mu_t + \delta_i + \varepsilon_{it} \quad (3)$$

其中，i 代表县，t 代表年份，δ、μ 和 X 的含义与方程（2）相同。由于2004年东北地区增值税转型只在八个行业中进行，因此本文剔除了这八个行业以外的企业，重新计算了企业进入率，并以 $nentryrate$ 代表。$dbvat$ 是分组变量 $region$ 和时间虚拟变量 $time$ 的交互项，如果县位于东北地区，则分组变量 $region$ 等于1，否则 $region$ 等于0。由于东北地区增值税转型开始于2004年7月1日，参考相关文献的做法，本文将2004年及以后当作处理期，因此时间虚拟变量 $time$ 在2004年及以后取1，在2003年及以前取0。由于本文控制了县固定效应和年份虚拟变量，此时分组变量 $region$ 和时间虚拟变量 $time$ 分别被 μ_t 和 δ_i 吸收，在方程中并不显示。如果增值税转型能够激励企业进入，则交互项 $dbvat$ 应当显著为正，反之则不显著或显著为负。

专家意见6： 如果企业存在一定的偷税漏税，在没有办法测度的情况下，这会对估计结果产生向上的偏误还是向下的偏误？

修改说明： 参考相关文献，本文使用企业财务报表中的"应交增值税"与"工业增加值"之比度量企业的增值税实际税率，这样，本文实证检验的就是企业增值税实际税率对企业进入的影响。事实上，企业家在决定是否设立企业时，考虑的是实际税率而不是名义税率。我们在理论部分同样默认分析的是企业实际增值税税率对企业进入的影响，实证结果也是检验增值税实际税率对企业进入的影响，企业偷税漏税并不会干扰论文研究结果的有效性。

（二）内生性问题

上述三个模型中的内生性来源主要有三个：第一是遗漏变量，方程（1）和方程（2）中还可能存在既影响企业进入又影响增值税税率的因素未被控制，从而导致回归结果存在偏误；第二是测量误差，本文使用规模以上工业企业数据估算县的增值税税率 $cvat$，主要解释变量可能存在测量误差，估计结果因此可能有偏；第三是反向因果关系，地方政府可能出于刺激企业进入的目的，降低增值税征管力度。这三种内生性问题都可能导致估计结果有偏。对此，本文选择以金税工程

（二期）和县平均坡度构造工具变量。

金税工程（二期）的目标是建成电子化税务征管系统，加强税收征管能力。金税工程（二期）主要包括四个子系统：防伪税控开票子系统、防伪税控发票子系统、增值税计算机交叉稽核子系统和发票协查子系统。2001年1月1日金税工程（二期）的四个子系统在部分省市开通，其余省份在2001年7月1日开通运行。2001年11月存根联企业报税率达到99.99%，参考现有文献的做法（Liu & Zhao，2017），本文认为金税工程（二期）可以视为在2002年1月1日全面实施。金税工程（二期）实施后，税务机关对增值税的管控能力大幅增加，变造、伪造增值税专用发票的案件大幅减少。本文使用的工具变量是时间维度的虚拟变量 $gold$ 和横截面维度的连续变量 $grade$ 的交互项 $gold\_grade$，其中 $gold$ 是金税工程（二期）是否实施的时间虚拟变量，当年份大于等于2002年时取1，否则取0，$grade$ 是县的平均坡度。

本文工具变量的经济学直觉在于，首先，金税工程（二期）通过防伪认证和交叉稽核能够大幅减少伪造、盗窃、虚开增值税发票，抑制企业逃税，增加增值税实际税率。其次，在金税工程（二期）未实施之前，税务局只有通过现场稽查才能判定企业是否逃税，而陡峭的地形会增加税务机关实地稽查的交通成本和时间成本，因此，地形陡峭地区的企业被稽查的概率较低，企业逃税的概率也会更大，金税工程（二期）实施后对企业逃税的抑制作用也会更大；最后，金税工程是税务机关为打击增值税逃税而建设的，其影响范围仅限于税收征管，并且项目建设支出并不高，建设成本也与各地坡度不相关，项目建设本身对企业的相关性并不大，因此较好地满足工具变量的排他性。本文在稳健性检验部分还对可能干扰回归结果的其他因素进行了检验，以保证研究结论的稳健性。

（三）数据

本文使用的数据主要包括三部分：1998~2008年规模以上工业企业数据、1999~2007年《中国县（市）社会经济统计年鉴》和使用GTOPO30计算得到的全国县市坡度数据[①]。

[①] GTOPO30是全球数字高程模型，数据来源于美国地质勘探局（USGS）网站：https://lta.cr.usgs.gov/GTOPO30。

专家意见7：减费降税是近两年社会关注的重点，论文在做实证分析时使用的数据区间是 1998~2008 年，那么使用 10 多年前的数据进行分析，这是否会影响论文结论的有效性呢？

修改说明：第一，税收影响企业进入的理论机制在 1998~2008 年和 2008 年以后并没有发生显著变化。第二，许多学者在研究税收对去杠杆的影响、产业政策对企业税率的影响、跨国企业逃税等问题时，同样使用了相同时段的工业企业数据。第三，目前中国规模以上工业企业数据库可得区间是 1998~2013 年，但其中 2009~2013 年数据缺失较为严重。另外，从 2011 年开始，规模以上工业企业标准由之前的主营业务收入 500 万元以上修改为主营业务收入 2000 万元以上，这样就排除了大量的中型企业，使用这样的样本进行分析，会使得本文研究结论仅适用于大型企业，而企业进入的最初规模一般较小，税收对企业进入的影响可能主要体现在中小企业上，这样得出的结论可能较有局限性。第四，本文在异质性检验部分发现，增值税减税对小规模企业进入有显著影响，对大型企业进入影响并不显著，这表明，如果仅用大企业样本，可能会掩盖其对中小企业进入的促进作用。

参考 Brandt 等（2012，2014）、贾俊雪（2014）的做法，本文对 1998~2008 年规模以上工业企业数据进行了如下基本处理：（1）将不同年度的工业企业样本进行跨年匹配；（2）删除缺失的企业总资产、职工人数、工业总产值、营业利润、利润总额以及企业的开业年等重要指标的样本；（3）删除企业工业增加值、各项投入、职工人数、工业中间投入合计、固定资产原值和固定资产净值为负的样本；（4）删除总资产小于企业固定资产净值、总资产小于企业流动资产以及固定资产累计折旧小于当期折旧的异常样本；（5）删除销售额小于500万元、固定资产原值小于100万元、总资产小于100万元和职工人数小于8人的样本；（6）删除采矿业企业、非公司制企业和非正常营业的企业；（7）仅保留至少连续存在 2 年及以上的企业；（8）对企业所有涉及价值的指标进行了平减，全部折算成 1998 年的价格水平。

（四）变量定义和描述

企业进入变量定义。参考 Brandt 等（2012）、贾俊雪（2014）的做法，如果企业的成立年份是 t 期、t-1 期或 t-2 期，并且第一次出现在样本内，我们定义该企业是 t 期新建企业。本文以县市当年新建企业和企业总数的比值表现企业进入（*entryrate*）情况。

县（市）实际增值税率。参考陈晓光（2013，2016）的做法，本文以企业应交增值税和工业增加值的比值定义企业实际增值税率，本文使用各县市当年所有企业的应交增值税之和与所有企业的工业增加值之和的比值定义县市的实际增值税税率。

参考贾俊雪（2014）和李俊青等（2017）的做法，本文选择控制了一些可能会影响企业进入的县层面控制变量，具体如下：人口规模（*lnpop*），以所有人口的对数值衡量；人口密度（*density*），以总人口与行政区域面积的比值衡量；第一产业占比（*agric*），以第一产业增加值和 GDP 的比值衡量；第二产业占比（*indust*），以第二产业增加值和 GDP 的比值衡量；财政供养人口（*fispop*），以财政供养总人数的对数值衡量；医疗服务水平（*bed*），以医院总床位数的对数值衡量；财政自给水平（*fiself*），以转移支付收入和一般预算收入的比值衡量；财政支出水平（*fisexpen*），以人均财政支出的对数值衡量。由于《中国县（市）社会经济统计年鉴》2008 年数据缺失严重，本文合并所有数据后，最终样本区间是 1998~2007 年。

本章所有变量的描述性统计见表 1，其中，*newfirm* 是新建企业的数量。*entryrate* 是企业进入率。*cvat* 是各县市增值税实际税率，增值税平均税率是 13.37%，数值大小与现有研究基本一致（陈晓光，2013；吕冰洋等，2016）。

表 1　　　　　　　　　　变量的描述性统计

变量	观测数	均值	标准差	最小值	最大值
entryrate	13510	0.0891	0.1062	0.0000	1.0000
cvat	13510	0.1337	0.0638	0.0140	0.3401
lnpop	13510	12.7902	0.8381	9.2103	14.6130
agric	13510	31.4618	13.7899	3.9632	66.0929
indust	13510	35.7848	14.8310	7.3515	75.7523
density	13510	11.9941	1.4145	4.9325	19.0359
fispop	13510	9.2927	0.5981	6.2577	10.7458
bed	13510	6.4094	0.7540	2.0794	11.1834
fiself	13510	3.2119	4.7802	0.0925	35.7274
fisexpen	13510	0.4024	0.4868	0.0682	3.3524

四、实证结果

（一）基本回归结果

表 2 展示了增值税税率对企业进入的影响，其中第（1）列是泊松回归模型（1）的估计结果，模型控制了年份固定效应、省份固定效应和县层面控制变量，此时，增值税税率（*cvat*）的系数为负，且在 1% 的水平上显著。第（2）列是泊松回归使用工具变量后的估计结果，此时增值税税率（*cvat*）的系数仍然显著为负，表明增值税税率提高会阻碍企业进入。第（3）列是线性回归模型（2）的估计结果，模型控制了县固定效应、年份固定效应、省份固定效应、省份时间固定效应以及县层面控

制变量，此时，增值税税率（cvat）的系数为负，并在5%的水平下显著。第（4）列在第（3）列的基础上使用了工具变量，此时增值税税率（cvat）的系数仍然为负，并在5%的水平下显著。第（5）列是双重差分模型（3）的估计结果，此时，交互项（dbvat）的系数为0.0145，并在1%的水平下显著，表明增值税转型通过扩大增值税进项抵扣范围，提高了政府风险承担比例，激励了企业进入。上述回归结果表明，降低增值税税率和扩大增值税进项抵扣范围会激励企业进入，回归结果符合预期。

表2　　　　　　　基本回归结果：增值税与企业进入

变量	泊松 ML (1)	泊松 GMM (2)	FE (3)	FE–IV (4)	DID (5)
$cvat$	-0.5691*** (0.2053)	-4.9704*** (1.5202)	-0.0471** (0.0220)	-0.5865** (0.2673)	
$dbvat$					0.0145*** (0.0057)
$lnpop$	-0.1465** (0.0659)	-0.2223*** (0.0768)	0.0074 (0.0413)	0.0475 (0.0436)	-0.0298 (0.0306)
$agric$	0.0050*** (0.0016)	0.0028 (0.0018)	0.0000 (0.0002)	0.0001 (0.0002)	-0.0002 (0.0002)
$indust$	0.0014 (0.0014)	0.0001 (0.0015)	-0.0001 (0.0002)	-0.0001 (0.0002)	-0.0001 (0.0001)
$density$	0.0476** (0.0192)	0.0210 (0.0248)	-0.0000 (0.0072)	0.0048 (0.0076)	0.0094 (0.0060)
$fispop$	0.0146 (0.0698)	0.0506 (0.0759)	-0.0069 (0.0121)	-0.0071 (0.0117)	0.0031 (0.0078)
bed	-0.0414 (0.0314)	-0.0449 (0.0331)	0.0006 (0.0038)	0.0007 (0.0039)	0.0024 (0.0027)
$fiself$	-0.0339*** (0.0054)	-0.0371*** (0.0056)	-0.0001 (0.0003)	-0.0001 (0.0003)	-0.0005*** (0.0002)
$fisexpen$	-0.4357*** (0.1097)	-0.5846*** (0.1406)	-0.0066 (0.0401)	0.0362 (0.0443)	-0.0191 (0.0248)
时间固定效应	Y	Y	Y	Y	Y
省份固定效应	Y	Y	Y	Y	Y

续表

变量	泊松 ML (1)	泊松 GMM (2)	FE (3)	FE-IV (4)	DID (5)
县固定效应	N	N	Y	Y	Y
省份时间效应	N	N	Y	Y	N
N	13510	13510	13510	13510	13510
R^2			0.1919		0.0836
KP-F				58.3700	
内生性 P 值				0.0342	

注：括号内为回归系数对应的标准误，*、** 和 *** 分别表示在 10%、5% 和 1% 的水平下显著；N 为样本观测数；F 是第一阶段回归的 F 值；R^2 是组内拟合优度；内生性 P 值是内生性检验统计量的 P 值；所有回归均将标准误聚类到县层面。

使用工具变量必须检验工具变量的有效性。首先需要检验模型是否存在弱工具变量问题。虽然 Stock 和 Yogo（2002）给出了检验连续性因变量和连续性工具变量模型弱工具变量问题的方法，但 Nichols（2011）指出，该方法和标准并不适用于受限因变量和受限工具变量。目前还没有一个有效的方法可以检验受限因变量和受限工具变量模型的弱工具变量问题。现有文献对此的做法，一般是参考两阶段回归的做法，检验第一阶段中工具变量的显著性。在表 2 中，本文提供了第（4）列线性回归估计模型的第一阶段回归的 F 值，结果显示 F 值远远大于 10，因此，有理由相信模型不存在弱工具变量问题。其次，本文还检验了模型的内生性，第（4）列的检验结果表明，模型在 5% 的水平下拒绝了增值税税率 cvat 是外生的原假设，表明模型存在一定内生性，使用工具变量是有必要的。

（二）异质性检验

国有企业和非国有企业在企业治理、经营决策等方面存在较大的差异，本文将探讨在企业进入方面，税收对国企和非国企是否具有不同的影响。本文根据新建企业的产权性质，重新计算了各地的国有企业进入率和非国有企业进入率，并替换方程(1)~(3)中的被解释变量，重新进行估计，估计结果见表 3，其中第(1)~(3)列的被解释变量是国有企业进入率，此时，三个模型的回归结果均显示增值税税率对国有企业进入的影响并不显著。第(4)~(6)列的被解释变量是非国有企业进入率，此时，三个模型的回归结果均显示增值税税率提高对非国有企业的进入具有显著负向作用。相对非国有企业而言，国有企业的进入对增值税税率并不敏感，这可能是因为，国有企业存在经济和政治双重激励，国有企业在投资时并不仅仅考虑经济收益，其资本成本敏感性较弱（徐明东和田素华，2013），更容易为了晋升而过度投资（曹春方等，2014），因此，增值税税率对国企进入的约束较弱。

表3　　　　　　　　异质性检验：国有企业与非国有企业

变量	国有企业 泊松GMM (1)	FE-IV (2)	DID (3)	非国有企业 泊松GMM (4)	FE-IV (5)	DID (6)
$cvat$	9.6661 (6.1651)	-0.1244 (0.1239)		-5.8073*** (1.5976)	-0.4621** (0.2285)	
$dbvat$			0.0081 (0.0127)			0.0153** (0.0071)
$lnpop$	-0.3237** (0.1554)	0.0125 (0.0166)	0.0001 (0.0001)	-0.1821** (0.0836)	0.0350 (0.0392)	-0.0230 (0.0395)
$agric$	0.0058 (0.0051)	0.0001 (0.0001)	-0.0001 (0.0001)	0.0026 (0.0019)	-0.0000 (0.0002)	-0.0005** (0.0002)
$indust$	-0.0009 (0.0051)	-0.0001 (0.0001)	-0.0015* (0.0008)	0.0011 (0.0016)	-0.0000 (0.0002)	0.0000 (0.0002)
$density$	-0.0242 (0.0599)	-0.0002 (0.0016)	-0.0077 (0.0050)	0.0287 (0.0265)	0.0050 (0.0073)	0.0086 (0.0073)
$fispop$	-0.1394 (0.1953)	-0.0060 (0.0054)	0.0031 (0.0025)	0.0770 (0.0763)	-0.0011 (0.0102)	0.0041 (0.0099)
bed	0.1508 (0.1316)	0.0016 (0.0023)	0.0001 (0.0002)	-0.0800** (0.0321)	-0.0009 (0.0030)	-0.0022 (0.0031)
$fiself$	0.0004 (0.0143)	0.0001 (0.0002)	0.0022 (0.0107)	-0.0407*** (0.0065)	-0.0002 (0.0003)	-0.0008*** (0.0002)
$fisexpen$	-0.8068*** (0.2662)	0.0057 (0.0154)	-0.0007 (0.0029)	-0.5216*** (0.1591)	0.0305 (0.0406)	-0.0272 (0.0366)
年份固定效应	Y	Y	Y	Y	Y	Y
省份固定效应	Y	Y	Y	Y	Y	Y

续表

	国有企业			非国有企业		
	泊松 GMM （1）	FE－IV （2）	DID （3）	泊松 GMM （4）	FE－IV （5）	DID （6）
县固定效应	N	Y	Y	N	Y	Y
省份时间效应	N	Y	N	N	Y	N
N	13510	13510	13510	13510	13510	13510
R^2			0.1020			0.1423
KP－F		58.3700			58.3700	
内生性 P 值		0.3606			0.0521	

注：同表 2。

表 3 还提供了工具变量有效性的检验结果，第（2）和第（5）列的第一阶段 F 值远大于 10，表明回归不存在弱工具变量问题。内生性检验结果显示，第（5）列在约 5% 的水平下拒绝了核心解释变量 cvat 是外生的原假设，第（2）列则不能拒绝假设。

（三）稳健性检验

本文的实证结果还可能受其他因素的干扰，为了检验估计结果的稳健性，本文将进行一系列稳健性检验。

1. 测量误差

本文的测量误差有两部分，第一部分是解释变量 cvat 的测量误差，第二部分是被解释变量的测量误差。首先，对于解释变量 cvat 的测量误差，参考现有文献的做法，本文使用中国规模以上工业企业数据估算 1998～2007 年各县市增值税实际税率。规模以上工业企业产值占中国制造业产值的 90% 以上，对制造业具有较强的代表性，而制造业又是增值税税收收入的重要来源，因此，使用规模以上工业企业数据估算各县市增值税实际税率具有一定的合理性。但不容否认的是这种估算必然会导致解释变量存在测量误差，测量误差的主要来源包括：第一，财务数据中的"应交增值税"并不一定代表本年度的应交增值税，这是因为，在现行增值税制度下，企业的应交增值税等于销项税额减去进项税额，进项税额抵扣剩余的允许跨年抵扣，这可能导致在真实增值税税率并未发生变化的情况下，财务数据计算出的增值税税率出现较大波动①，从而导致估算结果出现较大偏差，并且这种偏差在企业数目较少的县市会更严重；第二，增值税实际税率的计算方法同样可能导致测量误差，本文参考陈晓光（2013）和吕冰洋等（2016）的做法，使用应交增值税与工业总产值之比衡量增值税实际税率，这种测量方法本身可能带有一定测量误差。其次，针对被解释变量的测量误差，本文使用新建企业与企业总数的比值衡量企业进入率，如果当地企业数量较小，则可能导致企业进入率出现较大波动，偏离实际情况。

主要解释变量和被解释变量存在测量误差可能导致回归结果存在偏误，虽然本文使用工具变量纠正了内生性，但如果测量误差与工具变量相关，回归结果仍然可能存在偏误。比如，地形陡峭的地区运输成本较高，工业企业在选址时可能会主动避开这些地区，进而使得这些地区工业企业数量较少，而工业企业数量较少的地区估算出的增值税实际税率和企业进入率误差较大，从而导致测量误差与工具变量相关。为了排除测量误差的干扰，本文针对测量误差来源，采用了两种不同的方法进行验证，首先，本文将规模以上工业企业数量小于 10 的观测删除并重新估计。由于企业数量较少的地区测量误差更大，如果回归结果主要是受测量误差驱动，那么删除这部分观测会对估计结果产生较大影响，否则回归结果应当不会出现较大改变。其次，本文使用应交增值税与企业主营业务收入的比值重新度量了地区实际增值税税率并重新估计。如果测量误差主要来自增值税税率的计算方法，那么使用其他计算方法会减少这种误差。

表 4 展示了稳健性检验的回归结果，其中第(1)~(3)列是删除规模以上工业企业数量较少地区后的估计结果，此时，三个模型的回归结论并未发生变化，增值税税率降低会显著激励企业进入。第(4)~(5)列是使用增值税实际税率新度量方法后的泊松回归和线性回归模型使用工具变量后的估计结果，此时，回归结论仍然没有改变。表 4 的回归结果表明，本文的结论对测量误差是稳健的。

---

① 比如，企业在 2000 年购入大量原材料，产成品主要在 2001 年销售，按照增值税计算规则，企业在 2000 年进项税额大于销项税额，此时应交增值税为 0，而 2001 年销项税额大于待抵扣的进项税额，此时应交增值税大于 0。在企业的增值税真实税率并未发生变化的情况下，依靠企业财务数据计算的增值税实际税率发生了较大波动。

表4　　　　　　　　　　　　　稳健性检验结果一

变量	泊松GMM (1)	FE-IV (2)	DID (3)	泊松GMM (4)	FE-IV (5)
$cvat$	-8.0458*** (1.7025)	-1.5588*** (0.6051)			
$dbvat$			0.0143* (0.0077)		
$ncvat$				-5.3307*** (1.6656)	-0.5962** (0.2718)
$lnpop$	-0.0086 (0.0832)	0.0546 (0.0585)	-0.0460 (0.0515)	-0.2250*** (0.0780)	0.0460 (0.0434)
$agric$	0.0000 (0.0019)	0.0006* (0.0004)	-0.0006** (0.0003)	0.0028 (0.0018)	0.0001 (0.0003)
$indust$	-0.0019 (0.0016)	-0.0005** (0.0002)	-0.0002 (0.0002)	-0.0001 (0.0015)	-0.0001 (0.0002)
$density$	-0.0500 (0.0322)	0.0122 (0.0099)	0.0135* (0.0077)	0.0221 (0.0248)	0.0050 (0.0076)
$fispop$	-0.0831 (0.0789)	0.0064 (0.0136)	-0.0039 (0.0115)	0.0514 (0.0766)	-0.0081 (0.0116)
bed	-0.0514 (0.0328)	0.0041 (0.0048)	-0.0024 (0.0036)	-0.0420 (0.0334)	0.0004 (0.0039)
$fiself$	-0.0155* (0.0080)	-0.0001 (0.0016)	0.0003 (0.0008)	-0.0372*** (0.0057)	-0.0001 (0.0003)
$fisexpen$	-0.1393 (0.1665)	0.1220 (0.0826)	-0.0501 (0.0550)	-0.5912*** (0.1435)	0.0320 (0.0432)
年份固定效应	Y	Y	Y	Y	Y
省份固定效应	Y	Y	Y	Y	Y
县固定效应	N	Y	Y	N	Y
省份时间效应	N	Y	N	N	Y
N	10534	10918	10954	10534	13505
R^2			0.1306		
F		16.8900			58.0100
内生性P值		0.0025			0.0368

注：同表2。

知识助产士：编者与作者、读者的沟通

表4检验了工具变量的有效性，从第一阶段回归结果看，第（2）和（5）列的第一阶段F值均大于10，不存在弱工具变量问题，内生性检验发现，模型（2）在1%的水平下拒绝模型是外生的假设，模型（5）在5%的水平下拒绝模型是外生的假设。

2. 企业所得税改革和中国加入世界贸易组织（WTO）的影响

本文利用2002年金税工程（二期）实施后不同坡度地区增值税税收征管受冲击程度的不同作为工具变量，来解决方程（1）和方程（2）的内生性问题，但事实上2002年还同时发生了其他外生冲击，本文将检验这些冲击是否会干扰本文的估计结果。

> **专家意见8**：建议作者删除"企业所得税改革和中国加入世界贸易组织（WTO）"相关的稳健性检验，而将重点放在产能过剩的陈述和治理上，这与当前重要的经济问题的联系更为紧密，在结构安排上建议将这部分往前提，并且可以写得更详细一些。
>
> **修改说明**：第一，删除了"企业所得税改革和中国加入世界贸易组织（WTO）"相关的稳健性检验。第二，重新调整了文章结构，将关于企业退出和产能过剩的讨论调整至第四部分"实证结果"的第三小节和第四小节。第三，进一步修改和补充了关于产能过剩的陈述和治理。

首先是企业所得税改革的影响。2002年中国实施了企业所得税改革，内容主要有两部分，第一是从2002年1月1日起新注册企业的所得税改由国家税务局征收①，第二是中央和地方开始按比例分享企业所得税。所得税改革可能会促使地方加强税收征管，一方面，中央税收征管权集中压缩了地方税收竞争的空间（谢贞发和范子英，2015），另一方面，地方财力下降会促使地方加强税收征管（Chen，2017），而所得税率提高不利于企业进入，因此，本文的结论可能受企业所得税改革的干扰。

其次是加入世界贸易组织（WTO）的影响。2001年年底，中国正式加入WTO，虽然中国在加入WTO时签署的协议并不涉及国内增值税税率，但中国加入WTO后外需大幅增加，新建企业可能大幅增加，因此，本文的结论可能受中国加入WTO影响。

为了排除上述两种可能，本文分别采取了以下两种稳健性检验。第一，参考Chen（2017）的做法，本文在控制变量中加入所得税改革之前三年（1999～2001年）各县企业所得税收入占税收收入的比重 $incratio$、时间虚拟变量 $dummy02$（2002年及以后取1，之前取0）以及两者的交互项 $incshock$，以控制所得税改革对各县财政收入的冲击。

---

① 2009年1月1日起，属于增值税的征收范围的，其企业所得税为由国税征收。属于营业税的征收范围的，其企业所得税为由地税征收。

理论上，财政收入越依赖企业所得税的地区，在所得税改革后受冲击程度越大。第二，本文在控制变量中加入各县 1999~2001 年第一产业占比均值 agratio、时间虚拟变量 dummy02 以及两者的交互项 wtoshock1，第二产业占比均值 indratio、时间虚拟变量 dummy02 以及两者的交互项 wtoshock2，以反映 WTO 对各地冲击的变量，理论上，产业结构不同的地区，受冲击的程度应当不同。

表 5 展示了上述两个稳健性检验的结果，其中，第(1)~(3)列是方程(2)和(3)依次加入了反映所得税改革冲击的变量，时间虚拟变量 dummy02 被年份固定效应吸收，incratio 变量被方程(2)和(3)中的县固定效应吸收，估计结果显示降低增值税税负和扩大进行抵扣范围能够激励企业进入，本文的结论仍然成立。第(4)~(6)列是方程(1)~(3)依次加入反映加入 WTO 的冲击变量，时间虚拟变量 dummy02 被年份固定效应吸收，agratio 和 indratio 变量被方程(2)和(3)中的县固定效应吸收，此时，本文的结论同样成立。上述回归表明，本文的回归结论对所得税改革和中国加入 WTO 是稳健的。从新加入的控制变量估计结果看，第(1)~(3)列的所得税改革变量 incshock 系数为负，并在 5% 的水平下显著，表明所得税改革对企业进入具有负向冲击，符合理论预期。

表 5　　　　　　　　　　稳健性检验结果二

变量	2002 年所得税改革			2002 年中国加入 WTO		
	泊松 GMM (1)	FE-IV (2)	DID (3)	泊松 GMM (4)	FE-IV (5)	DID (6)
cvat	-5.1253*** (1.5394)	-0.5553** (0.2678)		-5.3729*** (1.5350)	-0.6387** (0.2785)	
dbvat			0.0132* (0.0074)			0.0136* (0.0075)
lnpop	-0.2303*** (0.0777)	0.0453 (0.0438)	-0.0191 (0.0432)	-0.2219*** (0.0784)	0.0446 (0.0439)	-0.0264 (0.0440)
agric	0.0025 (0.0018)	0.0001 (0.0002)	-0.0004 (0.0002)	0.0027 (0.0019)	0.0001 (0.0003)	-0.0003 (0.0002)
indust	0.0006 (0.0016)	-0.0001 (0.0002)	-0.0000 (0.0002)	-0.0002 (0.0016)	-0.0001 (0.0002)	-0.0001 (0.0002)

续表

变量	2002年所得税改革 泊松GMM（1）	FE-IV（2）	DID（3）	2002年中国加入WTO 泊松GMM（4）	FE-IV（5）	DID（6）
$density$	0.0184 (0.0251)	0.0046 (0.0075)	0.0071 (0.0074)	0.0222 (0.0250)	0.0053 (0.0076)	0.0071 (0.0075)
$fispop$	0.0437 (0.0758)	-0.0071 (0.0117)	-0.0040 (0.0110)	0.0462 (0.0766)	-0.0058 (0.0117)	-0.0006 (0.0110)
bed	-0.0499 (0.0334)	0.0007 (0.0039)	0.0008 (0.0039)	-0.0391 (0.0337)	0.0007 (0.0039)	0.0003 (0.0039)
$fiself$	-0.0402*** (0.0059)	-0.0002 (0.0003)	-0.0007** (0.0003)	-0.0398*** (0.0059)	-0.0001 (0.0004)	-0.0009*** (0.0003)
$fisexpen$	-0.6017*** (0.1398)	0.0324 (0.0444)	-0.0311 (0.0399)	-0.5685*** (0.1435)	0.0367 (0.0446)	-0.0332 (0.0409)
$incratio$	0.2234 (0.2751)					
$incshock$	-1.0230*** (0.2820)	-0.0566** (0.0230)	-0.0475** (0.0209)			
$agratio$				-0.1577 (0.1110)		
$indratio$				0.1876** (0.0889)		
$wtoshock1$				0.2522** (0.1121)	0.0072 (0.0051)	0.0151*** (0.0054)
$wtoshock2$				-0.3023*** (0.1019)	-0.0049 (0.0069)	-0.0178** (0.0076)
年份固定效应	Y	Y	Y	Y	Y	Y
省份固定效应	Y	Y	Y	Y	Y	Y
县固定效应	N	Y	Y	N	Y	Y
省份时间效应	N	Y	N	N	Y	N
N	13346	13490	13490	13346	13346	13346
R^2			0.1066			0.1086
F		57.3900			55.2600	
内生性P值		0.0473			0.0239	

注：同表2。

表 5 对工具变量有效性的检验结果发现,第(2)列和第(4)列的第一阶段 F 值均远大于 10,说明模型不存在弱工具变量问题。内生性检验结果发现,第(2)列和第(4)列均在 5% 的水平下拒绝了核心解释变量 cvat 是外生的原假设,说明模型存在一定内生性,使用工具变量是合理的。

3. 双重差分模型的稳健性检验

首先,双重差分法最重要的假设是同趋势假设,即在没有受政策影响的情况下,处理组和控制组的结果变量应该保持相同的发展趋势。只有保证同趋势假设成立,双重差分法的估计结果才是有意义的。为了检验这一假设,本文选取东北地区增值税转型前 1998~2003 年的样本,以 2002~2003 年作为处理期,以 1998~2001 年作为非处理期,使用方程(3)进行分析。回归结果见表 6 第(1)和(2)列,其中,第(1)列控制了年份固定效应和县固定效应,此时,交互项 dbvat 并不显著,第(2)列在第(1)列基础上加入了县层面控制变量,此时,交互项 dbvat 仍然不显著,说明处理组和控制组的企业进入率在没有其他因素干扰的情况下具有相同的发展趋势。

专家意见 9:论文是否检验过 2004 年东北地区增值税转型是否会影响企业的增值税税率?这项政策除了影响企业增值税税率,是否还有其他方面的影响。

修改说明:论文检验发现,2004 年东北地区增值税转型的确会影响企业的增值税实际税率。从增值税转型的内容看,该项政策的内容仅限于税收领域。

专家意见 10:论文在处理可能的序列相关问题时,把数据压缩为两期进行了估计,这种方法会损失大量信息,可以考虑把回归结果聚类到"省份"或者"省份—年份",这样也能解决序列相关问题。

修改说明:在稳健性检验部分,将标准误聚类到省份层面,重新进行了估计,研究发现回归结果仍然显著,并汇报了相关结果。

表 6　　　　稳健性检验结果三

变量	(1)	(2)
dbvat	0.0042	0.0143**
	(0.0065)	(0.0067)
lnpop	-0.0331	-0.1191**
	(0.0446)	(0.0470)
agric	0.0004*	-0.0008
	(0.0002)	(0.0005)
indust	0.0001	-0.0002
	(0.0002)	(0.0003)
density	0.0162	0.0115
	(0.0233)	(0.0119)
fispop	-0.0092	0.0319**
	(0.0089)	(0.0146)

续表

变量	(1)	(2)
bed	0.0080** (0.0034)	-0.0221*** (0.0079)
$fiself$	-0.0001 (0.0004)	-0.0001 (0.0005)
$fisexpen$	-0.0011 (0.0274)	-0.1504** (0.0648)
年份固定效应	Y	Y
县固定效应	Y	Y
N	7685	2564
R^2	0.0437	0.2469

注：同表2。

其次，Bertrand等（2004）的研究发现，多期双重差分存在序列相关性问题，回归结果可能夸大了显著性。为了解决这一潜在问题，本文参考余淼杰和梁中华（2014）的做法，建立了两期差分模型。具体讲，本文将样本区间划分为两期，2000~2003年为东北地区增值税转型前期，2004~2007年为东北地区增值税转型后期，并仅保留在这前后两期都存在的县。对于转型前期样本，本文对其被解释变量和解释变量均取均值，转型后期样本也同样处理，最终获得一个平衡面板，每个县都有两期观测，然后对得到的样本使用方程（3）进行回归。估计结果见表6第（3）和（4）列，其中，第（3）列控制了年份固定效应和县固定效应，此时，交互项$dbvat$为正，且在5%的水平下显著，第（4）列在第（3）列基础上加入了县层面控制变量，此时，交互项$dbvat$的系数和显著性基本不变，说明本文的结论仍然成立。

五、进一步研究

（一）税收与企业退出

企业退出与企业进入是相反的行为，理论上，如果减税能够激励企业进入，那么应当也能减少企业退出。许多文献发现，中国企业生存周期往往较短（邓子梁和陈岩，2013；许家云和毛其淋，2016；于娇等，2015），生产期限较短限制了企业的发展前景，不利于企业从长期视角配置资源。减少企业退出的概率将直接增加企业的生产周期，有利于矫正中国企业生产周期较短的问题。

参考马弘等（2013）的做法，本文结合企业所有者类型和经营状态来判断企业退出，具体定义如下：（1）如果国有企业从样本中消失，直接认定该企业退出；（2）如果是非国有企业从样本中消失，则只有它上一年为非正常经营状态时，才定义为退出。本文以县（市）当年退出企业和企业总数的比值刻画企业退出情况。需要注意的是，本文使用的样本期为1998~2008年，受数据区间限制，无法判断1998年和2008年的企业退出状况。计算出县（市）企业退出率后，参考估计税收对企业进入影响的方程（1）到（3），本文估计了税收对企业退出的影响。

表7展示了增值税税负对企业退出的影响，其中，第（1）列是泊松回归的估计结果，此时增值税税率 $cvat$ 的系数为正，且在5%的水平下显著。第（2）列是泊松回归使用工具变量后的估计结果，此时增值税税率 $cvat$ 的系数为正，并在1%的水平下显著，说明增值税税率上升会导致更多企业退出。第（3）列是线性回归模型的估计结果，此时增值税税率 $cvat$ 的系数为正，并在10%的水平下显著。第（4）列是线性回归模型使用工具变量后的估计结果，此时增值税税率 $cvat$ 的系数为正，并在5%的水平下显著。第（5）列是双重差分模型方程（3）的估计结果，此时交互项 $dbvat$ 的系数为-0.0319，并在1%的水平下显著，表明增值税转型通过增加增值税的抵扣范围降低了企业退出率。上述回归结果表明，增值税税负降低会减少企业退出，回归结果符合预期。

表7　　　　　　　　　基本回归结果：增值税与企业退出

变量	泊松ML (1)	泊松GMM (2)	FE (3)	FE-IV (4)	DID (5)
$cvat$	0.4095** (0.1755)	3.4696*** (1.1341)	0.0757* (0.0405)	1.0473** (0.4793)	
$dbvat$					-0.0319*** (0.0095)
$lnpop$	-0.0425 (0.0499)	-0.0032 (0.0559)	0.0644 (0.0643)	0.0026 (0.0723)	0.0934 (0.0658)

续表

变量	泊松 ML（1）	泊松 GMM（2）	FE（3）	FE-IV（4）	DID（5）
$agric$	0.0018 (0.0011)	0.0038*** (0.0014)	0.0002 (0.0004)	0.0001 (0.0004)	0.0002 (0.0004)
$indust$	-0.0011 (0.0010)	0.0003 (0.0011)	0.0003 (0.0003)	0.0004 (0.0003)	0.0004 (0.0003)
$density$	-0.0468*** (0.0138)	-0.0305* (0.0165)	0.0036 (0.0061)	-0.0045 (0.0078)	0.0042 (0.0066)
$fispop$	0.0325 (0.0586)	0.0147 (0.0649)	0.0131 (0.0201)	0.0174 (0.0193)	0.0145 (0.0199)
bed	0.0150 (0.0257)	0.0194 (0.0271)	0.0035 (0.0070)	0.0028 (0.0070)	-0.0005 (0.0068)
$fiself$	0.0102*** (0.0027)	0.0116*** (0.0029)	0.0018 (0.0011)	0.0021* (0.0012)	0.0024** (0.0010)
$fisexpen$	0.0155 (0.0526)	0.0922 (0.0638)	0.1382* (0.0770)	0.0663 (0.0878)	0.2040*** (0.0775)
时间固定效应	Y	Y	Y	Y	Y
省份固定效应	Y	Y	Y	Y	Y
县固定效应	N	N	Y	Y	Y
省份时间效应	N	N	Y	Y	N
N	12790	12790	12790	12790	12790
R^2			0.3987		0.3002
KP-F				23.8900	
内生性 P 值				0.0311	

注：同表 2。

表 7 检验了工具变量的有效性，首先，第（2）列和第（4）列的第一阶段 F 值远远大于 10，表明回归不存在弱工具变量问题。其次，第（4）列内生性检验发现，在 5% 的水平下拒绝了 $cvat$ 是外生变量的假设，使用工具变量是有必要的。

（二）减税与产能过剩：加剧还是化解？

产能过剩是我国当前经济面临的重要结构性问题，化解过剩产能也成为供给侧结构性改革的重要任务。在微观企业的视角下，产能过剩是指企业现有的资本和劳动等生产要素并没有得到完全利用，企业的潜在产出高于实际产出。现有研究主要集中在我国过剩产能的现状以及形成原因，研究发现政府过度干预、要素价格扭曲、地方财政压力、投资潮涌现象是中国产能过剩的重要原因（林毅夫，2007；席鹏辉等，2017；周黎安，2007）。本文则从税收的角度出发，探讨税收对产能过剩的影响，尤其需要明确的是减税会加剧还是化解过剩产能。需要指出的是产能过剩并不等于僵尸企业，实际上产能过剩行业内企业也可能具有一定规模的利润。理论上，一方面，减税可能通过激励更多企业进入产能过剩行业和减缓产能过剩行业企业的退出，加剧产能过剩现象；另一方面，减税也可能增加其他行业对产能过剩行业产品的需求，进而可能化解过剩产能。因此，减税对过剩产能的影响并不确定。

为了全面的考察税收对产能过剩的影响，本文从企业进入和退出的角度进行研究。参考席鹏辉等（2017）的做法，本文以过剩产能行业[①]新增企业数量、退出企业数量与全部企业数量的比值度量产能过剩行业的企业进入率和企业退出率，并检验增值税税率对产能过剩行业企业进入和退出的影响。表 8 是相应的估计结果，其中，第（1）~（3）列的被解释变量是产能过剩行业企业进入率，此时，泊松 GMM 模型回归显示，增值税税率变量为正，且在 1% 的水平上显著，但线性回归和双重差分模型的估计结果均显示增值税对产能过剩行业企业进入率的影响并不显著。第（4）~（6）列的被解释变量是产能过剩行业企业退出率，此时，三种方法的估计结果均显示，增值税减税会降低企业退出率。税收对产能过剩行业企业进入和退出的影响并不对称，这可能是因为：第一，我国产能过剩行业大部分是资本密集型行业，并且部分行业产能过剩是长期存在的[②]，进入该行业需要投入大量资金，企业可能预想到过剩产能并不能在短期内化解，因此，企业进入相对谨慎。第二，对产能过剩行业现存企业而言，减税能够缓解其财务压力，因此能够延长其存活时间，进而降低了企业

[①] 由于本文在计算企业进入和企业退出时，仅考虑了制造业，因此，本文在计算产能过剩企业进入和退出时，同样仅考虑制造业。参考韩国高等（2011）使用 1999~2011 年中国制造业数据测算出的结果，本文制造业产能过剩行业包括：黑色金属、有色金属、石化炼焦、化学原料、矿物制品、化学纤维和造纸制品等 7 个行业。

[②] 目前不同学者测算出的产能过剩行业并不完全一致，但从引用较高的韩国高等（2011）的研究和中央陆续出台的治理产能过剩的政策文件看，大部分产能过剩行业是资本密集型行业。从周期看，钢铁、水泥、电解铝等行业的产能过剩是长期存在的，这点可以从历年政府治理产能过剩的文件中验证。

退出率。

表 8 还检验了工具变量的有效性，第（2）列和第（5）列的第一阶段 F 值均远大于 10，表明模型不存在弱工具变量问题。内生性检验结果则发现，第（2）列不能拒绝模型是外生性的原假设，第（5）列则在 1% 的水平下拒绝了模型是外生的原假设。

表 8　　　　　　　　进一步研究：增值税与产能过剩

变量	企业进入率 泊松 GMM （1）	企业退出率 FE－IV （2）	DID （3）	泊松 GMM （4）	FE－IV （5）	DID （6）
$cvat$	9.0832*** (2.9434)	0.2122 (0.1807)		14.7285*** (2.6818)	1.7472*** (0.3633)	
$dbvat$			－0.0018 (0.0040)			－0.0135*** (0.0048)
$lnpop$	－0.1539 (0.1227)	0.0146 (0.0285)	0.0237 (0.0246)	0.0599 (0.1516)	－0.0110 (0.0602)	0.1503*** (0.0454)
$agric$	0.0013 (0.0033)	－0.0002 (0.0002)	－0.0004*** (0.0001)	0.0046 (0.0037)	－0.0004 (0.0004)	－0.0001 (0.0003)
$indust$	0.0089*** (0.0028)	－0.0000 (0.0001)	－0.0000 (0.0001)	0.0146*** (0.0032)	0.0004 (0.0003)	0.0003 (0.0002)
$density$	－0.0108 (0.0385)	－0.0017 (0.0034)	0.0057* (0.0031)	－0.0663 (0.0423)	－0.0145** (0.0063)	－0.0028 (0.0032)
$fispop$	－0.0779 (0.1231)	－0.0124 (0.0080)	－0.0132* (0.0071)	－0.0149 (0.1587)	0.0374** (0.0158)	0.0113 (0.0128)
bed	－0.0805 (0.0654)	－0.0008 (0.0028)	－0.0019 (0.0028)	0.0864 (0.0858)	0.0047 (0.0054)	0.0056 (0.0042)
$fiself$	－0.0324*** (0.0088)	－0.0007*** (0.0002)	－0.0005*** (0.0002)	0.0277*** (0.0075)	0.0026*** (0.0010)	0.0024*** (0.0007)
$fisexpen$	－0.4735** (0.1895)	－0.0018 (0.0328)	0.0107 (0.0280)	0.1920 (0.1542)	0.0598 (0.0823)	0.2561*** (0.0648)
年份固定效应	Y	Y	Y	Y	Y	Y
省份固定效应	Y	Y	Y	Y	Y	Y

续表

变量	企业进入率 泊松 GMM (1)	企业退出率 FE-IV (2)	DID (3)	泊松 GMM (4)	FE-IV (5)	DID (6)
县固定效应	N	Y	Y	N	Y	Y
省份时间效应	N	Y	N	N	Y	N
N	13510	13510	13510	12790	12790	12790
R^2			0.0430			0.1922
F		58.3700			43.3400	
内生性 P 值		0.2600			0.0000	

注：同表 2。

本部分的研究表明，增值税减税对产能过剩行业的激励企业进入的作用小于其降低企业退出的作用，总体上不利于化解过剩产能。这说明，政府如果采取减税刺激经济增长，需要考虑税收对产能过剩的刺激作用，必须采取其他措施，配合治理产能过剩。

六、结论及政策建议

党的十九大报告指出，中国经济已经从高速增长阶段进入高质量发展阶段，创新将成为新时代经济增长的新动力。企业进入能够刺激行业创新，增加市场竞争，将低效企业挤出市场，对促进资源重新配置具有重要作用，是长期经济增长的重要动力源泉，提高企业进入已经成为世界各国政府的重要目标（Da Rin et al.，2011）。

本文利用中国微观企业数据样本和县层面经济数据，研究了增值税对企业进入的影响，采用泊松回归模型、线性回归模型和双重差分模型，实证检验了增值税对企业进入的影响。研究结果发现：第一，降低增值税税率和扩大增值税进项抵扣范围能够显著激励企业进入；第二，通过异质性检验发现，增值税减税对非国有企业进入的促进作用更大，对国有企业进入的作用则不显著；第三，进一步研究发现，增值税税负降低能够减少企业退出，但对产能过剩行业的影响具有不对称性，增值税减税对产能过剩行业的企业进入率的激励作用小于其降低产能过剩行业的企业退出率的作用，总体上不利于化解过剩产能。本文还对回归结果进行了一系列的稳健性检验，检验结果表明结论是稳健可信的。

　　本文的研究结论对政府政策制定具有重要参考价值，第一，我国经济发展进入新常态后，经济增长动力由传统的生产要素扩张驱动转换为创新驱动，企业进入往往伴随着更新的生产技术和更高的生产率水平。为了营造"大众创新、万众创业"的良好环境，我国目前陆续实施了企业税费减免、简政放权等一系列改革措施，本章的结论表明，降低企业税负的确能够起到鼓励创业的作用，未来政府可以通过更大幅度的减税进一步提高社会创业热情。第二，本文的异质性检验结果表明，减税主要刺激了非国有企业和小规模企业的进入，对国有企业和大规模企业进入的影响并不显著，这表明，一方面，我国还需要进一步深化国企改革，减少针对国企的制度性优惠，增加国企经营的自主性，提高国企捕捉市场机会的能力，另一方面，增值税减税能够有力促进小型企业的设立，对鼓励小微企业发展具有重要作用。第三，减税能够降低企业退出的概率，延长企业的生产周期，有利于企业长期发展和改善资源的长期配置效率。第四，处置僵尸企业和化解过剩产能是我国供给侧结构性改革的重要目的，本章的研究表明，降低税率能够起到抑制僵尸企业的作用，但也延缓了产能过剩行业的企业退出，不利于过剩产能的化解，这表明政府在减税的同时，必须继续加强对产能过剩行业的清理。

中国式财政分权下的高质量发展*

杨志安　邱国庆**

内容提要： 中国正致力于践行高质量发展新理念，依赖财政分权的传统增长方式效率下降，高速增长时期的分权激励效应逐步失灵，财政分权体制亟待进一步优化。利用 2000~2017 年中国省级面板数据，本文实证考察了财政分权对高质量发展的影响。研究发现：（1）财政分权对高质量发展的影响呈现倒"U"型，财政分权对高质量发展的影响是先促进、后抑制。（2）财政分权对高质量发展的影响会因地区差异而表现出不同效应。（3）良好的制度环境有利于约束地方扩张性财政支出行为。基于上述结论，本文认为着重优化地方政府的政绩考核体制，有效约束地方政府的扩张性支出行为以及营造良好的财政制度环境是高质量发展阶段的财政分权改革的重要举措。

关键词： 财政分权；高质量发展；现代财政制度；政治代理

中图分类号：F812.2　　文献标识码：A

专家意见1： 论文题目不要用"中国式财政分权下的……"。因为"在中国式财政分权下的……"是一种制度环境表述，建议应该直接表明研究核心解释变量 A（财政分权）对因变量 B（经济高质量发展）的影响，使论文题目指向性更为明显。

修改说明： 修改题目使指向性更为明显。论文题目更改为《财政分权与中国经济高质量发展关系——基于地区发展与民生指数视角》。

---

* 终稿发表于《财政研究》2019 年第 8 期。

** 作者简介：杨志安，辽宁大学经济学院教授，博士生导师。
　　　　　邱国庆，辽宁大学经济学院博士生。

知识助产士：编者与作者、读者的沟通

一、问题的提出

> **专家意见2**：引言部分未能充分说明为什么要从财政分权视角来研究经济高质量发展？
>
> **修改说明**：进一步凝练本文的研究主题，引言开宗明义指出党的十九大报告关于经济高质量发展的重要论述，进一步指出不同阶段和背景下的财政体制改革都是为了适应经济社会发展需要，既指出经济高速增长需要依赖传统财政分权体制，也表明新时期高质量发展阶段的财政分权体制亟待进一步优化。

党的十九大报告指出："我国经济已由高速增长阶段转向高质量发展阶段"，推动高质量发展是当前及未来我国经济发展的主旋律。推动高质量发展已经上升到国家发展战略高度。近年来，中央经济工作会议连续强调推动高质量发展。那么，何谓高质量发展？金培（2018）认为，高质量发展是能够更好满足人民日益增长的美好生活真实需要的经济发展方式、结构和动力状态。可见，高质量发展不仅仅要追求高质量的经济发展过程，而且也要追求高质量的发展结果。作为发挥国家重要职能的财政分权在促进高质量发展时具有独特优势，能够在供需两端同时发挥重要作用。全面深化财税体制改革，释放体制红利是推动高质量发展的关键所在，其实施成效关系到下一步财税体制改革的整体进程，甚至可能影响到我国经济体制改革的实施方略，被认为是影响高质量发展的重要制度性因素。

从1978年至今我国经济体制改革历程看，每一次经济社会发展过程中的重大问题都对应着财税体制的改革。不同阶段和背景的财税体制改革都是为了适应当时经济社会发展需要而进行的，比如"放权让利""分税制""公共财政体制"以及"现代财政制度"。如今，我国尚未建立起适应高质量发展的现代财政制度，追求高质量发展给现行财政体制带来了重大挑战与影响，意味着财政分权体制亟待进一步优化。新时代高质量发展离不开国家治理能力的提高，加快建立现代财政制度又是新时期提高财政治理能力的重要制度保障。党的十八届三中全会提出："财政是国家治理的基础和重要支柱"，意味着财政治理能力的提升将在很大程度上影响甚至决定着高质量发展目标的达成。因此，科学研判财政分权与高质量发展之间的关系，把握二者的平衡，有助于约束地方扩张性财政支出，这对于当前谋求地方财政可持续性和推动高质量发展具有十分重要的现实意义。

二、文献回顾

第一代传统财政分权理论起源于公共品的层次性问题，着重强调市场效率视角下公共品的有效供给，并认为中央政府会因公共品的内在层次性以及无法获取准确信息导致公共品供给效率降低，难以满足所有民众的公共品偏好。但地方政府拥有较强公共品信息识别能力，可以有效避免中央政府公共品供给效率低的弊端，比较有代表性的观点有，Tiebout（1956）发现通过选民"用脚投票"可以有效了解居民偏好，有利于提高政府公共品供给效率；Musgrave（1959）依据居民偏好明确划分中央和地方政府职能，并进行合理的公共品供给；Oates（1972）认为地方政府在经济社会发展方面更具有信息优势，能够更加有效地提供符合当地居民偏好、适应地方经济社会发展的公共品。第二代财政分权理论更加关注地方官员在维护市场、促进竞争与推动经济增长中的激励机制和行为选择。

国内的财政分权对经济增长影响的相关研究颇为丰富，总体上表现为从量到质、从浅入深的研究范式。学术界已经普遍认同财政分权对经济增长具有正向激励作用。如林毅夫、刘志强（2000）认为，财政分权激励了地方政府促进经济增长；沈坤荣、付文林等（2005）、温娇秀（2006）以及刘小勇（2008）运用省级面板数据分别给出相对一致的结论。但殷德生（2004）认为，适度的财政分权水平才可以实现经济增长，否则分权体制改革会抑制经济增长。随后邓明、王劲波（2014）实证研究表明，财政分权体制与经济增长效率之间存在一定非线性关系，存在面向经济增长效率的最优分权区间。黄险峰、周美彤（2018）基于1978~2015年面板数据，也验证了财政分权与经济增长呈现倒"U"型关系。随着研究不断深入，一些学者开始关注财政分权对经济增长质量的影响。如林春（2017）基于全要素生产率视角研究发现，财政分权对经济增长质量亦具有显著的促进作用。詹新宇、韩雪君（2018）基于2000~2015年我国省际面板数据及"五大发展理念"，也验证了财政分权对经济增长质量的提升具有显著的促进作用。但林春、孙英杰（2017）进一步运用门槛模型研究发现，财政分权对我国经济增长质量存在显著门槛效应，存在一个面向经济增长质量的最

专家意见3：建议将引言和文献综述两章进行合并，使文章研究主题更加突出，文献综述部分未形成完整且严谨的分析逻辑链条。尽管文章已引用较多文献支撑，但是研究主题不聚焦，仍需进一步深入梳理已有文献关于财政分权与经济增长的关系。

修改说明：对已有文献进行梳理，对财政分权对经济增长的正向、负向及非线性关系三个方面进行总结，并进一步总结经济高质量发展的政策建议。

优分权区间。可见,实现有效的财政分权改革对提升当前我国经济增长质量是至关重要的。

高质量发展是新常态下我国经济发展新阶段、新要求、新战略。已有文献聚焦于从不同角度探索推动高质量发展路径的定性研究。如任保平、李禹墨(2018)认为,提升生产力质量是经济高质量发展的决定性因素;茹少峰、魏博阳(2018)提出,以效率变革为核心推动经济高质量发展;蒲晓晔、Fidrmuc(2018)在需求和供给动力结构优化基础上,提出推动我国经济高质量发展的动力结构;陈昌兵(2015)提出,新时代我国经济高质量发展动力转换路径根本在于创新;师博(2018)认为,通过培育现代化动力体系、构建现代化产业体系、发展现代化供给体系以及完善现代化制度体系才能实现多层次地助推经济高质量的发展;王夏晖、何军(2018)指出,生态环保推动经济高质量发展应作为未来一段时期的优先行动;杜爱国(2018)认为,我国制度优势是保障高质量发展光明前景的关键性因素;田惠敏(2018)从绿色金融角度提出推动经济高质量发展的对策建议;潘素昆、王跃生(2018)提出,应利用对外投资推动经济高质量发展。

然而,现有文献对经济高质量发展的定量分析略显不足。如刘伟江、王虎邦(2018),王群勇、陆凤芝(2018),陈诗一、陈登科(2018)以及贺晓宇、沈坤荣(2018)分别考察地方债务、环境规制政策、雾霾污染以及现代经济体系对经济高质量发展的影响。同时,一些学者对经济高质量发展水平进行实证测度,分析其空间分布规律及地区性差异。总之,财政分权被认为是影响经济增长质量的重要制度性因素,但鲜有文献研究财政分权对高质量发展的影响,上述的相关文献也只是停留在简单计量实证层面,抑或聚焦于定性研究,普遍缺乏理论层面的数理分析,相关学术研究亟待丰富和深入。

与已有文献相比,本文的可能贡献在于:第一,运用2000~2017年省级面板数据,从全国和地区层面分别考察财政分权对高质量发展的影响,初步弥补了已有文献中普遍缺乏的数理模型和定量分析;第二,尝试从财政制度环境的视角探讨财政分权对高质量发展的影响机制,为深入分析财政分权对高质量发展的影响及其作用机制提供了一个全新的视角。

为此,本文随后行文结构安排如下:第三部分建立财政分权对高质量发展影响的数理模型,从财政制度环境的视角分析财政分权对高质量发展影响的作用机理,并提出相应的研究假设;第四部分说明相关数据来源、变量定义以及实证方法;第五部分报告实证结果,包括基准回归结果、门槛效应检验以及机制分析;第六部分是全文的研究结论与政策建议。

三、理论模型与研究假设

财政分权是调整中央与地方财政权力关系的一种制度安排,在很大程度上决定了财政资源配置的偏好、效率与水平。正如马万里(2014)认为,财政分权是影响经济社会发展的重要制度安排,是实现经济社会持续健康发展与国家长治久安的体制保障。囿于中央与地方政府间在"委托—代理"政治治理结构下进行分工与协作,前者将更多的地区性支出责任委托给地方政府,并赋予相应的财权,同时中央政府依据政绩考核结果进行监督以及对官员提供晋升激励,但短期"以GDP为导向"的政绩考核压力也会间接影响地方财政支出结构或支出偏好,难以实现财政支出结构的最优配置,或导致中央和地方政府间在财政支出结构调整方向上会出现一定偏差。本文借鉴Davoodi、Zou(1998)的内生经济增长理论,构建财政分权影响高质量发展的理论模型。假设财政分权为人均财政支出占全国人均财政支出比重,相比较中央政府而言,若地方本级增加财政支出,那么财政分权将上升。构建理论模型要素如下:

$$\Omega = \max \int_0^{+\infty} u(c) e^{-\rho t} \mathrm{d}t \quad (1)$$

$$u(c) = \frac{c^{1-\delta} - 1}{1 - \delta} \quad (2)$$

$$s.t.\ y = A k^\alpha f^\beta s^\gamma \quad (3)$$

$$g = \tau y \quad (4)$$

$$\dot{k} = (1-\tau)y - c - (\delta + n)k \quad (5)$$

式(1)~式(5)分别为高质量发展最优函数、效用函数、内生性经济增长函数、政府预算约束方程、资本动态积累方程。ρ表示时间贴现率,c为人均私人消费,δ表示风险规避系数,且$\delta>0$,A为技术进步率,k表示人均资本,f为中央本级财政支出,s表示地方本级人均财政支出,α、β、γ为弹性系数,且$\alpha+\beta+\gamma=1$,g是人均财政总支出,且$g=f+s$,τ为宏观税率,δ是资本折旧率,n为人口增长率。定义一个现值 Hamiltonian 函数：

$$H = u(c) + \lambda [(1-\tau)y - c - (\delta + n)k] \qquad (6)$$

其中，λ 是 Hamiltonian 乘子，c 为控制变量，k 表示状态变量。对（6）式进行一阶条件优化，整理得：

$$\begin{cases} \dfrac{\partial H}{\partial c} = c^{-\delta} - \lambda = 0 \\ \dfrac{\partial H}{\partial k} = \lambda [(1-\tau)A\alpha K^{\alpha-1}f^{\beta}s^{\gamma} - \delta - n] = \lambda(\rho - 1) \end{cases} \qquad (7)$$

将式（4）和式（7）联立方程组，求得均衡路径上的经济增长率为：

$$g_c = \frac{1}{\sigma}\left[(1-\tau)\alpha\tau^{\frac{1-\alpha}{\alpha}}A^{\frac{1}{\alpha}}\left(\frac{f}{g}\right)^{\frac{\beta}{\alpha}}\left(\frac{s}{g}\right)^{\frac{\gamma}{\alpha}} - \rho - \delta - n\right] \qquad (8)$$

将式（4）、式（5）和式（8）联立方程组，整理得：

$$\frac{c}{k} = \left(\frac{\delta}{\alpha} - 1\right)g_c + \frac{1-\alpha}{\alpha}(\delta + n) + \frac{\rho}{\alpha} \qquad (9)$$

又

$$c = \frac{\frac{c}{k}}{\frac{c}{k}} = \left(\frac{c}{k}\right)k_0 e^{g_c^t}\ (k_0\ \text{表示原始资本存量}) \qquad (10)$$

将式（10）和式（9）代入式（1）整理得：

$$\Omega = \frac{k_0}{1-\sigma}\left[\left(\frac{\sigma}{\alpha} - 1\right)g_c + \frac{1-\alpha}{\alpha}(\sigma + n) + \frac{\rho}{\alpha}\right]^{1-\alpha}[\rho - g_c(1-\sigma)^{-1}] - [\rho(1-\sigma)]^{-1} \qquad (11)$$

式（11）为财政分权影响高质量发展的理论模型。由于式（11）无法判别 $\Omega > 0$ 或 $\Omega < 0$，但有研究运用数值模拟判断方程（11）变化规律为倒"U"型曲线，可以说明财政分权与高质量发展之间呈非线性关系。

接下来，借鉴 Barro（1973）、Ferejohn（1986）、Besley（2007）的传统政治代理模型，本文尝试性分析推动高质量发展的现代财政制度要素，该分析框架必须明确以下三点要素：其一，"自上而下"政治代理框架中，委托人为中央政府，代理人是地方政府；其二，中央政府预算支出安排以"高质量发展"为目标，结果应是一种包容性福利增长模式；其三，地方官员目标是完成上级政绩考核要求，不是争取当地选民"选票最大化"。依据在位官员是否追求高质量发展，将在位官员划分为福利型（unselfish）和私利型（selfish），即 $i = (u, s)$，政府官员第一任期是本地任期，第一任期的优异政绩是第二任期升迁提拔的重要参考。设定要素供给成本（δ），$\delta \in (N, B)$，$N > B$，δ 符合独立同分布要求，且 $P_r(\delta = N) = \rho$。定义要素供给总量（G），包容性福利（V），政府征税边际成本（γ），在位官员选择不追求高质量发展产生寻租租金（Z），政府预算支出（e），$e = \delta G + Z$，即包容性福利为 $V = G - \gamma C(e)$，且 C 是一个严格凸函数。在位官员选择追求高质量发展的要素供给总量为 $G^*(\delta, \gamma) = G - \gamma C(\delta G)$，约束条件为 $e_\delta = \delta G^*(\delta, \gamma)$，包容性福利（$V^g(\delta, \gamma)$），其中，$e_\delta$ 和 V^g 都是 γ 的减函数，政府税收最大值（T），$t \in (0, T)$。在位官员选择不追求高质量发展的收益为 $z_1 + \beta \varepsilon z_2$，折现率（$\beta$），其获取晋升概率为 ε，选择追求高质量发展的官员获取升迁概率为 α，即 $P_r(i = N) = \alpha$。G 和 e 是可以观测到的变量，i、δ、z 是不可观测的变量。依据不对称信息动态博弈求解完美贝叶斯均衡状态下包容性福利为：

$$EV(\eta, \delta, \lambda) = (1 + \beta) V^0(\gamma) + (1 - \alpha)(1 - \rho)\eta(V^u - V^s)$$
$$+ \beta \alpha (1 - \alpha)[\rho \varepsilon + (1 - \rho)(1 - \varepsilon \eta)](EV^u - V^s) \quad (12)$$

第一，现代预算制度理应是加快建立现代财政制度的逻辑起点，以集中统一和财政透明为核心的现代预算体系，是财政治理乃至国家治理现代化的核心要素，它直接关系政府职能履行，也关乎我国经济社会持续健康发展与国家长治久安。透明是现代预算制度核心要素的重要方面，尤其是在现代国家治理结构下，对财政预算透明的要求是不仅要涵盖预算文本，而且关键在于预算的过程和程序。同时，让政府变成一个看得见、有可能被监督的政府，使公民能够有效地监督政府预算全过程，可以改变预算信息中公民相对边缘的地位，促使相应的公共支出结构形成内在约束激励机制，在位官员就会更努力追求经济社会高质量发展。当在位官员选择伪装追求高质量发展时，包容性福利为：

$$EV^z = (1 + \beta) EV^0 + (1 - \alpha)(1 - \rho) \eta R(\gamma) \quad (13)$$

当在位官员选择不追求高质量发展时，包容性福利为：

$$EV^s = (1 + \beta) EV^0 + \beta \alpha (1 - \alpha) R(\gamma) \quad (14)$$

$EV^z - EV^s$ 整理为：

$$EV^z - EV^s = R(\gamma)(1 - \alpha)(1 - \rho) \eta \beta \alpha \quad (15)$$

由于 $R(\gamma) < 0$，$1 - \rho > 0$，$1 - \alpha > 0$，所以 $EV^z - EV^s < 0$，说明财政预算信息越透明，财政预算信息内容公开越多，越有利于促进包容性福利，在位官员越倾向于为经济社会高质量发展服务，进而推动高质量发展。

第二，现代税收制度是加快建立现代财政制度的基础条件，以税收能力、税收法定、税制结构为核心的现代税收制度，是财政治理乃至国家治理现代化的重要前提。岳树民、尹磊（2015）认为，税收能力不仅是评判现代税收制度的重要标尺，也应成为确定新时期税制改革内容的重要指引。税收能力主要涉及两方面内容：一是纳税人的税收能力，是指纳税人承担税收负担的程度；二是政府税收征管能力，是指在既有税制结构下政府有效征管税收的能力，二者都受到很多因素制约，但政府征税能力更多受到征管成本、效率、模式和手段的影响。谷成、于杨（2018）认为，现代国家对税收依赖程度不断提高，这就要求政府在优化税收征管机构和程序的同时为纳税人提供必要的税收服务。作为直接联系经济社会高质量发展纽带的税收征管就成为改善政府部门运行绩效的重要途径。在实践中，税收征管成本高低一直是各国政府税收能力的重要体现。高质量发展阶段要求地方政府降低税收征管成本，提高地方政府税收能力，进一步提高税收遵从水平，更加强调宏观税收负担与经济社会可持续发展之间的匹配性，以及注重宏观税收负担在社会成员之间的分配公平性，才能促使在位官员选择努力追求高质量发展。

依据上述的理论逻辑可知，地方政府税收征管成本越低，税收遵从水平越高，地方政府税收能力越强，在位官员越会努力为经济社会高质量发展服务，进一步运用政治代理理论模型亦能证明该理论逻辑的成立，对均衡状态下政府税收征管成本（γ）求导数整理为：

$$\frac{\partial EV}{\partial \gamma} = \rho \left[(1+\beta) + \frac{\eta(1-\rho)}{\rho}(1-\alpha) \right] \frac{\partial V^n(H,\gamma)}{\partial \gamma}$$
$$+ (1-\rho)\left[(1+\beta) - \eta(1-\alpha)\right] \frac{\partial V^n(L,\gamma)}{\partial \gamma} \qquad (16)$$

因为$\frac{\partial V_n^*(\delta,\gamma)}{\partial \gamma} < 0$，且$\eta \leq 1$，所以$\frac{\partial EV}{\partial \gamma} < 0$，则说明税收成本（$\gamma$）越低，政府税收能力越高，包容性福利（$V^g(\delta,\gamma)$）越高。

税收法定作为建立现代税收制度的基本保障，落实税收法定原则，进一步强化财政纪律性，可以有效约束地方政府"攫取之手"。税收法定被认为是约束政府扩张偏向性支出行为以及遏制地方政府投资竞争的扭曲性制度激励的重要手段。若对地方政府税收征管行为给予相应的法律规范约束，在位官员会选择努力追求高质量发展，必然能够改善要素供给效率和质量，进而促进经济社会包容性增长。

假设在相应的税收法定约束下地方政府税收收入（τ），包容性福利（$EV(\eta,\varepsilon,\gamma,\tau)$），对地方政府税收收入（$\tau$）求导数整理为：

$$\frac{\partial EV(\eta,\varepsilon,\gamma,\tau)}{\partial \tau} = -(1-\eta)\gamma C'(\tau)[\eta(1-\alpha)-1+\beta((\alpha\varepsilon+(1-\alpha)(1-\varepsilon\eta))-1)] \quad (17)$$

其中，$C'(\tau)<0$，$-(1-\eta)<0$，所以$\frac{\partial EV(\eta,\varepsilon,\gamma,\tau)}{\partial \tau}>0$，则说明进一步加强税收法定规范可以稳定宏观税负，有效约束政府"攫取之手"，直接压缩在位官员寻租的空间，加强纳税人和政府部门征管税收的纪律性，间接地改善分权体制下财政支出的经济增长效应。

第三，规范的中央和地方政府间财政关系是加快建立现代财政制度的必然要求。有实证研究表明，规范的中央和地方政府间财政关系会优化财政支出结构，转变地方官员绩效考核目标，进一步淡化干部考核内容中的GDP指标，更加注重地区民生改善、社会发展、生态建设以及科技创新等方面指标，促使在位官员努力推动高质量发展。进一步借鉴"标杆竞争"模型考察中央与地方政府间财政关系对高质量发展的影响。假定地方政府间存在"标尺竞争"的财政关系，必然会出现两种情况：当在位官员选择努力追求高质量发展时，在位官员晋升概率为：

$$a_2^y = a_2^{xy} + \frac{1}{2}a(1-a)^2 \quad (18)$$

当在位官员选择不确定的努力程度追求高质量发展时，包容性福利为：

$$EV^z - EV^{xy} = (\eta-1)\frac{1-a}{2}R + \beta(a_2^y - a_2^{xy})S \quad (19)$$

S为在位官员选择努力程度的不确定性，$\eta=1$，则上式大于0；$\eta<1$，$a_2^y = a_2^{xy} = 0$，则上式小于0，说明地方政府间"标尺竞争"的财政关系会使政绩考核目标仍然坚持"唯GDP论"理念，会进一步加深财政支出结构偏好问题，难以实现经济社会协调发展，因为地方政府间"标尺竞争"的财政关系无法有效识别在位官员的动机，俨然成为

专家意见4：理论模型包括了分权、建立现代税收制度、规范央地财政关系等方面的内容，框架比较宏大，但是这几个模块之间没有衔接好，比如公式18～19与前文的系列公式与前面的两个板块的模型有些脱节。数理模型最大的特点是逻辑的严谨性，建议作者将这三版块进一步紧凑整合。

另外，理论模型试图说明分权与经济增长质量是倒"U"型关系，这是本文很重要的理论分析结果，因而应在文中以图形的形式，完整地展示出模拟结果来。要展示数理模型的模拟结果，这就涉及到，数理模型有关参数的赋值、校准、估计及其依据何在，还有其参数敏感性分析等事宜。

修改说明：考虑到经济高质量发展的多维指标属性具有更加丰富的内涵，数理模型无法全面展现二者之间关系，我们决定从四个方面（经济增长、环境污染、收入分配及经济社会非均衡发展）论述财政分权与经济高质量发展的理论逻辑，使文章的理论基础更具说服力，最终说明财政分权体制可能对经济高质量发展产生一定负面效应，这样既可以有效避免数理模型的赋值、校准、估计及其相关的敏感性，也使文章内容更具体。

在位官员努力追求高质量发展的障碍。

地方政府间"为高质量发展而竞争"的范围不仅仅局限于短期的经济增长，地方政府秉持"向上负责"的态度，短期内会很快地展开新型的围绕高质量发展相关领域的竞争活动，在经济发展、民生改善、社会发展、生态建设、科技创新供给方面给予相应的财政资金支持，各地区在推动高质量发展时，存在一定财政支出行为上的竞相模仿，以实现短期内地区高质量发展的趋同或者赶超，但长此以往，"唯GDP论"和政绩考核的双重约束就会使地方政府在民生改善、社会发展、生态建设以及科技创新等方面重视程度不够。

依据上述的理论逻辑提出相应的研究假设：（1）财政分权与高质量发展呈倒"U"型关系，即财政分权对高质量发展的影响是先促进、后抑制。（2）现代财政制度是财政治理乃至国家治理现代化的最高级形态，是我国经济社会可持续发展的根本保证，良好的财政制度环境可以促进高质量发展。换言之，现代财政制度的构建逻辑理应是高质量发展。

四、变量、数据与方法

（一）变量定义

被解释变量为高质量发展（$HQ_{i,t}$），表示第 i 省（区、市）第 t 期高质量发展水平。高质量发展是新时代我国发展的一个新命题、新战略，与"经济增长"相比，"高质量发展"一词有着更加丰富的内涵，其不仅包含单纯的GDP增长，也包括经济发展、民生改善、社会发展、环境治理、科技创新等方面，甚至还涉及社会稳定、法律公正、政治廉明等内容。因此，要全面、准确地界定"高质量发展"，势必会涉及经济、社会、法律、政治、历史、文化等众多维度。为此，定量测度高质量发展的指标设计理应坚持科学性、系统性以及全面性。在借鉴《中国地区发展与民生指数（DLI）》指标体系基础上，选择了经济发展、民生改善、社会发展、环境治理、科技创新5个一级指标；经济增长、结构优化、发展质量、收入分配、生活质量、劳动就业、公共服务支出、区域协调、文化教育、卫生健康、社会保障、社会安全、资源消耗、环境治理、科技投入、科技产出16个二级指标、41个三级指标，可以比较好地表征高质量发展水平，其具体指标计算公式、测算过程、相关解释以及数据来源可参见2000~2013年《中国地区发展与民生指数（DLI）报告》。

解释变量为财政分权（$fd_{i,t}$），表示第i省（区、市）第t期财政分权。用省（区、市）人均财政支出占全国人均财政支出比重反映传统意义上的财政分权。其他解释变量还有：一是选择税收收入占财政收入比重表示税收努力程度作为税收能力的参数；二是运用税收收入占GDP比重的宏观税负稳定性表征税收法定规范程度；三是选择财政透明度指数表征财政预算透明程度；四是运用地方财政支出占比乘以缩减指数（$1-GDP_i/GDP_n$）作为地方财政支出自决率的参数来衡量中央和地方政府间财政关系，GDP_i表示地方生产总值，GDP_n是全国生产总值。

本文将经济增长、人力资本、外资规模、城市化率、产业结构作为计量模型的控制变量（见表1）。经济增长作为高质量发展的重要子系统，高速经济增长将会带动高质量发展水平的提升。方迎风、童光荣（2014）认为，经济行为的最终目的是改善社会民生事业，并非单纯地追求经济增长，政府在推动经济增长的同时应当更加注重经济社会高质量发展。经济增长指标用当期人均GDP来衡量。人力资本正逐渐成为我国经济增长的主要影响因素，人力资本积累是长期经济增长的必要条件，所以运用各省（区、市）劳动力就业人员平均受教育年限作为人力资本的指标参数。戴翔、宋婕（2018）认为，长期以来作为驱动经济增长一支重要力量的对外贸易，进入发展新阶段后必须转向高质量发展，这不仅是应对内外环境深刻变化的需要，也是适应乃至引领我国经济高质量发展的现实需要，因此选择实际利用外资额占地区GDP的作为外资规模的指标参数。刘瑞翔、夏琪琪（2018）基于省域数据的空间杜宾模型研究表明，人口城市化率的提高对本省域经济增长质量具有明显的促进作用，所以选择城镇人口占年末人口比重计算城市化率。李优树、刘扬等（2018）基于攀枝花市2005~2015年经验数据实证分析表明，产业结构优化对经济增长质量

专家意见5：最重要的解释变量是财政分权，本文用省（区、市）人均财政支出占全国人均财政支出比重反映传统意义上的财政分权，这种做法是站不住脚的。省市人均财政支出里，包括上级给予的转移支付，该比值只是说明了该省市财政支出能力与全国平均水平的对比情况，根本没体现出分权的含义来。现在主要用分税（税收分成）来度量财政分权，吕冰洋、毛捷教授做了很多探索，得到了财税学界的认同。建议作者改进分权的度量方法，否则难以说明前文数理模型得出的结论。而且要用多种度量方法，做稳健性检验，克服测量误差带来的内生性问题，以增加实证结果的可信度。

修改说明：修改中运用吕冰洋、毛捷教授的税收分成作为财政分权的指标参数，分别选择增值税实际分成率、企业所得税实际分成率以及税收总分成率作为财政分权的代理指标，三种指标度量财政分权使得文章结论更加稳定，有利于克服测量误差带来的内生性问题，以增加实证结果的可信度。

专家意见 6：实证模型可能存在双向因果问题。用本文的方法来度量经济发展质量的 HQ，其实会反过来影响财政分权 fd，存在内生性问题，使得回归结果不一致。因此，论文还需在克服内生性、进行比较好的因果识别上下功夫，比如寻找工具变量、进行系统 GMM 估计等方法。

修改说明：修改运用系统 GMM 估计方法克服模型的内生性问题，同时系统 GMM 的 Hansen 检验结果表明，整体上该模型工具变量使用是有效的。因此，实证模型的双向因果问题可以有效避免。

具有正向促进作用，产业结构优化指数每增长1%，经济增长质量指数会提高0.25%。产业结构真正实现从"二三一"向"三二一"结构顺序转变，势必将高质量发展作为约束条件之一，因此此处运用第三产业增加值占第二产业增加值比重表示产业结构。表1显示了高质量发展水平均值为0.55，标准差为0.14，说明我国高质量发展趋势较好，但仍有一定提升空间，亦说明了我国高质量发展水平具有明显地区性差异，表现为"非均衡""不充分"的基本特征。另外，财政分权均值为1.11，标准差为0.68，说明省级层面财政分权度相对较高，同时有明显差异性。其他系列变量信息显示地区间特征差异明显。

表1　　　　　　　　　　变量定义与描述性统计

变量	经济含义与计算方法	样本量	均值	最大值	最小值	标准差
高质量发展	地区发展与民生指数	558	0.55	0.92	0.29	0.14
财政分权	人均财政支出/全国人均财政支出	558	1.11	4.16	0.41	0.68
税收能力	税收收入/地区财政收入	558	0.77	0.11	0.57	1.44
税收法定	税收收入/地区GDP	558	0.07	0.19	0.03	0.03
预算透明	财政透明度指数	278	0.31	0.78	0.12	0.14
支出自决率	地方本级财政支出占比×缩减指数	558	0.03	0.18	0.01	0.03
经济增长	地区GDP/年末人口	558	3.02	12.91	0.23	2.39
人力资本	人均受教育年限	558	8.35	13.14	2.99	1.29
外资规模	实际利用投资/地区GDP	558	0.03	0.18	0.01	0.02
城市化率	城镇人口/年末人口	558	0.49	0.89	0.14	0.16
产业结构	第三产业增加值/第二产业增加值	558	0.99	4.24	0.49	0.51

资料来源：作者测算整理。

（二）数据说明与描述统计

基于数据的可得性和完备性，所有数据均来自《中国统计年鉴》《中国人口与就业统计年鉴》《中国地区发展与民生指数报告》以及《中国财政透明度报告》。其中,《中国人口与就业统计年鉴》提供了6岁以上抽样人口的受教育情况,划分为文盲或识字很少、小学、初中、高中或中专、大专及以上五类。参考范洪敏、穆怀中(2017)的人力资本测算方法,即就业人员平均受教育年限 = 文盲或识字很少比重×2 + 小学受教育比重×6 + 初中受教育比重×9 + 高中或中专受教育程度×12 + 大专及以上受教育比重×16。将上海财经大学公共政策研究中心发布的2009~2017年《中国财政透明度报告》作为样本区间这一时期的财政透明度的数据来源。高质量发展数据来源国家统计局发布的《2000~2014年地区发展与民生指数》,但2015~2017年间高质量发展部分指标数据缺失,采用移动平均法进行相应补全,最终确定2000~2017年31个省(区、市)为样本区间。运用相关性进行主要变量之间共线性检验,相应的变量在1%和5%水平上显著,大部分变量之间相关系数小于0.50,表明变量之间可能不存在严重共线性问题。

(三)计量方法

为了检验前文理论预期以及验证相应的研究假设,运用2000~2017年我国31个省(区、市)的面板数据进行实证检验。在考虑核心解释变量的基础上,借鉴和参考国内已有研究文献,尽可能地控制影响高质量发展的其他因素,分别从全国和地区上考察财政分权与高质量发展之间的内在关系,设定如下计量模型:

$$HQ_{i,t} = \alpha_1 fd_{i,t} + \alpha_2 x_{i,t} + \mu_i + \varepsilon_{i,t} \tag{20}$$

$$HQ_{i,t} = \alpha_1 fd_{i,t} + \alpha_2 fd_{i,t}^2 + \alpha_3 x_{i,t} + \mu_i + \varepsilon_{i,t} \tag{21}$$

其中,$HQ_{i,t}$为高质量发展,i表示省(区、市),t表示年份,$fd_{i,t}$为财政分权,$fd_{i,t}^2$表示财政分权平方,$x_{i,t}$为系列控制变量,u_i表示地区效应,$\varepsilon_{i,t}$为随机误差扰动项,α_1、α_2、α_3为各变量的回归估计系数。

五、实证结果分析

(一)整体估计结果

表2报告了财政分权与高质量发展的回归估计结果。结果显示,财政分权对高质量发展具有显著的正向作用,说明财政分权有利于推动高质量发展。列(2)增加

财政分权平方表示财政分权的强度,结果发现,其回归估计系数在5%水平上显著为负,表明财政分权存在一个最优平衡点,财政分权未突破最优平衡点时,其正面作用将促进高质量发展;一旦财政分权超过最优平衡点,将抑制高质量发展,说明财政分权对高质量发展影响可能呈倒"U"型。其他变量对高质量发展都产生显著正向影响,具体来看:(1)经济增长对高质量发展有显著的正向促进作用,说明当期人均GDP水平越高,越有利于促进高质量发展;(2)人力资本对高质量发展影响显著为正,表明人力资本积累能够提高高质量发展水平。劳动就业人员平均受教育年限的增加和人力资本积累效率的不断提高,能够进一步提高劳动力市场就业质量,增强劳动力就业人员技能,改善民生事业发展和增进民生福祉;(3)外资规模对高质量发展产生显著的正向促进作用,说明实际利用外资额占地区GDP比重越大,越有助于促进高质量发展;(4)城市化规模与高质量发展是互惠共生的有机体。城市化率的提高带来基础设施的不断完善,有利于改善人民生活质量,提升基本公共服务能力,间接地改善经济发展质量,同时高质量发展必然带来人口城市化率的增加,科教文卫基础性事业也会进一步完善;(5)产业结构升级对高质量发展影响显著为正,说明提高第三产业占比将推动高质量发展。

表2　　　　　　　　　　　　整体估计结果

变量	被解释变量(高质量发展)	
	(1)	(2)
财政分权	0.02*** (3.70)	0.05*** (3.33)
财政分权平方		-0.01** (-2.17)
经济增长	0.02*** (13.32)	0.02*** (13.12)
人力资本	0.02*** (6.51)	0.02*** (6.83)
外资规模	0.15* (1.80)	0.12 (1.39)
城市化率	0.90*** (26.16)	0.87*** (23.38)

续表

变量	被解释变量（高质量发展）	
	（1）	（2）
产业结构	0.01** (2.23)	0.01* (1.90)
常数项	-0.15*** (-7.05)	-0.16*** (-7.39)
样本量	558	558
R^2	0.96	0.96
F	68.42***	56.05***

注：***、**和*分别表示在1%、5%和10%水平上显著；括号中的数值为Z统计量，下同。

（二）地区估计结果

根据学术界普遍认同的东（京、津、冀、辽、沪、苏、浙、闽、鲁、粤、琼）、中（晋、吉、黑、皖、赣、豫、鄂、湘）、西（蒙、桂、渝、川、黔、滇、藏、陕、甘、宁、新、青）地区分类方法，本节考察财政分权对高质量发展影响是否存在地区差异性。表3显示了财政分权对高质量发展影响存在显著的地区异质性。财政分权对高质量发展影响在西部地区有显著的正向激励作用，东、中部地区不显著。随着财政分权度的不断提高，财政分权二次项系数在1%水平上在中、西部地区显著为负，东部地区则不显著。本文认为产生这一现象的缘由除了样本量少、估计模型和方法解释能力不足外，可从以下三个方面诠释：其一，东部地区整体经济增长已进入高质量发展阶段，财政分权对其影响逐渐被其他因素削弱，抑或不受财政分权体制性因素制约；其二，从控制变量参数估计结果看，东部地区整体经济发展质量受地区特征因素影响相对单一，影响中、西部地区的因素相对复杂，东部地区在经济发展、民生改善、社会发展、环境治理和科技创新方面一直保持相对较好的发展趋势，而中、西部地区高质量发展"不平衡""不充分"问题尚未完全解决，需要进一步依赖财政分权体制；其三，国家高度重视区域协调发展战略，如"西部大开发战略""中部崛起战略"。近年来，中央政府对中西部地区转移支付规模不断扩大。如2018年中央和地方预算执行情况显示，对地方一般性转移支付预算3.9万亿元，比上年增长10.9%，其中，西部地区1.71万亿元，占比44.4%，中部地区1.65万亿元，占比42.8%。大规模转移支付资金可以弥补中西部地区高质量发展的财力缺口，在全国范围内调控财政资源进行合理高效配置，激励其主动提高财政支出规模，提高基本公共服务均等化水平，为中西部地区高质量发展提供财政资金支持。

表3　　　　　　　　　　地区估计结果

变量	被解释变量（高质量发展）					
	东部地区		中部地区		西部地区	
	(1)	(2)	(3)	(4)	(5)	(6)
财政分权	-0.01 (-0.57)	0.01 (0.29)	-0.05 (-1.37)	0.41*** (3.50)	0.04*** (4.67)	0.10*** (4.89)
财政分权平方		-0.01 (-0.47)		-0.31*** (-1.06)		-0.01*** (-3.28)
经济增长	0.02*** (10.64)	0.02*** (10.53)	0.03*** (8.18)	0.03*** (9.54)	0.01*** (4.40)	0.01*** (3.43)
人力资本	0.02** (2.55)	0.02** (2.58)	0.02*** (4.01)	0.02*** (4.07)	0.01** (2.49)	0.01*** (3.21)
外资规模	-0.35*** (-3.41)	-0.36*** (-3.45)	-0.01 (-0.07)	0.09 (0.47)	1.16*** (6.02)	1.14*** (6.05)
城市化率	0.67*** (12.88)	0.67*** (12.24)	0.79*** (10.49)	0.61*** (7.20)	1.10*** (16.89)	1.06*** (16.37)
产业结构	-0.01 (-1.56)	-0.01 (-1.62)	0.04*** (4.98)	0.04*** (5.65)	0.01* (1.71)	0.01 (0.84)
常数项	0.03 (0.56)	0.02 (0.39)	-0.09** (-2.02)	-0.18*** (-3.83)	-0.13 (-5.15)	-0.17*** (-6.20)
样本量	198	198	144	144	216	216
R^2	0.96	0.96	0.97	0.97	0.97	0.97
F	25.89***	23.92***	26.49***	20.02***	92.54***	76.50***

另外，还应考虑我国不同时期的财政分权对高质量发展的影响是否存在差异性，其实证分析结果是否随着时间段设定而发生回归系数符号和显著性大小变化，为此，本文将数据分成2000~2014年和2015~2017年两个时间段进行有效估计，结果发

现，分区间段并没有改变财政分权对高质量发展的促进作用，财政分权、财政分权平方项的回归估计系数方向验证了二者呈倒"U"型曲线的存在，进一步证实了总体数据得到的结论是稳健的。

（三）进一步讨论：门槛效应

1. 门槛模型

为了检验财政分权与高质量发展是否存在非线性关系，寻找我国省级层面财政分权的适度区间。借鉴 Hansen（1999）提出的面板门槛模型，运用 2000～2017 年我国 31 个省（区、市）的面板数据对财政分权影响高质量发展进行门槛模型实证检验。设定如下基准模型：

$$HQ_{i,t} = \alpha_1 fd_{i,t} \times I(thr_{i,t} \leq \gamma_1) + \alpha_2 fd_{i,t} \times I(\gamma_1 < thr_{i,t} < \gamma_2) \\ + \alpha_3 fd_{i,t} \times I(thr_{i,t} \geq \gamma_2) + \alpha_4 x_{i,t} + \mu_i + \varepsilon_{i,t} \quad (22)$$

可以简化为分段函数：

$$HQ_{i,t} \begin{cases} \alpha_1 fd_{i,t} + \alpha_2 x_{i,t} + \mu_i + \varepsilon_{i,t} & (fd_{i,t} \leq \gamma_1) \\ \alpha_2 fd_{i,t} + \alpha_2 x_{i,t} + \mu_i + \varepsilon_{i,t} & (\gamma_2 < fd_{i,t} < \gamma_3) \\ \alpha_3 fd_{i,t} + \alpha_2 x_{i,t} + \mu_i + \varepsilon_{i,t} & (fd_{i,t} \geq \gamma_3) \end{cases} \quad (23)$$

当财政分权小于第一个门槛值 γ_1 时，此时财政分权系数为 α_1，当财政分权介于第一和第二个门槛值之间时，此时财政分权系数为 α_2，当财政分权大于第三个门槛值 γ_3 时，财政分权系数为 α_3，$thr_{i,t}$ 表示门槛变量，γ_1、γ_2 分别表示第一个和第二个特定门槛值，$I(\cdot)$ 为指示性函数。

2. 结果分析

表 4 显示了财政分权的单一门槛和双重门槛在 1% 和 5% 水平上都非常显著，三重门槛未通过显著性检验，所以基于双重门槛进行分析。财政分权两个门槛值分别为 1.06 和 1.43，依据其两个门槛值将财政分权分为低财政分权（$fd_{i,t} < 1.06$）、适度财政分权（$1.06 \leq fd_{i,t} \leq 1.43$）、过度财政分权（$fd_{i,t} > 1.43$）三种类型并进行估计，具体门槛模型估计结果见表 5。本文重点分析不同财政分权区间对高质量发展是否存在差异性。从参数估计结果看，当财政分权度低于第一个门槛值（1.06）时，财政分权对高质量发展具有显著正向影响；当财政分权度介于 1.06 和 1.43 时，二者在 1% 水平上仍然呈现正向相关关系；当财政分权度高于第三门槛值（1.43）时，财政

分权对高质量发展的影响由正向促进转变为负向抑制，说明分权体制下高质量发展效应会由"初始的正效应"转向"最终的负效应"。

表4　　　　　　　　　门槛效应估计、检验结果与门槛值

门槛变量	门槛类型	门槛模型	F值	P值	BS次数	门槛估计值	95%置信区间
财政分权	单一门槛	门槛1	37.62**	0.02	500	1.06	[1.05，1.26]
	双重门槛	门槛2	61.84***	0.00	500	1.43	[1.23，1.51]
	三重门槛	门槛3	-33.03	0.56	500	2.21	[2.16，2.21]

表5　　　　　　　　　门槛模型回归估计结果

变量	被解释变量（高质量发展）	
	（1）	（2）
财政分权<1.06	0.04** (2.19)	0.01*** (2.84)
1.06≤财政分权≤1.43	0.24*** (8.47)	0.05*** (6.56)
财政分权>1.43	-0.05*** (-2.82)	-0.02*** (-5.05)
经济增长		0.02*** (14.37)
人力资本		0.02*** (6.34)
外资规模		0.12 (1.48)
城市化率		0.86*** (24.98)
产业结构		0.01** (2.33)
常数项		-0.15*** (-7.42)
样本量	558	558
R^2	0.15	0.96
F	15.62***	57.53***

结果表明，随着财政分权度的不断提高，地方政府会产生扩张性财政支出行为，很大程度上将导致高质量发展由正面效应转变为负向效应，二者之间呈倒"U"型关系，验证了前文相应的理论假设，说明了理论层面和数据实证都支持财政分权与高质量发展呈现倒"U"型关系的结论，进一步验证了上述理论分析的合理性以及客观存在性，很大程度上说明在分权框架下地方扩张性财政行为会产生一定负面效应。

那么，如何从财政分权角度分析这一现象呢？可能的原因是：其一，扩张性财政支出行为使地方财力缺口进一步扩大，通过扩张支出规模展开竞争博弈，地方政府迫切需要拉动地区生产总值增长，将更多的财政资源投向经济建设领域，相对忽视民生性支出的福祉效应，在未能实现提高社会福利期望的同时，反而降低财政资源要素配置效率，进一步诱发财政分权的"低效率""高支出""高负债"的弊端；其二，适度财政分权会促进高质量发展。中国式财政分权显著区别于政治与经济双向分权的财政联邦主义国家，过度财政支出行为不仅未能释放体制红利、推动高质量发展，反而对其产生了一定负面效应；其三，国家、社会高度重视地区经济发展、民生改善、社会发展、环境治理以及科技创新等方面，对推动高质量发展提出刚性要求，把高质量发展作为政府工作的长期目标，并将其纳入政绩考核内容中，进一步规范了地方政府支出行为。但长期"为增长而竞争"的激励机制难以实现高质量发展中各子系统要素供给上的优化配置。财政分权会因地方扩张性财政支出、政绩考核监督以及个人晋升激励而陷入要素配置低效率、偏向性支出结构以及高额举债规模的多维困境。

另外，为了保证上述门槛检验结果的科学性和准确性，进一步选择人均地方本级财政收入占全国人均财政收入作为财政分权的指标参数，验证财政分权对高质量发展具有门槛效应是否稳健。结果表明：收入分权对高质量发展有显著的双重门槛效应，但不同收入分权区间对高质量发展亦存在不同影响效应，这与上面的结论基本吻合，说明本文结论是稳健的。

（四）进一步研究：影响机制

依据前文的理论模型可知，现代财政制度有助于推动高质量发展。为此，建立如下实证计量模型检验财政分权对高质量发展的影响机制，具体计量模型如下：

$$HQ_{i,t}\begin{cases}\alpha_1 fd_{i,t}\times tb_{i,t}+\alpha_2 x_{i,t}+\mu_i+\varepsilon_{i,t}(1)\\ \alpha_1 fd_{i,t}\times tr_{i,t}+\alpha_2 x_{i,t}+\mu_i+\varepsilon_{i,t}(2)\\ \alpha_1 fd_{i,t}\times ft_{i,t}+\alpha_2 x_{i,t}+\mu_i+\varepsilon_{i,t}(3)\\ \alpha_1 fd_{i,t}\times fr_{i,t}+\alpha_2 x_{i,t}+\mu_i+\varepsilon_{i,t}(4)\end{cases} \quad (24)$$

其中，财政分权（$fd_{i,t}$）与税收能力（$tb_{i,t}$）、宏观税负（$tr_{i,t}$）、财政透明度（$ft_{i,t}$）、财政支出自决率（$fr_{i,t}$）的交互项对高质量发展的影响，具体结果见表6。结果显示，其一，财政分权与税收能力交互项的回归估计系数在1%水平上显著为正，表明税收能力的提高有利于推动高质量发展。地方税收征管成本降低、效率提高、模式优化，很大程度上可以改善和提高政府部门运行绩效，在位官员会选择努力追求高质量发展，更愿意服务经济社会全面发展；其二，财政分权与宏观税负交互项的回归估计系数为0.17，且在1%水平上显著，说明分权体制下政府税收法定规范性越好，越能保持相对稳定的宏观税负水平、推动高质量发展。地方不规范税收优惠政策是影响税收法定规范性的重要因素，分权框架下只有确保税率、征税对象、计税依据等基本税收要素的法定，才能更好促进高质量发展；其三，财政分权与财政透明度交互项的回归估计系数在1%水平上显著为正，说明财政透明度越高，其高质量发展越好。财政透明度的提高既能加强对地方政府预算收支规模的进一步控制，有利于提升地方政府预算效率和规范性，可以有效防范和降低地方政府预算风险，也能有效缓解地方政府预算过程和程序的信息不对称问题，进一步提高地方政府预算管理能力，为推动高质量发展提供重要保障；其四，分权体制下财政支出自决率的回归估计系数未有显著性影响，说明地方财政支出占比的提高尚未推动高质量发展。

表6 影响机制的估计结果

变量	被解释变量（高质量发展）			
	(1)	(2)	(3)	(4)
财政分权×税收能力	0.02*** (3.56)			
财政分权×宏观税负		0.17*** (4.76)		

续表

变量	被解释变量（高质量发展）			
	(1)	(2)	(3)	(4)
财政分权×财政透明度			0.02*** (3.08)	
财政分权×支出自决率				-0.01 (-0.21)
经济增长	0.02*** (13.58)	0.02*** (12.42)	0.01*** (7.13)	0.02*** (12.92)
人力资本	0.02*** (25.81)	0.02*** (6.03)	0.01* (1.95)	0.02*** (7.03)
外资规模	0.19** (2.31)	0.15* (1.82)	-0.08 (-0.64)	0.19** (2.25)
城市化率	0.59*** (25.81)	0.92** (27.52)	0.99** (23.42)	0.92*** (26.85)
产业结构	0.01** (2.04)	0.01*** (2.69)	0.01** (2.49)	0.01 (1.03)
常数项	-0.15*** (-7.22)	-0.14** (-6.71)	-0.01 (-0.44)	-0.15*** (-6.88)
样本量	558	558	278	558
R^2	0.96	0.96	0.93	0.96
F	68.13***	70.81***	79.48***	67.29***

六、主要结论与政策建议

科学定位和合理研判财政分权与高质量发展之间的内在逻辑与影响机制，尤其是经济新常态下，发挥财税体制改革红利对推动高质量发展具有基础性、制度性、保障性作用。鉴于此，本文试图从一个全新而连贯的理论视角剖析财政分权对高质量发展的动态影响，揭示了财政分权影响高质量发展的机制，并运用我国31个省（区、市）2000~2017年的面板数据进行实证检验，得到三个主要结论：其一，财政分权促进高质量发展，但会因地区差异而表现出不同影响效应；其二，财政分权对高质量发展的影响具有双重门槛效应，二者呈倒"U"型曲线关系；其三，分权体制下提高财政透明度、增强税收征管能力以及健全税收法定规范性可以推动高质量发展。

本文的分析结论对于重新审视分权制度下如何推动高质量发展具有重要意义。鉴于此，衍生出以下制度优化的政策建议。

第一，继续优化地方政府政绩考核体制。借鉴杨灿明（2017）的观点，进一步推动减税降费的改革路径之——改革以GDP增长为核心的政绩考核机制，进一步降低政府主导型投资比重。在构建现代财政制度、保障高质量发展长效机制的过程中，必须逐渐改变以GDP增长为核心的政绩考核制度。具体而言，其一，在干部考核体系中淡化GDP指标，但淡化经济指标并不是意味着经济增长的重要性下降，而是需要进一步强化对经济质量、民生改善、社会发展、环境治理以及科技创新方面的综合性考核，着力解决经济、民生、社会、环境以及科技方面"不平衡""不充分"的问题，全面提升经济可持续增长动能，进一步加快实现新时代下全面建成小康社会的步伐；其二，要以加快建立现代财政制度和推动高质量发展为契机，着重改革分权框架下地方政府支出竞争的扭曲性制度激励，进一步降低对政府主导型投资的依赖。

第二，有效约束地方政府扩张性财政支出行为，适度财政分权有助于促进高质量发展，意味着扩张性财政支出行为会对高质量发展产生的负面效应。正如卢洪友、余锦亮和张楠（2017）认为，纵向财政分权会造成中央和地方政府间信息不对称，极容易诱发地方扩张性财政政策，引发地方土地出让金、政府融资平台等一般公共预算之外资金的膨胀。为此，借鉴杨志安、邱国庆（2019）针对财政分权改革的建议。新时期需要重新审视当前财政分权的体制环境，综合考虑财政分权所处的阶段以及现实的客观经济环境，不能单纯盲目地提高或者降低财政分权水平，这要求各级地方政府适度提高财政分权强度。所以，各级人大及其常委会、审计部门、上级地方政府需要及时审查和监督地方财政支出执行情况，逐渐构建起多维有效的约束各级政府扩张性支出行为的机制，以及逐步建立起公开透明的财政分权体制环境。另外，地方政府实施财政政策需要分地区循序渐进地调控高质量发展。由于各地区经济发展水平差距较大，这就要求地方政府制定和实施财政政策时必须考虑各地区经济增长、财力缺口、产业结构、环境污染以及科技创新方面所处的阶段，在此基础上合理确定财政支出规模。针对财政收入较少以及经济发展、民生改善、社会发展、生态建设以及科技创新相对落后的地区，需要给予更多财政政策支持。

第三，营造良好的财政制度环境。借鉴王雄飞、李香菊和杨欢（2018）的建议，推动高质量发展的政策选择之一是构建多维度现代财政制度，妥善处理好政府与市场、政府与公民以及发展经济与促进公平之间的多维关系，为经济高质量发展创造一个良好的制度环境。具体内容包括三个方面：其一，继续优化规范透明、标准科学、约束有力的现代预算制度。一方面，将"四本预算"统一纳入全口径预算管理，着重加强政府预算重点环节的管理，进一步完善权责发生制的政府综合财务报告制度，全面实施预算绩效管理制度，以及高度重视预算绩效结果的问责机制，逐步建立起符合现代预算体系的政府收支管理制度；另一方面，年度预算方式应逐步向中长期预算框架转变，实现中长期财政预算收支安排，以利于提高财政预算资金的使用效率。同时，进一步健全地方政府预算信息公开机制，全面落实推进全口径预算决算审查与监督，进而有利于实现地方政府预算硬约束。其二，继续提高现代税收能力。现阶段税收制度需要结合税制改革的中长期目标，尤其是对由经济高速增长进入高质量发展后所表现的体制性、结构性问题要精准发力。具体而言，需要进一步完善部分税种立法，全面优化税制结构，降低税收征管成本，提高现代政府税收能力，逐步建立起适应经济高质量发展的统一、法治、公平、方便征管的现代税收体系。同时，继续实施结构性减税降费政策以及地方税收优惠政策时，都要注重宏观税负的稳定性，防范税收政策陷入低效率而引起周期性、结构性的经济波动。其三，构建规范的中央和地方政府间财政关系，关键在于明确中央和地方政府间事权清单制度，并匹配相应的财权，适当减少地方事权任务，将部分支出责任逐渐上移至中央政府，逐渐增加中央本级政府财政支出占比。

政府财政透明"稳预期"了吗？*

邵 磊 唐 盟**

内容提要：财政治理既是国家治理的基础和重要支柱，也是影响市场预期的关键因素。本文通过 2013～2016 年上市公司数据和《中国市级政府财政透明度研究报告》相关数据，利用工具变量法系统考察了财政透明提升和企业杠杆率调整速度的关系，从而分析财政不确定性如何影响市场预期。本文的结论支持财政透明度提高有利于为经济发展注入确定性，从而稳定市场预期。经过一系列稳健性检验之后，本文结论依然保持稳健。另外，研究发现劳动密集型企业和国有企业受到的影响更为突出，同时，财政透明度有效制约了企业寻租活动，促进企业研发投入，推动企业增强市场信心，但是研究同样指出，财政透明度提高并没有对企业固定投资调整速度和政府补助产生显著影响。本文为财政不确定性如何影响预期提供了一个实证证据，并对财政治理如何"稳预期"提出政策参考和建议。

关键词：政府预算；财政透明；预期；杠杆率
中图分类号：F812.3　　文献标识码：A

一、引言

　　财政治理既是国家治理的基础和重要支柱，也是影响市场预期的关键因素，但

---

* 终稿发表于《财政研究》2019 年第 8 期。
** 作者简介：邵　磊，中央财经大学财政税务学院讲师。
　　　　　　　唐　盟（通讯作者），中央财经大学财政税务学院硕士研究生。

是随着我国经济发展进入新常态以及国际政治经济格局的变迁，财政治理也面临着不确定性的挑战。从财政政策的制定到执行，每一步都存在产生不确定性的因素，财政政策的制定并非在"玻璃房"内进行，外界对于财政政策的意图也通常有不同解读，财政政策的效果更不一定与初衷一致，这些因素充分体现了财政不确定性越来越成为影响财政治理成效的重要因素。2018年7月，中共中央政治局会议首次将"稳预期"纳入到政策目标当中，这体现出市场预期越来越成为经济政策不可忽视的问题。贾康等（2014）指出，"理性预期失灵"是指市场主体在对未来事件进行预测时，由于不完全信息等原因，不可能形成完全准确的预期并据此调整自己的行动；相反，由于存在各类非理性因素，市场主体基于个体的"理性"行动有时会造成疯狂和失控，对经济系统产生破坏性影响。而财政的不确定性更会进一步加剧"理性预期失灵"从而造成公共风险增加，不利于经济平稳运行和高质量发展。而国家治理的本质是公共风险的治理，是通过注入确定性化解国家发展中的不确定和公共风险，从而实现国家进步，人民和谐（刘尚希等，2017）。在过去的实践中，货币政策效应的发挥已越来越借助于货币政策的预期引导功能（徐亚平，2009），而财政政策对于政策预期引导仍然不够重视，故而要实现稳定预期，增强市场信心，需要更具有持续性、透明性的财政政策。

目前对财政政策不确定性测度的研究成果较少，朱军（2017）借鉴了经济不确定指数的测度方法（Baker et al., 2016），通过分析《经济日报》中体现财政政策不确定性的词频来构建财政政策不确定性指数，但是仍然存在诸多问题。故而本文采用政府预算透明水平来体现政府财政不确定性的程度。一方面，政府收支是财政政策的重要组成部分，而政府收支的不确定性程度往往取决于政府财政预算约束。另一方面，Sedmihradská 和 Haas（2012）认为，财政预算透明能够减少纳税人的财政幻觉，加强财政纪律，削弱政治家和纳税人的信息不对称。政府预算公开不仅仅是对财政不确定性的良好约束和规范，也能够进一步起到明确财政治理方向与重点的作用，从而稳定市场预期，减少公共风险。本文通过清华大学发布的《中国市级政府财政透明度研究报告》获取 2013~2016 年的地级市政府财政透明度得分，并结合上市公司相关数据，将上市公司的所在地匹配到地级市政府，从而能够推断政府预算透明是否有利于企业稳定预期。一方面，使用地级市财政透明度能够体现地方政府间的财政透明差异（variation），另一方面，该指标也纳入了部门预算、地方债务、

"三公"经费等公开情况,较为全面地度量了政府财政透明情况。

就实证分析而言,如何识别政府财政透明对市场预期稳定的因果影响(causal effect)是困难的。第一,政府财政透明程度难以准确度量,我们所使用的指标仍然不可避免地存在测量误差问题;第二,企业预期形成的过程复杂,比如公司管理层的心理状态等无法准确测度的变量也会影响企业预期,所以在识别因果性时需要考虑到遗漏变量的问题。我们采用工具变量法(IV method),使用地区互联网接入户数与年末总人口之比作为政府财政透明的工具变量来进一步缓解上述问题。另外,还需要考虑的是政府财政透明度之间的可比较性问题,如果具有同样分数的地级市,但是其财政规模有很大差异,是否能够简单认为其财政透明度完全相同?对市场的经济意义又是否一致?基于这一点,我们采用政府财政透明度得分与地区财政支出占GDP之比的交互项,即以地方政府的政府规模作为权数进行加权,作为我们度量财政透明度的核心解释变量。

本文可能的贡献在于,第一,目前研究政府财政透明水平对微观主体影响的文献较少,本文能够对政府财政透明如何影响微观企业行为提供一个初步证据;第二,对于经济不确定性和政策不确定性的研究已经有较多文献,但是对于财政不确定性的研究仍在少数,本文基于财政透明度的实证分析,从财政不确定性的角度为上述研究进行一定的补充和完善;第三,目前对于财政政策如何影响企业预期的研究仍然不足,本文研究能够为后续推进财政政策实现稳预期目标提供一个证据参考和建议。

二、政策背景及文献综述

2018年7月,中共中央政治局会议公报首次出现了"稳预期",和以往的"稳就业、稳金融、稳外贸、稳外资、稳投资"并列(简称"六稳")。"稳预期"的目标相对其他五个目标而言更为抽象,更加难以通过经济数据予以度量,但从总体上来说,稳预期是"六稳"工作中的重点和难点,也是最为关键的政策目标。预期稳定主要在于方向感,其一是清楚描述问题,其二是描绘未来发展图景[①]。而财政预算则

---

① 冯俏彬. "稳预期"是"六稳"关键[N]. 中国经济时报, http://lib.cet.com.cn/paper/szb_con/506597.html, 2019-03-01.

较为全面地体现了政府未来具体工作的重点与方向，市场预期不可避免地受到财政活动的深刻影响（见表1）。

表1　2018年中共中央关于"六稳"的论述摘编

2018年7月 中共中央政治局会议	财政政策要在扩大内需和结构调整上发挥更大作用。要把好货币供给总闸门，保持流动性合理充裕。要做好稳就业、稳金融、稳外贸、稳外资、稳投资、稳预期工作
2018年10月 中共中央政治局会议	实施好积极的财政政策和稳健的货币政策，做好稳就业、稳金融、稳外贸、稳外资、稳投资、稳预期工作，有效应对外部经济环境变化，确保经济平稳运行
2018年12月 中央经济工作会议	着力激发微观主体活力，创新和完善宏观调控，统筹推进稳增长、促改革、调结构、惠民生、防风险工作，保持经济运行在合理区间，进一步稳就业、稳金融、稳外贸、稳外资、稳投资、稳预期，提振市场信心，增强人民群众获得感、幸福感、安全感，保持经济持续健康发展和社会大局稳定

资料来源：共产党员网，http://www.12371.cn/special/zzjhy/，由作者整理。

2019年李克强总理在《政府工作报告》中指出，出台政策和工作举措要有利于稳预期、稳增长、调结构，防控风险要把握好节奏和力度，防止紧缩效应叠加放大，决不能让经济运行滑出合理区间。同时，也不能只顾眼前，采取损害长期发展的短期强刺激政策，产生新的风险隐患。结合党中央的有关论述我们可以看出，"稳预期"的关键在于不能使得市场预期频繁变动，一方面，要继续化解长期累积的诸多风险，同时不能让经济运行失速，另一方面，在推行积极加力提效的财政政策时，也不能让政策利好使得市场预期更为盲目。

目前研究企业预期的文献仍然占少数，王晋斌（2016）通过大中国有企业调查数据指出，中国工业企业财务指标预期在短期和长期中都与实际结果存在明显的偏差，这表明大中型国有企业有关销售状况的财务预期不具备理性预期的性质。徐捷等（2016）通过调查问卷数据构建了企业预期形成和预期偏误的相关过程，并指出企业过分乐观和过分悲观的情况较普遍，但是企业固定资产投资的预期相对较为理性。总体而言，目前对于企业预期主要还是以调查问卷为主，对于企业预期测度的方法仍然没有定论，但是调查问卷则不可避免地受到受访者主观因素等多方面影响，从而导致调查结果可能产生偏误。另外一支研究预期的文献主要是通货膨胀预期对于企业行为的影响（李青原等，2015；饶品贵和张会丽，2015；饶品贵等，2016），但是一方面通货膨胀预期是时间序列数据，缺乏样本差异，另一方面财政预算透明也和通货膨胀预期关系并不直接，难以准确度量。

另外，就不确定性而言，经济政策不确定性对于企业行为的影响已经有了许多研究结论。经济政策不确定性往往会抑制企业投资，减缓企业金融化趋势（陈国进和张少谦，2016；彭俞超等，2018），但是饶品贵等（2017）指出，经济政策不确定性升高时，企业总体投资出现下降，但是投资效率显著提升。除此之外，经济政策不确定性还会对企业的创新行为（亚琨等，2018；顾夏铭等，2018）以及出口行为（谢申祥和冯玉静，2018；张莹和朱小明，2018）造成影响。

预期的稳定又和政策不确定性密切相关。目前主流文献对于政策不确定性的度量主要是以官员变更来代理的。Jens（2017）通过美国州长选举来度量地方的政策不确定性，并指出在选举前地区投资有所下降，证明政策不确定性对地区投资有负面影响。Xu等（2016）用中国市长变更检验了政策不确定性对企业现金持有的影响，发现在新任市长第一年任期中企业会减少现金持有，邓思依（2018）同样有类似结论。才国伟等（2018）通过省级官员变动数据指出政策不确定性显著降低了企业的债务融资。

最后，财政不确定性也产生了显著影响。Ali（2005）通过跨国数据分析发现，财政政策的不确定性显著阻碍了国家经济增长。Gelos和Wei（2005）指出在政府预算透明度较低的国家，外国基金投资额也会更少，在发生危机时也更倾向于撤出透明度较低国家的投资。Benito和Bastida（2009）指出政府预算透明显著削弱了地方官员的机会主义行为，Vicente等（2013）也有类似结论。周世愚（2018）指出，相机抉择的财政政策能够推动地区经济增长，但同时也带来了更剧烈的产出波动，说明财政政策的稳定性是市场预期稳定的重要前提。财政预算透明也对财政治理能力产生了积极影响（张树剑，2016；赵合云和赵逸博，2018）。邓淑莲和朱颖（2017）通过《2012年中国市级政府财政透明度研究报告》和《2012年世界银行中国企业调查数据》考察了财政透明度对企业产能利用率的影响，并在理论分析中指出了财政透明度降低会增加不确定性并影响企业理性预期，从而降低企业产能利用率，但是其并没有讨论模型存在的内生性问题，王少飞等（2011）也在企业投资效率上验证了类似观点。

从总体来看,目前财政不确定性对企业微观行为影响的文献不足,更缺乏财政不确定性与企业预期的相关研究。本文拟从财政透明度对企业杠杆调整速度的影响来讨论财政透明度对企业预期稳定起到的作用,一方面补充文献关于财政不确定性对企业预期研究的不足,另一方面更为细致地讨论"预期稳定"目标如何受到财政透明的影响。

三、数据、变量和模型

本文的数据主要来自于2013~2016年清华大学发布的《中国市级政府财政透明度研究报告》(以下简称《报告》),2013~2016年的上市公司相关数据来自国泰安数据库,2013~2016年的城市经济相关变量来自历年《中国城市统计年鉴》[①]。我们删去所在地为直辖市、自治州以及没有代管地级市的县或县级市的上市公司,删去了ST、*ST等的上市公司,删除了B股、金融保险类行业以及在2016年才上市的股票,最后清理得8152个观察值,剩余2138家企业,覆盖了235个地级市。

在被解释变量的选取上,徐捷等(2016)则在调查问卷中询问企业的固定资产投资在下一期是扩张、持平还是收缩作为企业预期的度量,但是使用固定资产投资作为预期度量的问题在于,一方面,固定资产投资属于不变资本,厂房、办公楼等固定资产都需要持续投入资金,因此在面临企业预期发生变化时,一时之间比较难以调整,另一方面,上市公司的规模和年龄都有一定水平,其固定资产投资往往代表相对长期的企业战略与预期,而目前我国财政预算只有年度预算,还未有健全的中长期预算,故而财政透明度更可能影响到的是市场的短期预期,以固定资产投资的变化来代理企业预期以识别财政透明对预期的影响可能会产生一定的偏误。综上所述,我们选取企业杠杆率的调整速度来表示企业预期是否稳定。相对固定资产投资调整而言,杠杆率的调整更为灵活,更为符合目前财政预算的年度性特征,同时,

---

① 需要说明的是,虽然清华大学发布的《报告》从2012年开始,但是当年还未覆盖到所有地级市,从2013年开始《报告》涵盖全国所有地级市,另外,我们从《中国城市统计年鉴》中获取构建工具变量的指标只有截至2016年的数据,故而我们综合选取了2013~2016年作为回归模型的时间窗口。

杠杆率也是企业短期预期的一个重要指标，资产负债率调整频繁，则企业的预期不稳定，故而不断调整自身资本结构；资产负债率调整缓慢，则说明企业预期稳定，不需要对自身资本结构进行大规模调整。

本文所使用的 OLS 估计模型如下：

$$LevROC_{it} = SCOFis_{ijt} + X_{it} + X_{jt} + \mu_i + \sigma_t + \sigma_t \times \delta_j + \varepsilon \tag{1}$$

其中 i 为企业，j 为地级市，t 为年份，$LevROC_{it}$ 为企业杠杆率的调整速度①，即企业当期资产负债率与上一期资产负债率之差与上一期资产负债率之比的绝对值，并删去其中上下 1% 的极端值以作缩尾处理。$SCOFis_{ijt}$ 为度量政府财政透明情况的变量，即加权财政透明得分，我们用政府财政透明度得分对数与公共财政支出占 GDP 之比的交互项来表示，X_{it} 和 X_{jt} 分别为企业特征变量和地市特征变量，我们控制企业固定效应 μ_i，时间固定效应 σ_t，以及考虑到各个城市对于预算工作的要求不同，我们通过控制时间与城市固定效应交互项 $\sigma_t \times \delta_j$，来进一步缓解其可能的干扰。

OLS 估计的问题主要在于政府财政透明度得分对实际情况的测量误差和模型设定可能存在的遗漏变量问题，故而我们采用工具变量法，使用互联网宽带接入用户数作为工具变量，并除以年末总人口进行标准化。一方面，政府财政透明得分的主要依据是政府将多少预算信息在网站上予以公布，故而只有网络使用者才有渠道查阅政府公开信息，所以互联网宽带接入用户数一定程度上反映了地方居民对财政信息公开的有效监督程度，另一方面，互联网宽带接入用户数很难和微观企业的资产负债率产生直接联系，虽然可能从某种程度上，互联网宽带接入用户数可能还可以通过其他变量来影响企业的资产负债率，如网络基础设施或者居民网络消费能力等，但是我们相信这样的可能影响可以被忽略不计。以上说明可以表示我们选取的工具变量应当满足相关性和排他性假设。

我们将 IV 估计模型列示如下：

$$SCOFis_{ijt} = Internet_{ijt} + X_{it} + X_{jt} + \mu_i + \sigma_t + \sigma_t \times \delta_j + \varepsilon$$

$$LevROC_{it} = \overline{SCOFis}_{ijt} + X_{it} + X_{jt} + \mu_i + \sigma_t + \sigma_t \times \delta_j + \varepsilon$$

其中，$Internet_{ijt}$ 为互联网宽带接入用户数与年末总人口之比，$\overline{SCOFis}_{ijt}$ 为 2SLS 第

---

① 我们补充了 2012 年的相关数据以计算 2013 年的资产负债率调整速度。

一阶段的估计值①。我们还将进一步采用其他工具变量和内生性问题的其他处理方式来进行稳健性检验。

最后我们需要说明的是，在控制变量的选取上，我们使用了企业的营业利润率（OM）、托宾q值②（TBQ）、企业规模，即企业资产对数（$Scale$）以及企业年龄（age），在地市特征上我们则选取了人均GDP对数（$lnperGDP$）以及固定资产投资占GDP的比重（$fixinv$），相关变量的描述性统计如表2所示。

表2　　　　　　　　　　　描述性统计

变量名	定义	均值	标准差
$LevROC$	（当期资产负债率 – 上期资产负债率）/上期资产负债率	0.08	0.52
$SCOFis$	政府财政透明得分×公共财政支出/GDP	0.76	0.40
IV	互联网接入用户数/年末总人口	0.44	0.41
OM	营业利润/资产总额	0.03	0.07
TBQ	托宾q值	2.74	3.75
$Scale$	企业资产对数	22.05	1.22
age	企业成立至今时间	15.93	5.36
$lnperGDP$	人均地区生产总值对数	11.29	5.36
$fixinv$	固定资产投资/GDP	0.66	0.27

注：资料由作者整理。

Deng等（2013）通过搜集2009年和2012年的调查数据发现，中国省级政府的财政透明度虽有提升，但是总体水平仍然较低，政府信息公开有很大的不稳定性。但是2013年之后，随着政府打击腐败力度的提高和2014年《预算法》的首次修订，我国政府预算透明的整体情况有了很大的提高。从图1可以看出，2016年市级政府的财政透明度总体较高，平均为290.03分左右，整体上来说相较于之前有了较大提升，但是仍然有提升空间。

---

① 第一阶段工具变量的估计系数为0.26，稳健标准误远小于0.01，在1%的显著性水平上显著，且与政府财政透明度$SCOFis_{ijt}$成正相关，充分说明互联网宽带接入用户数量显著促进了政府财政透明。

② 企业的托宾q值依据国泰安数据库中的B类计算方法：市值A/（资产总计 – 无形资产净额 – 商誉净额）

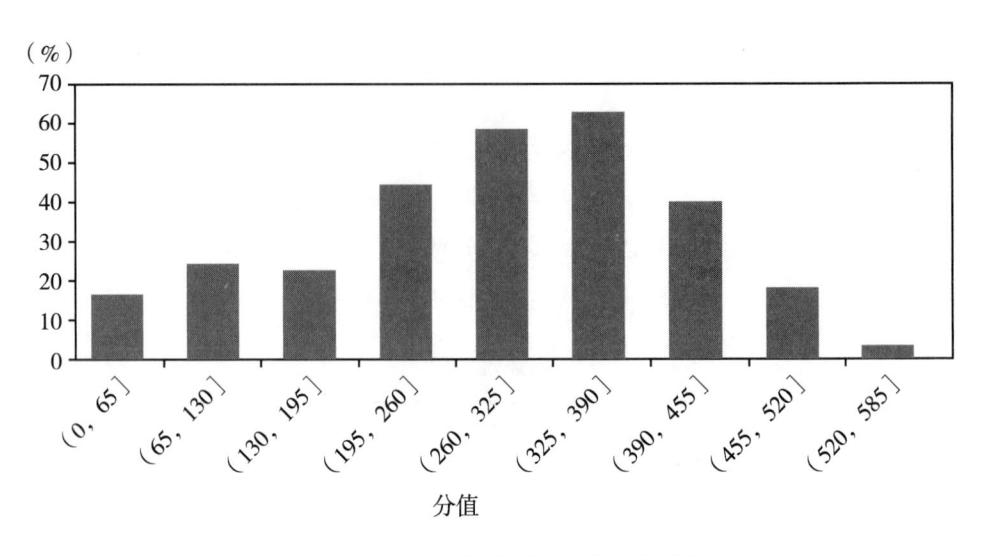

知识助产士：编者与作者、读者的沟通

图1　2016年地级市政府财政透明度

从地区分布情况看，东南沿海省份各城市及直辖市的透明指数相对靠前。而中部省份、西部省份和东北地区中，地级市透明指数排名相对靠后。这与各地经济发展情况较为对应，各直辖市和东南沿海省份经济相对发达，各地市政府的透明程度较高，较高的地市政府透明度又对企业产生正面的预期，进而促进当地经济的进一步发展。而东北地区、西部部分地级市和中部部分地级市，透明程度较低，近年来也遭遇了经济不景气、投资不足的情况。从统计角度来看，这一分布基本符合我们的直觉。

专家意见1：IV估计模型4的结果与前三列结果系数变化很大，作者的说明是内生性问题是高估，这里是否需要注意。

修改说明：IV估计与OLS估计的系数有显著差异是十分正常的现象，如果没有显著差异，那么反而可能并不需要使用IV估计，或者IV选取存在问题，这里也一定程度上证明了使用IV的必要性。

另外，本文的特殊性在于，内生变量还存在测量误差的问题（而一般可能只有遗漏变量和反向因果），所以在解决这个问题时，系数有较大变化的可能性是比较高的。

四、回归结果

我们将基准回归结果报告于表3。模型1~模型3分别是核心变量单独回归、加入企业控制变量和加入城市控制变量的结果，可以看出回归系数显著为负，且标准误有所缩小，但是由于内生性问题的干扰，我们认为回归系数可能过高估计了财政透明度对杠杆率调整速度的影响。模型4我们采用了IV估计，可以看出，*SCOFis*的系数显著为负，说明财政透明度提高有利于企业稳定杠杆，进而稳定预期，有利于经济平稳发展。

表3　　　　　　　　　　　基准回归结果

变量	模型1	模型2	模型3	模型4
财政透明度加权得分	-2.55** (1.23)	-2.35* (1.23)	-1.63*** (0.32)	-0.04** (0.02)
企业规模		0.10*** (0.01)	0.10*** (0.01)	0.09*** (0.01)
营业利润率		-0.15* (0.08)	-0.15* (0.08)	-0.15* (0.08)
托宾q值		-0.001 (0.002)	-0.001 (0.002)	-0.001 (0.002)
企业年龄		0.13* (0.08)	0.05 (0.07)	0.01 (0.01)
人均GDP对数			0.07 (0.66)	0.11 (0.10)
固定资产投资占比			-0.57 (0.48)	-0.13 (0.10)
人口密度			0.003 (0.003)	0.001 (0.001)
常数项	1.97** (0.96)	-2.11*** (0.44)	-4.32 (8.76)	-3.54*** (0.66)
企业固定效应	YES	YES	YES	YES
年份固定效应	YES	YES	YES	YES
年份-城市固定效应	YES	YES	YES	YES
R^2	0.10	0.13	0.13	0.13
obs	7721	7200	7195	7158

注：* 代表在10%显著性水平下显著，** 代表在5%显著性水平下显著，*** 代表在1%显著性水平下显著，括号内为异方差稳健标准误。

我们进一步通过稳健性检验来验证基准回归结果，并将结果报告于表4。模型5中我们用政府财政透明度得分对数（lnscore）作为核心变量来加入回归，可以看出，没有政府财政规模加权的财政透明度和加权财政透明度相比仍然有相似效果，其系数都显著为负，我们在模型6中进一步使用政府透明度得分进行财政规模加权之后的对数（SCOFis2）进入回归，发现系数仍然显著为负，说明我们对核心变量的处理不改变回归结果。在模型7中，我们进一步考虑工具变量的稳健性，我们采用互联网接入用户加上移动电话用户数作为工具变量，同样除以年末总人口进行标准化，考虑到目前的移动电话上网非常便捷，可以直接登录政府网站查阅预算信息，各级政府也通过微信公众号、政务 app、官方微博等形式发布预算信息，故其也能够体现预算公开的有效监督程度，我们发现在改换工具变量后仍然没有改变基准结果的结论①。在模型8中，我们进一步考虑到，2014年全国人大常委会通过了《关于修改〈中华人民共和国预算法〉的决定》，并将"建立健全全面规范、公开透明的预算制度，保障经济社会的健康发展"写入《预算法》总则，其中也有相关规定进一步细化了预算公开的流程。政府预算流程的规范可能对不同财政透明程度的政府产生异质性外生冲击，故而我们可以采用双重差分法（Difference - in - Difference）来削弱内生性问题②，可以看出2014《预算法》修订的冲击也深刻地影响了企业预期，政府透明度较低的城市在政策变更之后更能推动企业保持预期稳定。最后，我们考虑到，不同行业对于财政政策的依赖度不同，同时不同省份依赖财政手段发展经济的程度也不同，这些差异可能对回归结果产生干扰，故而我们在模型9和模型10进一步控制年份与行业固定效应的交互项和年份与省份的交互项，结果依然保持稳健。

表4 稳健性检验

变量	改换核心变量度量方式		改换内生性处理方式		调整固定效应	
	模型5	模型6	模型7	模型8	模型9	模型10
lnscore	-0.10*** (0.01)					
SCOFis2		-0.10*** (0.01)				
SCOFis			-0.04** (0.02)		-0.04* (0.02)	-0.04* (0.02)
DID				-4.77*** (1.59)		

① 第一阶段工具变量的估计系数为0.12，稳健标准误远小于0.01，在1%的显著性水平上显著，且与政府财政透明度 *SCOFis* 成正相关。

② 我们考虑到财政透明度较低的城市可能在《预算法》修订之后受到的冲击更大，故而我们通过2014年财政得分进行分组，小于中位数的取1，大于中位数取0，另外我们取时间变量为2014年及其后取1，之前取0，并设定分组变量和时间变量的交互项为双重差分法的核心变量 DID。

续表

变量	改换核心变量度量方式		改换内生性处理方式		调整固定效应	
	模型5	模型6	模型7	模型8	模型9	模型10
企业、城市控制变量	YES	YES	YES	YES	YES	YES
常数项	0.72 (0.62)	0.59 (0.63)	-3.16*** (1.05)	-92.05** (39.14)	-3.18*** (1.09)	-3.18*** (1.07)
企业固定效应	YES	YES	YES	YES	YES	YES
年份固定效应	YES	YES	YES	YES	YES	YES
年度-城市固定效应	YES	YES	YES	YES	YES	YES
年度-行业固定效应	NO	NO	NO	NO	YES	NO
年度-省份固定效应	NO	NO	NO	NO	NO	YES
R^2	0.13	0.13	0.13	0.13	0.13	0.13
obs	7158	7158	7158	7195	7158	7158

注：* 代表在10%显著性水平下显著，** 代表在5%显著性水平下显著，*** 代表在1%显著性水平下显著，括号内为异方差稳健标准误。

接下来我们通过样本分组来讨论政府财政透明对企业预期影响的异质性。我们参考黄先海等（2018）的做法，设定固定资产净额与应付职工薪酬之比作为衡量企业要素密集度的标准，通过计算各企业均值，将位于中位数后50%的记为资本密集型企业，将前50%的记为劳动密集型企业，结果报告于表5的模型11和模型12。可以看出资本密集型企业的杠杆率受到的影响不显著，而劳动密集型企业的杠杆率调整速度受到比较显著的影响。我们认为杠杆率的调整可能与成本可变性有关，劳动密集型企业能够调整可变成本来调整生产规模，而在预期稳定之后调整速度可能有较大幅度下降，故而劳动密集型企业受到的影响更为显著。我们进一步根据国泰安数据库中的股东文件来区分企业所有制，将结果报告于模型13和模型14。可以看出国有企业受到的影响相对民营企业更大，在财政政策不确定程度较高

专家意见2：在稳健性检验中，模型8采取DID模型，样本回归期是2013~2016年，而作者将2014~2016年取1是否合适？且新《预算法》实施年份是2015年。

修改说明：对于预算法的政策时点问题，初稿是考虑到2014年通过的修订方案可能产生预期效应，所以未必等到2015年才开始产生效果。根据意见，我们在文中报告了2015年为政策时点（即2015年后取1，之前取0）的DID估计，同时在脚注中注明了以2014年为政策时点的结果。

另外对于样本期问题，我们考虑到DID的运用要求是至少两期样本且有至少一期为对照时期，而我们具备2013年作为对照时期，故而还是能够基本满足DID的使用要求，当然，我们主要报告时点为2015年的结果之后，这个问题可能有所缓解。

时，国有企业可能更加需要不断调整杠杆以配合财政政策的可能方向，而民营企业的财政依赖程度可能较低，故而国有企业在财政透明注入确定性时杠杆率调整速度下降更快。模型15和16是我们按照地方年末金融机构贷款余额与GDP之比均值来划分地区金融约束，位于中位数后50%的金融约束更小，而位于前50%的金融约束更大。我们看到区分地区金融约束时回归结果并不显著，说明企业杠杆率的调整速度可能没有受到地区金融约束的较大影响，这也侧面证明了财政透明度的提升才是企业预期稳定的原因。

表5 分组检验

变量	区分要素密集度		区分所有制		区分地区金融约束	
	模型11 资本密集型	模型12 劳动密集型	模型13 民营企业	模型14 国有企业	模型15 金融约束小	模型16 金融约束大
SCOFis	0.14 (0.14)	-0.06*** (0.02)	-0.06** (0.03)	-0.10** (0.04)	-0.04 (0.03)	-0.03 (0.04)
企业、城市控制变量	YES	YES	YES	YES	YES	YES
常数项	-0.90 (0.81)	-1.83** (0.80)	-4.69** (1.68)	-0.77 (0.88)	-0.90*** (0.83)	2.60*** (0.54)
企业固定效应	YES	YES	YES	YES	YES	YES
年份固定效应	YES	YES	YES	YES	YES	YES
年度-城市固定效应	YES	YES	YES	YES	YES	YES
R^2	0.21	0.15	0.15	0.31	0.22	0.20
obs	3619	3539	5114	2044	3814	3705

注：*代表在10%显著性水平下显著，**代表在5%显著性水平下显著，***代表在1%显著性水平下显著，括号内为异方差稳健标准误。

最后我们来讨论政府财政透明稳定预期的具体机制。我们首先对企业固定资产投资进行分析，我们定义企业固定资产投资的调整速度为企业固定资产投资年度变化率的绝对值，发现政府财政透明度虽然对企业固定资产投资的调整速度有负向影响，但是这种影响并不显著。这证明目前的预算公开可能在稳定企业长期预期上并没有起到很好的效果，当然这更可能是因为目前尚未有成熟的中长期预算。另外，预算透明能够有效减少官员腐败（郭剑鸣，2011；李春根和徐建斌，2016；赵合云，2018），从而可能对企业的寻租活动产生影响。申宇等（2015）也指出，市委书记更替能够显著增加企业寻租费用,说明政策不确定性增加可能促使企业通过寻租活动来获取更多政策信息或者"俘获"政策制定者。我们参考 Cai 等(2011)和黄玖立和李坤望(2013)的做法,将企业的业务招待费和交际应酬费之和的对数作为企业寻租活动的代理变量,根据表 6 中的模型 18 的回归结果,可以认为财政透明度提高也显著降低了企业寻租活动,有利于企业增强市场信心。此外,我们还考虑到财政透明度对企业获取的政府补助和企业研发投入的可能影响,我们取其对数并将回归结果汇报于模型 19 和模型 20(见表 6)。结果显示财政透明度并未对企业获取政府补助产生显著影响,说明财政透明度没有降低通过政府补助产生的对市场的不确定性,但是显著提高了企业的研发投入,说明政府财政透明能够降低公共风险,有利于企业承担更多的研发风险,促使企业推进科技创新。

专家意见 3:在机制检验中,作者进行了几个角度的实证检验,但这些所谓的机制是否是财政透明度与企业预期以及企业杠杆率调整速度的作用途径,似乎并不清晰。特别地,企业研发投入似乎不像是机制,更类似于某种行为反应。

修改说明:同意意见"企业研发投入并不能简单当作一种机制",故而我们将表 6 改为了"进一步讨论",其中我们探求的可能机制主要是固定资产投资调整速度以及企业寻租,而政府补助和企业研发投入则是在更为广义的角度去探讨财政透明、企业风险与企业预期这一问题。政府补助是外生的资金供给,有利于降低企业的风险,而企业研发投入会使企业承受更大风险,我们分别讨论了财政透明对两者的影响,从而达到完善讨论的目的。

表 6　　　　　　　　机制分析

变量	模型 17 固定资产调整速度	模型 18 企业寻租	模型 19 政府补助	模型 20 研发投入
$SCOFis$	-0.03 (0.04)	-0.22*** (0.08)	0.08 (0.13)	0.24*** (0.07)
企业、城市控制变量		YES	YES	YES
常数项	-9.86*** (1.58)	26.31*** (2.08)	-5.31 (7.57)	-1.04*** (10.65)
企业固定效应	YES	YES	YES	YES
年份固定效应	YES	YES	YES	YES
年度-城市固定效应	YES	YES	YES	YES
R^2	0.13	0.15	0.20	0.21
obs	7164	5554	7256	5962

注:* 代表在 10% 显著性水平下显著,** 代表在 5% 显著性水平下显著,*** 代表在 1% 显著性水平下显著,括号内为异方差稳健标准误。

五、小结

本文通过 2013~2016 年上市公司数据和《中国市级政府财政透明度研究报告》相关数据,利用工具变量法系统考察了财政透明对企业预期稳定的影响。本文的结论支持财政透明度提高有利于对经济发展注入确定性,从而稳定企业预期,这个结论经过一系列稳健性检验之后依然保持稳健。另外,本研究发现劳动密集型企业和国有企业受到的影响更为突出,同时,财政透明度有效阻滞了企业寻租活动,促进企业研发投入,推动企业增强市场信心,但是研究同样指出,财政透明度提高并没有对企业固定投资调整速度和政府补助产生显著影响,这可能是未来建立健全全面规范和公开透明的预算制度的一个方向。本文得出的政策性启示如下:

第一,稳预期离不开财政政策的稳定。目前我国经济发展仍然面临诸多问题和挑战,世界经济增速放缓,保护主义、单边主义加剧,不稳定不确定因素明显增加,外部输入性风险上升。这就要求我们制定并实施更加稳定、持续的财政政策,防范、化解公共风险,为经济发展注入确定性,有效引导市场预期稳中向好,增加市场信心。

第二,财政政策需要加强对预期的引导。李克强总理在 2019 年《政府工作报告》中指出,要丰富和灵活运用财政、货币、就业政策工具,增强调控前瞻性、针对性和有效性,为经济平稳运行创造条件。目前我国在财税改革方面推出更大规模减税降费,继续降低增值税税率,有利于企业预期稳中向好,但是政府债务问题、房地产税问题等诸多和企业密切相关的热点问题仍然是企业预期不稳定的来源,要进一步推动财政政策信息公开,加强政民互动,努力化解信息不对称不充分等问题,积极引导市场预期。

第三,建立健全中长期预算是稳定市场长期预期的重要基础。目前我国各级政府只有年度预算,没有成熟的中长期预算体系,这仍然是市场长期预期不确定的主要原因。虽然有产业政策、五年规划等导向性政策来引导预期,但是政策贯彻落实还是需要通过财政活动来完成,建立健全中长期预算并加之规范有序的预算公开,才能够发挥财政政策引导稳定市场预期的作用。

地方财政能够承受起 PPP 支出责任吗?*
——基于 2010~2018 年 PPP 项目的分析**

张牧扬　卢小琴　汪　峰

内容提要：本文使用 2010~2018 年财政部 PPP 项目库中所有已发起 PPP 项目的数据，归纳了 2019 年之后每一年所有地级市政府所需承担的支出责任。本文发现，由 PPP 财政支出责任带来的地方政府财政支出压力总体是可控的；PPP 财政支出责任更多地增加了西部地区地方政府的财政压力；超 10%"红线"事件呈现出近多远少的时间分布趋势。然后，本文分别以 4%、6% 和 8% 的增长率来估算一般公共预算支出规模，并发现，超 10%"红线"的城市数量分别为 20、13 和 11 个，这些城市在超出 10%"红线"的幅度和超过 10%"红线"的时间跨度上都存在明显差异，并且这些城市基本上都位于中西部地区。

关键词：PPP；地方财政；支出责任
中图分类号：F812.7　　文献标识码：A

一、引　言

为了控制地方政府债务的迅速扩张，中央政府在公共服务和公共基础设施建设

---

* 终稿发表于《财政研究》2019 年第 8 期。

** 作者简介：张牧扬，上海财经大学中国公共财政研究院院长助理、副教授、博士生导师。
　　　　　　卢小琴，上海财经大学公共经济与管理学院硕士研究生。
　　　　　　汪　峰（通讯作者），同济大学经济与管理学院博士研究生。

领域大力推广政府与社会资本合作（PPP）模式。根据国家审计署公布的数据[①]显示，截至2013年6月底，我国地方政府性债务的余额高达17.9万亿元，较之2010年底增长了约67.29%。在此背景下，国务院于2014年8月发布了《关于加强地方政府性债务管理的意见》（以下简称"国务院43号文"），该文件一方面明确禁止地方融资平台为地方政府承担发债责任，另一方面鼓励地方政府采用PPP模式，以吸引社会资本以入股的形式参与地方公共事务的投资和运营。

正是在中央政策的支持下，我国以PPP模式发起的PPP项目数量和投资规模都在迅速扩张。根据我们统计发现（见图1），自2016年第1季度至2017年第4季度，财政部PPP项目库中的项目数量从0.77万亿个增长至1.44万亿个，几乎翻了一番。尽管在2017年11月，财政部发布了《关于规范政府与社会资本合作（PPP）综合信息平台项目库管理的通知》，要求将异化为地方政府隐性举债的这部分"违规"PPP项目清理出库，但截至2018年第3季度，该库中的PPP项目仍有1.25万个。这意味着大约86.45%的项目仍在PPP项目库中。在观察入库PPP项目的投资金额后，我们发现，截至2018年第三季度结束时，财政部入库PPP项目的投资额已达17.3万亿元，此规模与截至2013年6月底的地方政府性债务余额的规模已相差无几。

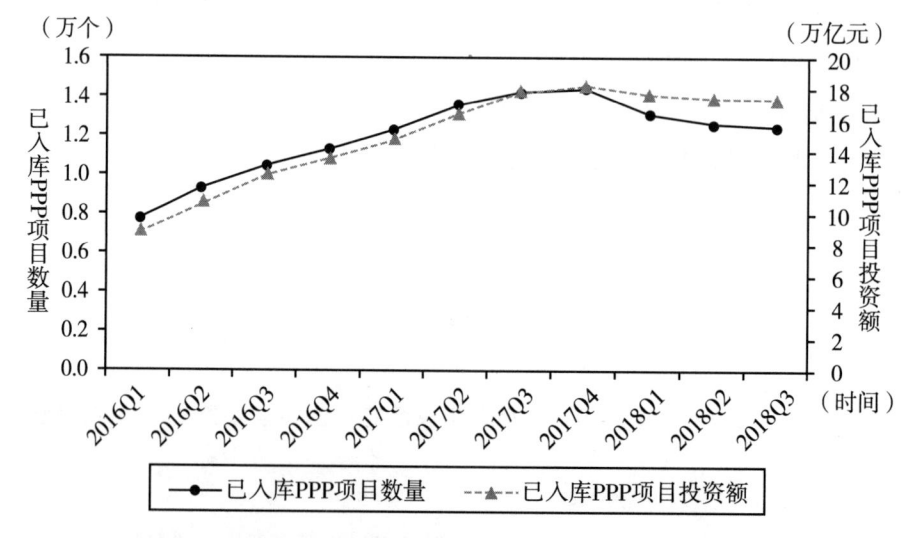

图1　2016~2018年财政部PPP项目库中PPP项目数量与投资额

[①] 引自国家审计署2011、2013年全国地方政府性债务审计结果。

地方财政能够承受起 PPP 支出责任吗？

伴随着 PPP 投资规模的扩张，由地方财政承担支出责任的 PPP 投资规模也在迅速增加。其实早在 2015 年 4 月，财政部就印发了《政府和社会资本合作项目财政承受能力论证指引》，该文件明确要求，各级地方政府每一年度全部 PPP 项目需要从预算中安排的支出责任占该地区一般公共预算支出的比例应当不超过 10%。若各地方政府能够严格按该文件的要求执行，那么各地区的 PPP 项目投资规模将会控制在政府预算财政可承受范围之内。

然而，根据财政部发布的预测数据可以看出，在乐观估计的情况下，2019 年当年支出占比超限额的市县数量为 66 个。一旦保守估计，截至 2020 年底超限额的市县数量将达到 186 个。这似乎预示着我国部分地区的预算财政将难以承受地区 PPP 项目支出责任[①]。那么，我国未来到底有多少地方政府承担的 PPP 支出责任会超限额呢？这些可能超限额的地方政府更有可能集中于哪些地区呢？超限额的事件又会集中爆发于哪些年份呢？

为了回答上述问题，本文使用了 2010~2018 年财政部项目库中所有已发起 PPP 项目的数据，并根据财政承受能力论证报告文本信息归纳了 2019 年之后每一年所有地级市政府所需承担的支出责任。然后，我们分别以 4%、6% 和 8% 的增长率来估算各地级市自 2019 年起每一年的公共预算支出规模。最后，我们计算出全国各地级市 PPP 项目所需承担的支出规模占其预计公共预算支出的比重，尤其关注那些超过 10% 限额的城市。

按上述方法研究后，本文发现，由 PPP 财政支出责任带来的地方政府财政支出压力总体是可控的；PPP 财政支出责任更多地增加了西部地区地方政府的财政压力；超 10%"红线"事件呈现出近多远少的时间分布趋势。分别以 4%、6% 和 8% 的增长率来估算一般公共预算支出规模后，我们统计发现，超 10%"红线"的城市数量分别为 20、13 和 11 个，这些城市在超出 10%"红线"的幅度和超过 10%"红线"的时间跨度上都存在明显差异，并且这些城市基本上都位于中西部地区。

专家意见 1：本研究需要观察地方政府能否承受 2010~2017 年间已经入库的 PPP 项目所发的地方政府财政支出责任。

修改说明：根据财政部金融司 2018 年 5 月 4 日发布的《筑牢 PPP 项目财政承受能力 10% 限额的"红线"——PPP 项目财政承受能力汇总分析报告》的分析，对于当时已入库项目，在乐观估计的情况下，2018 年当年支出占比超限额的市县数量为 23 个，2019 年当年支出占比超限额的市县数量为 66 个。该《报告》也对未来的财政承受能力进行了预测，但在预测一般公共预算支出增速时，没有考虑到支出增速预测存在高估的可能。对此，本文的主要贡献在于对一般公共预算支出增速的预测更为科学合理。

[①] 详见财政部金融司于 2018 年 5 月 4 日发布的《筑牢 PPP 项目财政承受能力 10% 限额的"红线"——PPP 项目财政承受能力汇总分析报告》。

本文的研究主要与两个方面的文献密切相关。首先是关于地方财政压力的文献。1994年分税制改革以来，由于地方自有收入远低于地方财政的支出责任，地方长期存在着财政收支压力。尽管在一般公共预算上，来自于上级的转移支付可以弥补收支缺口的大部分，但这也只是基本满足地方政府的经常性支出，地方政府更大的需求则在于基础设施建设等资本性支出上。面临财政压力的地方政府会通过各种渠道筹集资金，包括加强税收征管（陈晓光，2016）、提高非税收入（王佳杰等，2014），以及通过出让国有土地使用权来获取收入（范子英，2015；唐云锋和马春华，2017）。这些筹资方式一定程度上弥补了地方财力的缺口，但也造成了企业负担加重、房价上涨过快等问题，对经济发展产生了不利的影响（于文超等，2018；唐云锋和马春华，2017）。现有文献对于地方政府的支出压力的评价往往基于自有财力的收支缺口或者财政支出增长率（王佳杰等，2014），但这一指标对于地方财政支出中哪些是"刚性"的，哪些可以削减并没有给予区分。本文基于PPP项目合同中的财政支出责任，对于财政支出责任以及由此带来的"刚性"财政支出压力进行了度量，对财政支出压力的文献进行了有益的补充。

与本文相关的另一个方面的文献是关于PPP项目中政府与社会资本方的关系问题。PPP模式的精髓在于将建设与营运作为一个整体进行发包，相比传统的政府采购合同，PPP合同会让项目的营运效率更高，既让社会资本取得合理的利润，也节约了政府支出，还使得居民获得更好的公共服务（Hart，2003）。在实际运行中，由于存在信息不对称和不确定性等问题，政府和社会资本双方无法制定完备合同，需要通过一些特定的机制安排来对双方的行为进行一定的约束，从而达到一个"次优解"（Hoppe & Schmitz，2013；Hoppe & Schmitz，2010；Maskin & Tirole，2008）。我国的PPP发展过程中，政府和社会资本之间的合作模式也随着时间推移而发生变化（龚强等，2019）。2014年以来PPP项目数量的大举扩张过程中，许多项目缺少对于社会资本方的合理激励，使这些项目实质上变成了纯粹由政府付费或者由政府担保收益率的"明股实债"项目，对地方政府长期的财政支出造成了压力。现有文献还鲜见对于PPP合同的定量研究，本文的研究填补了这一空白，也为今后PPP合同的更为深入的研究提供了基础。

本文其余部分安排如下，第二部分为制度背景，介绍了我国PPP项目的发展历程和特点。第三部分为地方政府对PPP财政支出责任承受能力的测度，我们在该部分介绍了测度方法,并用 2010~2018 年我国 PPP 项目的数据实际测度出了各地方政府的实际财政压力,然后对测度结果进行分析。第四部分为全文的总结与启示。

二、制度背景

我国最早以 PPP 模式来筹建基础设施项目是于 1988 年投入使用的深圳沙角 B 电厂。该项目之所以选择 PPP 模式,一方面是因为当时中央政府和深圳地方政府的财政资金都十分有限,他们期望通过 PPP 模式来吸引外资入股,以缓解财政资金缺乏的困境;另一方面也是希望通过股权合作来更为直接地学习西方先进的技术和管理经验。而我国第一个由民营资本参与的 PPP 项目则是于 1995 年开始建设的泉州刺桐大桥项目。但总体而言,直至 20 世纪 90 年代末,我国 PPP 模式的项目整体较少,且发展速度较慢。这主要是由于前期经验不足,各级政府对待 PPP 模式的态度都十分谨慎,导致项目审批流程复杂、前期准备时间过长。

自 2002 年底开始,国家开始鼓励将 PPP 模式运用到市政公用设施建设当中。原建设部于 2002 年 12 月发布了《关于加快市政公用行业市场化进程的意见》,明确提出:鼓励社会资金、外国资本采取独资、合资、合作等多种形式,参与市政公用设施的建设,形成多元化的投资结构。并且,该文件还提出要建立市政公用行业特许经营制度。到 2004 年,建设部颁发《市政公用事业特许经营管理办法》,该文件对我国特许经营制度执行过程中的实施流程、合同文本和运作方式等都进行了具体细致的规范。在这一阶段,我国更多的民营资本开始通过 PPP 模式参与到市政公用设施建设。

为了应对金融危机的冲击,2009 年中央政府推出了"四万亿"经济刺激计划。在此背景下,各地方政府纷纷成立城投公司。它们以发行城投债的形式来为地方基础设施建设进行大规模融资,并直接参与项目的建设和运营。这样,就挤出了社会资本参与基建项目的机会。而且值得注意的是,该计划将大量信贷资源配置到了城投公司,相应地,就提高了民营企业获得信贷资金的成本。所以,这一阶段民营资本参与 PPP 的意愿也较为缺乏。

自 2014 年开始,PPP 模式逐渐受到更多的政策支持。2014 年 4 月,李克强总理主持召开国务院常务会议,决定在基础设施等领域推出一批鼓励社会资本参与的项目。随后,国务院 43 号文于 2014 年 10 月发布。该文件在剥离城投公司的地方政府融资职能的同时，大力推广PPP模式，以此吸引更多的社会资本参与到地方基础设施建设和公共服务领域，从而缓解地方政府的资金困难。

在上述政策的支持下，我国PPP项目迅速扩张。如图2所示，国务院43号文刚于2014年10月发布，2014年第4季度成功进入准备阶段的PPP项目数量和投资额较上一季度就分别增长了88.46%和73.75%。随后在2015年第1季度，进入准备阶段的PPP项目数量和投资额较上一季度分别增长了1.37倍和2.95倍。并且，一直到2017年上半年，我国进入管理阶段的PPP项目数量和投资金额总体呈上升趋势。由此可以看出，PPP项目投资规模的增长速度在加快。

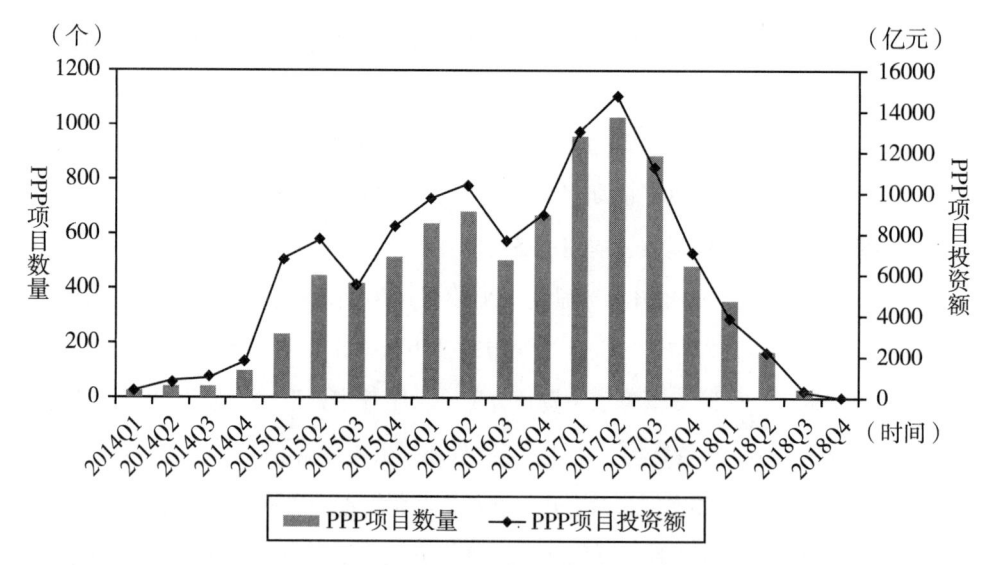

图2 2014～2018年进入财政部管理库的PPP项目数量与投资规模

> **专家意见2**：PPP项目管理库中公开的地方财政承受比重是怎么核算的？这种核算方法有何缺陷？
>
> **修改说明**：本文对地方政府PPP项目的财政承受能力论证环节进行了补充介绍，并在后文中通过对2010～2018年已入库的PPP项目的财政承受能力报告的统计分析，交代了本文在核算方法上相对于现有方法的科学合理性。

进一步，我们可以从图2看出，PPP项目的财政承受能力论证速度似乎在加快。根据财政部于2014年11月29日印发的《政府和社会资本合作模式操作指南（试行）》，我国PPP项目自发起至成功落地需要经历识别、准备、采购和执行四个阶段（见图3）。而图2中显示进入准备阶段的PPP项目数量和投资规模在不断增加，也就说明每个季度有更多的PPP项目能够通过财政承受能力论证，并由识别阶段转为准备阶段。显然，地方财政能力不会短期内就会迅速提升。所以图2似乎暗示着，为了促进PPP项目的发展，中央政府降低了对PPP项目所在地区财政承受能力的要求。

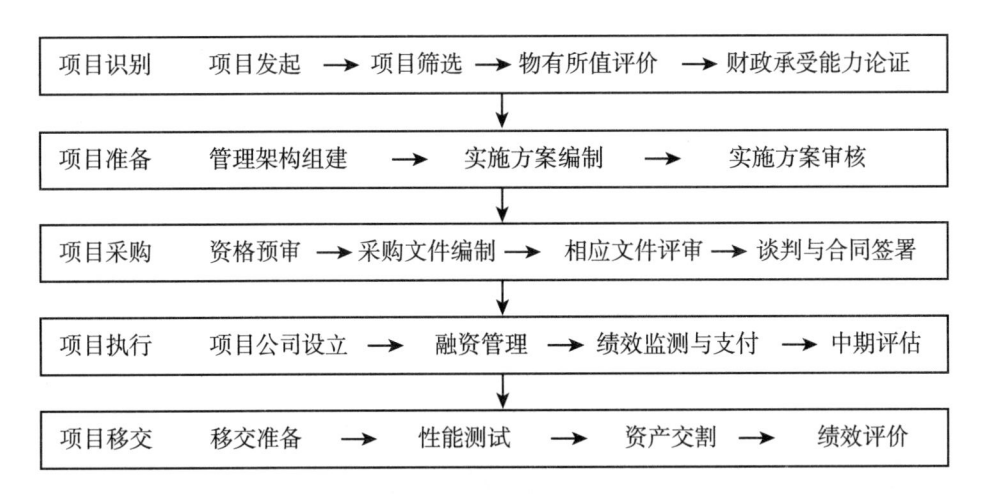

```
项目识别    项目发起 → 项目筛选 → 物有所值评价 → 财政承受能力论证
                                                        ↓
项目准备    管理架构组建 → 实施方案编制 → 实施方案审核
                                                        ↓
项目采购    资格预审 → 采购文件编制 → 相应文件评审 → 谈判与合同签署
                                                        ↓
项目执行    项目公司设立 → 融资管理 → 绩效监测与支付 → 中期评估
                                                        ↓
项目移交    移交准备 → 性能测试 → 资产交割 → 绩效评价
```

图 3　我国 PPP 模式项目操作流程

另外，我们统计了 2014~2016 年所有进入执行阶段的 PPP 项目自发起至签约所耗费的时间。我们统计发现，所有 PPP 项目自识别阶段进入执行阶段平均只耗费了 8.43 个月。并且耗费的时间自 2014 年的 11.31 个月逐年下降至 2016 年的 6.31 个月，耗费时间长度几乎减少了一半（见表1）。这从另一个角度说明，中央政府似乎降低了对 PPP 项目各方面的审批要求，以促进 PPP 项目快速扩张。

表 1　2014~2016 年我国执行阶段 PPP 项目耗费时间

年份	签约项目数量	签约耗费时间（月）
2014	150	11.31
2015	867	7.66
2016	473	6.31
合计（均值）	1490	8.43

随着 PPP 项目发起规模的不断扩张，地方政府承担的支出责任也在不断增加。这是因为，在 PPP 项目的政企合作中，地方政府需要支付一定的项目资本金、承担一定的项目运营成本、并且部分项目还需要给予社会资本方一定的补贴。当然，地方政府可以将其承担的支出责任在整个项目运营期限内进行分配，但这种方式只是缓解短期地方财政压力的权宜之计，必将加重后期的地方财政负担。如图4所示，在我国 2010~2018 年财政部管理库入库 PPP 项目中，最早在 2022 年就有项目到期。这意味着，最早在 2022 年之前就有项目需要地方政府承担所有由其承担的支出责任。并且，在 2033 年底之前，有一半以上的项目需要政府完成对其所需承担支出责任的全部支付。由此看

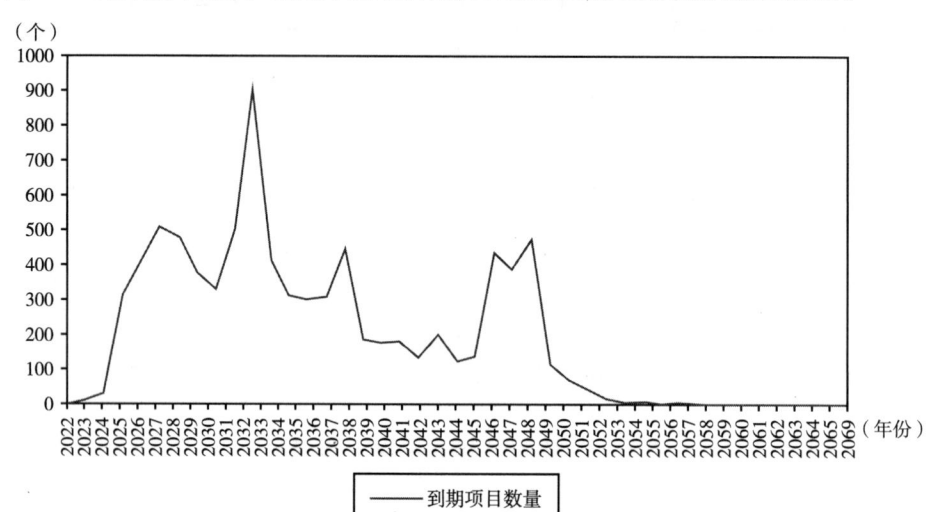

来，PPP项目确实增加了项目发起以后各期项目所在地方政府的财政支出压力。

图4　我国2010～2018年PPP模式项目到期期限分布

这种压力的产生很大程度上是因为地方政府过度承担了PPP项目中的支出责任，甚至对社会资本方的项目收益率提供违规担保。这无形中就将PPP项目融资异化为了地方政府的违规举债。鉴于此，财政部于2017年11月发布了《关于规范政府与社会资本合作（PPP）综合信息平台项目库管理的通知》，明确要求对财政部PPP项目库中的入库项目进行逐个清查，其中存在地方政府违规进行收益率担保的项目，即"明股实债"PPP项目，将被清理出库。所以我们从图2可以看出，自2017年下半年开始，财政部管理库中的入库PPP项目数量就在持续减少。

经历了上述多次政策的调整，已经进入准备阶段的PPP项目究竟会给地方政府带来多大的地方财政压力呢？或者说，我国各城市的财政状况能否承受已入库的存量PPP项目呢？我们将在后续内容中对样本中的每一个城市地方财政对PPP项目支出责任的承受能力进行测算和分析。

三、地方政府对PPP财政支出责任承受能力的测度

（一）样本选择与测度方法

本文选择以2010～2018年财政部PPP项目管理库中全部8319个项目为对象，并

根据这些项目的财政承受能力论证报告的文本信息，手工整理每个项目由地方政府在之后各年承担的支出责任。在此基础上，我们依据项目所在的地点信息，将项目层面的数据整合到城市层面，也就得出了347个城市[①]地方财政在将来每一年所需承担的PPP项目支出责任总额。然后，本文以2017年为基期，以每年财政支出增长4%、6%和8%三种情况来估算2018年及以后各年度的各城市一般公共预算规模。最后，我们计算出各年度各地方政府PPP支出责任总额占地方一般公共预算规模的比重，尤其注意哪些城市在哪些年份该比重会超过10%。之所以选择4%、6%和8%这三个比率来估算地方一般公共预算增长率，是因为我们将以保守、一般和乐观三种态度分别估算各地方政府PPP支出责任总额占地方财政预算规模的比重，并对以不同增长率所估算出的结果进行分析，从而更为科学地评估各地方财政是否能够承受PPP支出责任。由于PPP项目的支出责任一直持续到2033年，所以我们最终获得了一个时间跨度为15年（2019~2033年）的城市—年份平衡面板，样本量为5025。

专家意见3：目前按照4%、6%和8%估算分母中的地方财政支出是否合理？依据是什么？

修改说明：本文统计了PPP管理库中不同政府层级的PPP项目的一般公共预算支出预测的年增速，发现省级项目对于本级一般公共预算支出的预测增速明显低于市县级项目。基于此，市县级PPP项目在进行财政承受能力论证时，可能有意地提高了对于未来年度一般公共预算支出的预测值，以做大"分母"、降低PPP支出责任占比。因此本文参考了省级PPP项目财政承受能力论证报告中对于一般公共预算支出增速的预测和2018年的一般公共预算实际增速进行预测。省级PPP项目中对于一般公共预算支出增长率的估计的三个四分位数分别为4%、6%和7%，考虑到市县级2018年支出增速的中位数为7.3%，我们将7%一档上调到8%。

（二）测度结果分析

首先，我们统计PPP财政支出责任总额占地方一般公共预算规模的比重的数值区间分布。我们从表2可以看出，以4%的一般公共预算支出增长率来估计，超过10%"红线"的样本数量仅有2.29%左右。而以8%的一般公共预算支出增长率来进行乐观估计，超过10%"红线"的样本数量不足1%。这说明，由PPP财政支出责任带来的地方政府财政支出压力总体是可控的。而且，区间0%~2%至区间10%以上，地方政府的财政支出压力逐级增加，而处于相应区间的样本数量则逐级减少。这说明了从全国整体而言，地方财政承受的不同压力等级的PPP支出责任合理分配于全国各城市。

---

① 本文样本中的347个城市依照PPP管理库中的项目资料整理，包括4个直辖市、322个地级行政单位（地级市、自治州、盟、地区，12个没有设立过PPP项目的不在样本内）、5个厅级开发区（平潭综合试验区、贵安新区、长白山管委会、西咸新区管委会和杨凌示范区）及16个省直辖县级行政单位（县、县级市和林区）。

表 2　PPP 支出责任总额占地方一般公共预算规模的比重的区间分布

预计一般公共预算年增长率	PPP 支出责任总额占地方一般公共预算规模的比重				
	0%~2%	2%~5%	5%~7%	7%~10%	10%以上
4%	2103	1920	648	415	119
6%	2430	1881	568	266	60
8%	2734	1813	445	172	41

PPP 财政支出责任所带来的地方财政压力存在地区间异质性。图 5 展示了 PPP 财政支出责任和以 8% 年增长率估计的一般公共预算支出的情形下 PPP 财政支出责任占一般公共预算支出之比。从图 5 左图可以看出，东部地区地方政府所承担的 PPP 财政支出责任的绝对规模较之于中西部地区更高；但从图 5 右图可以看出，当以 8% 的一般公共预算支出增长率进行乐观估计时，东部地区 PPP 财政支出责任占地方财政支出的比重较之于中西部地区反而更低。这说明，虽然东部地区 PPP 项目投资的绝对规模更多，从而给该地区的地方政府带来了更多的财政支出责任。但由于东部地区经济发展水平较高、地方财政支出的增长速度也相应更快，这在一定程度上缓解了 PPP 项目扩张所带来的财政压力。而中西部地区受到经济发展水平的限制，其地方财政支出的增长速度有限，此时 PPP 财政支出责任的增加显然会给予地方政府更多的财政压力。

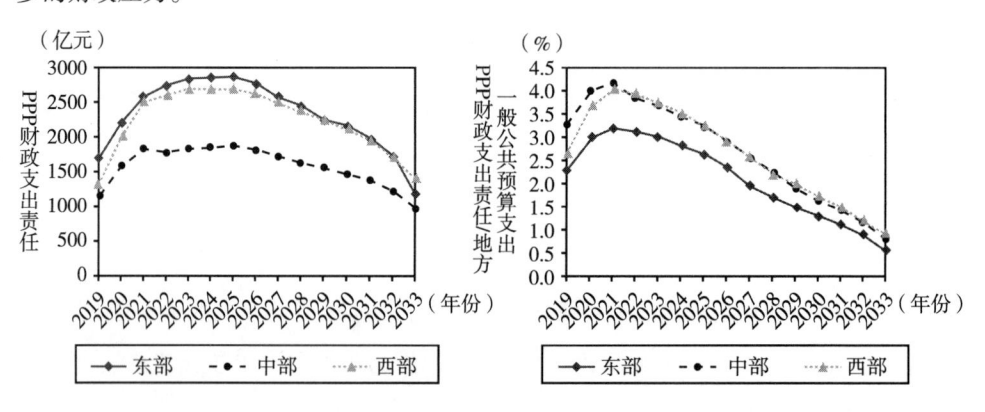

图 5　PPP 财政支出责任及其占地方一般公共预算支出规模的地区间差异

进一步，我们将统计各年度地方财政承受 PPP 支出责任超出 10%"红线"的城市数量。具体而言，我们统计了 2010～2018 年间发起的所有 PPP 项目的支出责任占地方一般公共预算支出比重，并观察该比重超过 10% 的城市数量在各年度之间的分布,并把这一情况展示于图6。由图6可知,自2019年至2032年,都会有城市陆续出现超10%"红线"的情况。当以8%的一般公共预算支出增长率进行乐观估计,共出现了41次超10%"红线"的情况。如果预计的一般公共预算增长率降至6%,超10%"红线"的次数就会增加至60次,几乎增长了一半。考虑到经济下行压力加大的可能性,我们以4%的增长率来估算地方一般公共预算规模,此时超10%"红线"的次数将增加至119次,该数量几乎是乐观估计时的3倍。况且,这只是统计了2010~2018年已发起PPP项目的支出责任所造成的地方财政支出压力,还没有考虑到后续年份新增PPP项目的情况。一旦考虑,超10%"红线"的次数会更多。

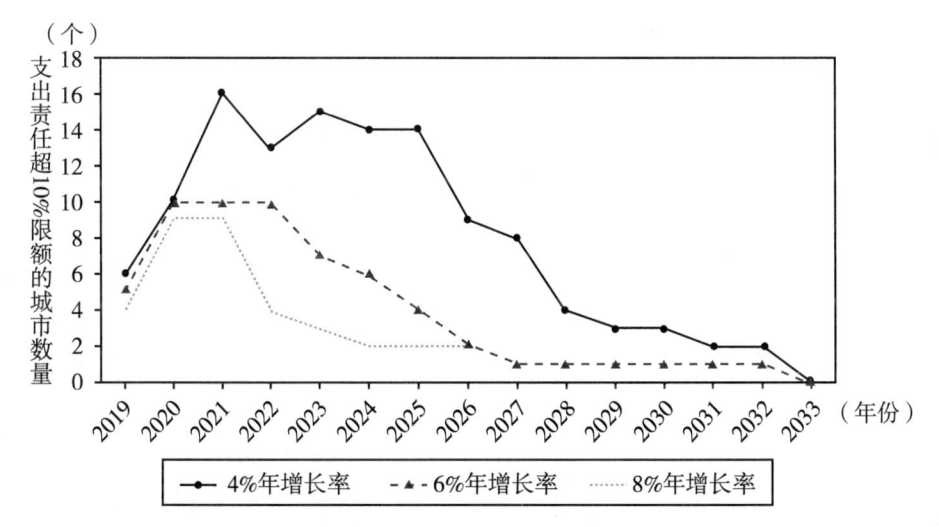

图6　各年度地方财政承受PPP支出责任超10%限额的城市数量

另外,超10%"红线"事件呈现出近多远少的时间分布趋势。具体由图6可见,无论以何种态势来估计地方一般公共预算增长率,2023年之前一半以上的超10%"红线"事件将会发生。而自2029年起,超10%"红线"事件将几乎不会发生。此外,即使以8%的财政增长率进行乐观估计,在2019年时也已经有4个城市的PPP支出责任超过了10%的"红线"。上述发现反映出,PPP项目的迅速扩张在短期内对地方政府的财政承受能力提出了更高的要求。

虽然超10%限额的样本数量有限,但我们将进一步分析有可能发生超限额事件的城市。经统计(见图7),在保守估计的情况下,共有20个城市预计可能在部分年份出现PPP支出责任占当年的地方财政支出比重超出10%限额的状况。即使在一般估计和乐观估计的情况下,仍有13个和11个城市出现了超出10%限额的情况。

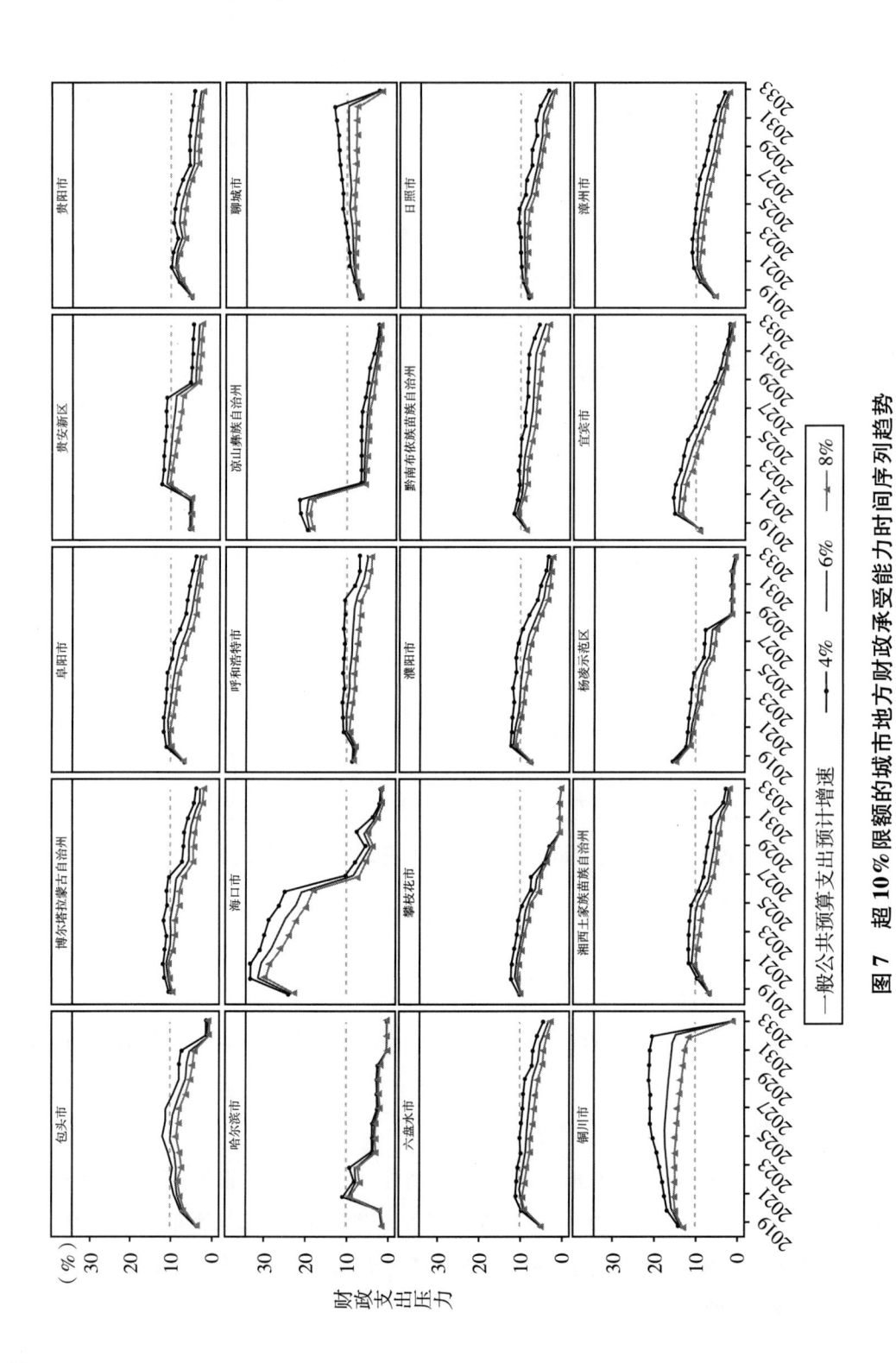

知识助产士：编者与作者、读者的沟通

图 7　超 10% 限额的城市地方财政承受能力时间序列趋势

这些城市之间超出10%"红线"的幅度存在较大差异。超出10%"红线"幅度最大的城市是海口市。在乐观估计下，2019～2026年海口市均出现了超10%"红线"的情况，并且2019～2024年这6年，海口市地方政府承担的PPP支出责任占地方财政支出的比重都超过了20%。相比之下，其他城市均没有出现该比重超过20%的情况。超出10%"红线"幅度最小的是黔南布依族苗族自治州和阜阳市，它们分别在2020年和2021年出现了超10%"红线"的情况，但仅超出了0.1%。

这些城市之间超出10%红线的时间跨度也存在较大差异。超出10%"红线"时间跨度最长的城市是铜川市。在乐观估计下，铜川市在2019～2032年这14年间连续出现了超10%"红线"的情况；其次是海口市，在2019～2026年这7年间连续出现了超10%"红线"的情况，但其时间跨度仅为铜川市的一半。时间跨度最短的是黔南布依族苗族自治州、阜阳市和贵安新区，这三个城市都只在某一年出现了超过10%"红线"的情况。

在乐观估计的情况下，除了海口市外，其余超过10%"红线"的城市均为中西部地区的城市。这进一步说明了中西部地区政府在扩张PPP项目的同时，地方财政过度承担PPP支出的情况会更大概率地出现。

四、总结与政策建议

本文使用了2010～2018年财政部项目库中所有已发起PPP项目的数据，归纳了2019年之后每一年所有地级市政府所需承担的支出责任。本文发现，由PPP财政支出责任带来的地方政府财政支出压力总体是可控的；PPP财政支出责任更多地增加了西部地区地方政府的财政压力；超10%"红线"事件呈现出近多远少的时间分布趋势。然后，本文分别以4%、6%和8%的增长率来估算一般公共预算规模，发现超10%"红线"的城市数量分别为20、13和11个，这些城市在超出10%"红线"的幅度和超过10%"红线"的时间跨度上都存在明显差异，并且这些城市基本上都位于中西部地区。

需要明确的是，本文所利用的PPP项目信息，是财政部PPP项目库中2010～2018年发起设立的项目信息。因此，我们的分析结论只是预测了这些项目在今后15年内给地方政府带来的财政支出责任。由于PPP项目还在不断地设立，因此本文的估计只能说是地方政府财政压力的一个下限。一个可能的情形是，随着 PPP 项目的不断增加，地方政府财政压力会维持在本文预测的 2020~2023 年的高位，而不会随着时间的推移而下降。因此，未来地方政府将面临的财政支出压力可能会远高于本文的预测情况。

基于上述发现，本文提出如下政策建议：

首先，完善财政承受能力论证制度。需要建立严格的 PPP 财政承受能力论证制度，严谨地论证 PPP 财政支出责任对地方政府造成的实际财政支出压力。并且在技术层面设计出精确的测算公式与合理的参数取值。此外，针对不同地区的具体特征，还要在压力测算时确定合理的调节参数。

其次，加快建立 PPP 项目财政支出责任监测预警体系。建立财政支出压力分级预警制度，实时监测全国所有城市 PPP 财政支出责任占地方财政支出比重的区间分布。对于该比重在 7%~10% 的地区，要强化风险预警，减少新增项目；对于超过 10%"红线"的地区，坚决暂停新项目入库。

最后，加大违规 PPP 项目的监管力度。认真审核财政承受能力报告中存在的重大失误，对该类项目需立即暂停并整改。对于合同文本中存在地方政府违规承诺固定收益的项目，需要立即将其清退出 PPP 项目管理库。

返本开新：中国财政史研究与财政基础理论创新*

童光辉**

内容提要：重视历史研究是我国财政理论工作的优良传统，新时代的财政基础理论创新同样离不开财政史研究的有力支撑，特别是对中国财政史的深入研究。当前，财政基础理论中有一个关于本质问题的重要分歧：财政的公共性从何而来？本文提出，对于财政公共性的理论诠释和历史考察至少需要解决两个基本问题：一是"公私产权的分化与集体行动的逻辑"；二是"国家的双重属性与政治权力的批判"。这两个问题不只存在于市场经济体制或现代国家治理的语境之下，而是不同历史阶段和社会形态都需要面对的共同问题，古代中国也不例外。这也正是我们在"大历史"和"长时段"的宏观视野下总结中国历史经验和推动财政基础理论创新的切入点和突破口所在，值得深入挖掘。

关键词：中国财政史；财政基础理论；公共性；财政本质

---

* 终稿发表于《财政研究》2019年第10期。
** 作者简介：童光辉，浙江财经大学财政税务学院财政系主任、副教授、博士。

专家意见1：建议对何为"本"做一适当的解释。

修改说明：本文所谓的"本"包含了两层含义：一是本质，即讨论的是财政本质问题；二是本源，即财政史是源，财政学是流。所以，修改后的内容摘要在开篇的第一句话里就指出了"本质"和"本源"的关系，即"重视历史研究是我国财政理论工作的优良传统，许多理论流派在讨论财政本质问题时都会将理论诠释与历史考察结合起来，为理论体系的建构寻求历史经验的支撑"，而修改前的原表述是："重视历史研究是我国财政理论工作的优良传统，新时代的财政基础理论创新同样离不开财政史研究的有力支撑，特别是对中国财政史的深入研究"，只是强调了财政史研究的重要性，但没有明确指出"本质"与"本源"之间的内在联系。

内容摘要中第二句话：为了更好地理解问号前后的逻辑关系，修改后的内容摘要对问号的由来做适当展开，即"财政的公共性从何而来，是财政与生俱来的本质属性，还是特定历史条件和制度结构下的产物？特别是，对于中国古代这样一个'非市场经济财政'来说，公共性是否构成其分配关系的本质属性？"从而，进一步明确了"本质"与"本源"之间的关系。

知识助产士：编者与作者、读者的沟通

一、引言

近年来，伴随着财政学的学科属性之争，有关财政基础理论的讨论再次引起人们的高度关注，并涌现了"基础和支柱说""公共风险论""新市场财政学"和"国家治理财政论"等一批颇具影响力的学术成果。与此同时，有越来越多的学者开始跳出主流经济学的理论框架，援引"财政政治学""财政社会学"和"新财政史学"等其他学科的研究范式来分析财政问题，也取得了一定的突破和创新。

在这里，我们需要对"问题"和"学科"做一适当的区分，即"学科意识发端于由学术分工所决定的特定责任，问题意识则基于一切研究者所理应承担的普遍责任。……任何一个学科的核心问题都具有综合性。越是对一个学科具有举足轻重意义的问题，越是不可能单凭这个学科自身的力量加以圆满解决"（刘泽华，2014）。受此启发，回顾新中国历次财政基础理论大讨论，期间有一个历久弥新的核心问题，那就是"何为财政的本质属性"。人们之所以如此强调"本质"问题，是希望"通过理论（或哲学）思辨的途径，探究知识与实践得以论证其正当性的基础；并且，通过这一正当性基础，一方面解释现存秩序得以确立的理据，另一方面提出改进现存秩序的规范性理念"（蔡英文，2007）。所以，现代财政学理论在中国的传播及其"中国化"的进程中，① 财政本质问题成为国内一代又一代学人探索建立一个既能涵盖人类社会的一般规律又能融合中国话语和体现中国特色的财政学理论体系的出发点，立旨宏远，流派纷呈。当然，由于研究旨趣、视角和方法等诸多方面的差异，不同理论流派在"何为财政本质属性"

紧接着，对于上述理论分歧，本文给出了自己的立论，即"公共性是财政与生俱来的本质属性，而对于财政公共性的理论诠释和历史考察至少需要解决两个基本问题：一是'公私产权的分化与集体行动的逻辑'；二是'国家的双重属性与政治权力的批判'"。并进一步强调："这既是人类社会在不同历史时期和发展阶段都需要面对的根本问题，也是我们在'大历史'和'长时段'的宏观视野下总结中国历史经验与推动财政基础理论创新的切入点和突破口所在，值得深入挖掘。"

修改说明： 财政学的学科属性与财政基础理论的讨论之间的确存在着一定的关系，但由于本文讨论的主题不是学科属性问题，所以删去了"伴随着财政学的学科属性之争"的表述。同理，还删去了关于"问题"与"学科"之间关系的阐述，即原文还引述了刘泽华（2014）的一段话："学科意识发端于由学术分工所决定的特定责任，问题意识则基于一切研究者所理应承担的普遍责任。……任何一个学科的核心问题都具有综合性。越是对一个学科具有举足轻重意义的问题，越是不可能单凭这个学科自身的力量加以圆满解决。"尽管这段话很有启发性，但由于与主题关系不甚密切，故一并删去。

---

① 正如马珺（2018）所言："中国的财政学源自国外，历史上曾长期沿袭前苏联的教学、科研模式，后将眼光转向欧、美并仿而效之，其中英美之风于今尤盛。面对一种主要是引进的知识体系，中国传统财政学者始终都有着追求学科独立性和学术自主性的愿望。"

的问题上存在着明显的分歧。

此外,重视历史研究是我国财政基础理论工作的优良传统,所以许多理论流派在讨论财政本质问题时都将其与财政史研究——特别是中国财政史研究——联系起来。比如,在20世纪八九十年代,"国家分配论""社会共同需要论"和"剩余产品分配论"等理论流派曾就财政的起源与国家的起源是否同步、原始财政与国家财政之间的本质区别等问题展开激烈讨论。又如,从20世纪90年代到21世纪初,"国家分配论""公共财政论"和"社会集中分配论"等理论流派曾就"公共财政"是否直接等同于市场经济财政,以及现代市场经济财政与中国古代财政之间的本质区别等问题争论不已。时至今日,许多问题仍悬而未决,有待进一步考察和论证。

二、文献综述

众所周知,我国之所以在社会主义市场经济体制转轨的时代背景下提出"公共财政"的概念,并将其作为标识财政改革与发展方向的旗帜,乃是旨在构建一个彰显公共性特征的财政制度体系(高培勇,2008)。后来,我国在此基础上又进一步提出了建立与国家治理现代化相适应的"现代财政制度"的改革目标。在这一过程中,以公共性归结现代财政制度的基本特征,把改革的实质落实在彰显公共性的各项安排上,不仅在以往,而且在当前,都是我国财税体制改革的重心所在(高培勇,2014)。因此,正确理解公共性的概念内涵和实质,是财政学基础理论中的一个重要课题,对于我们构建财政学理论体系和把握现实财税改革方向有着十分重要的理论和现实意义。

然而,当我们将现实中的理论问题向历史延伸,并试图从中汲取有益的经验启示时,有一个不容回避的问题是:财政作为国家治理的基础和重要支柱,其公共性从何而来?是特定历史条件和制度结构下的产物,还是人类社会有财政活动以来便已有之的本质属性?进而言之,若是只有特定历史条件和制度结构下的财政运行模式才具备公共性特征,那么这些特定的历史条件和制度结构是什么,以及与之相适应的财政运行模式又会呈现出何种制度特征;反之,若

专家意见2:近年关于财政学、财政基础理论的辨析与探讨,已有不少文献,如中央财经大学王文素、李俊生等人,浙江财经大学李永友等人,均不同程度有所涉及,可以适当参考,并补入文献综述部分,以力求更为全面。

修改说明:本文在引言和文献综述部分,除了增加李俊生、李永友的近期文献外,还增加了高培勇等学者的最新文献,以期能够更好地把握理论前沿。

是人类社会有财政活动以来便已有之，不同社会形态和历史时期的财政运行模式都具备一定的公共性特征，那么又该如何看待"现代财政"或"公共财政"与历史上的其他财政运行模式之间的区别和联系？

进而言之，从古代中国的历史经验来看，中国自古以农立国，尽管商品经济素称发达，但并未发展出现代意义上的市场经济体制，所以从某种意义上来说，中国古代财政是一种典型的"非市场经济财政"。然而，在这样一种"非市场经济财政"是否具有公共性的问题上，财政学界有着截然不同的观点和结论。

既有观点认为，"公共财政"是市场经济条件下的国家财政，它的公共性是由市场经济所决定的；反过来，公共性又使得市场经济条件下的"公共财政"鲜明地区别于其他经济体制下的财政类型（张馨，1999）。也有文献提出，从人类社会的历史发展长河来看，财政的公共性呈现出一种"否定之否定"的发展轨迹，即纯粹的公共财政产生于原始社会，阶级国家的产生致使其公共性渐趋消亡，而阶级性占据了主导地位，是为第一个"否定"；近代西方资产阶级革命以"社会契约论"为思想武器，使财政的公共性在权力制衡、现代民主的制度框架下，在形式上和分量上开始复归，并在社会主义时期向更高阶段发展，进而重新归位于纯粹的公共财政，是为"否定之否定"（贾康、叶青，2002；《中国财政通史》编写组，2006）。由此推论出去，中国古代——上自先秦下至明清——既没有现代意义上的市场经济体制，更谈不上权力制衡和现代民主的制度框架，于是中国古代财政也就顺理成章地被定性为"家计财政"或"非公共财政"，呈现出明显的非公共化特征。

还有研究强调，我国之所以在体制转轨的背景下提出"公共财政"的概念，目的是为了构建起一个与社会主义市场经济体制相适应的、彰显公共性特征的财政制度体系，但我们不能因此将市场经济财政等同于"公共财政"，而将非市场经济财政一概归之于"非公共财政"。事实上，公共性是财政与生俱来的本质属性，在任何社会形态和经济体制之下，都概莫能外；有所不同的，只在于公共性的充分程度和表现形式（高培勇，2008）。据此，不仅现代财政制度建设需要凸显公共性，历史上的财政制度变迁也是以公共性为基本线索来展开的。

专家意见3：对"公共性"，作者是否可以考虑给出自己的一个较为完善的定义？

修改说明：本文根据前期研究成果给出了自己对于"公共性"概念的理解和定义。

修改说明：本部分新增引用的希克斯（中译本，1987）亦是在修改过程中增加的。这也正是本文所谓的"新"之所在，即将非市场经济财政的公共性及其两个基本问题纳入财政学基础理论的讨论中来。

很显然，上述理论分歧不仅关系到我们如何看待中国古代财政的历史经验，更是涉及到如何对公共性进行理论阐释和历史考察的根本性问题。在笔者看来，对于公共性的理论阐释和历史考察，绕不开两个方面的基本问题：一是"公私产权的分化与集体行动的逻辑"；二是"国家的双重属性与政治权力的批判"。更为重要的是，这两个方面的问题并非只存在于市场经济体制或现代国家治理的语境之下，而是不同历史阶段和社会形态都需要面对的共同问题。这也正是我们今天在"大历史"和"长时段"的宏观视野下总结历史经验和推动财政基础理论创新的着眼点之一。

基于上述背景和问题，本文尝试着在现代学理与历史经验之间建立一种对话的可能性，并在此基础上寻求如何通过中国财政史研究来促进财政基础理论创新的突破口。正如习近平总书记（2019）强调的"历史是一切社会科学的基础""新时代坚持和发展中国特色社会主义，更加需要系统研究中国历史和文化，更加需要深刻把握人类发展历史规律，在对历史的深入思考中汲取智慧、走向未来"。[①]

三、公共性的基本问题之一：
公私产权的分化与集体行动的逻辑

私人与公共的关系问题，是财政学基础理论中的核心问题。在西方主流的财政学教科书中，无论是以"萨缪尔森—马斯格雷夫传统"为代表的新古典学派，还是倡导"交易范式"的公共选择学派，都有一个不证自明的理论预设：政府的公共权力源自私人的让渡或同意，先有私人产权，后有公共财政。很显然，这是一个非常重要的理论预设，其理论价值和现实意义也是毋庸置疑的。但问题是，真实的历史进程是否如同这一理论预设所描述的那样，特别是中国历史上的公私产权与集体行动究竟是如何演化的？由于篇幅所限，本文只列举数个典型事例以资说明。

（一）"从村落到国家"：早期国家形成过程中的公私分化与集体行动

根据考古学和历史学的研究，"中国古代国家起源的过程也就是史前社会不断复

---

① 习近平致信祝贺中国社会科学院中国历史研究院成立[N]. 人民日报, 2019-01-04 (1).

杂化的过程。这一过程以农业的起源和农耕聚落的出现为起点，经历了由平等的农耕聚落形态，发展为中心聚落形态，再发展为都邑邦国形态"（王震中，2013）。

具体来说，"在公元前五千纪，大多数农业社群在本质上还是平等社会，但在接下来的一千年里，情况逐渐改变。一些个人获得了某种政治角色，拥有了特殊社会地位，因为他们具有天文、医药和农业知识，或者有从事礼仪活动的能力。社会分化开始在某些地区出现，表现在等级化的聚落形态、大型公共建筑的修建、丧葬行为的社会差别，以及贵族控制贵重物品（如玉器）的制作和分配上"（刘莉、陈星灿，2017）。之后，"公元前三千纪是一个过渡时期，其间新石器时代的复杂社会发展为最早的国家社会，……此时考古学文化尽管有很多区域类型，但不少复杂社会仍共同存在某些特征：农业剩余是社会复杂化的基础；由于贵族精英通过控制礼仪权力创造和保持其政治权威，因此威望礼仪用品的生产和交换对社会地位和贵族精英网络的形成至关重要"（刘莉、陈星灿，2017）。所以，有学者强调"中国古代文明的一个特色，便是它的财富的积蓄和集中是依靠政治的手段。中国古代文明更为显著的一个特色，便是政治权力的获取和增长，'巫'这类人物和他们所代表的宇宙观，曾发挥很大的作用"（张光直，2004）。

笔者之所以大篇幅地引用上述资料，是想说明，中国古代国家的产生，除了以社会的不平等、阶级和阶层的分化为前提外，同时还必须借助于战争、祭祀等一系列公共事务的发展（王震中，2005；李学勤，2007）。而且，随着社会发展水平的不断提高以及华夏文明统一进程的持续推进，这些公共事务的范围和内容更是呈现出不断扩展和充实的态势。当然，伴随着政治权力和宗教权力的集中，大量的社会财富被集中到少部分特权阶层手里，进一步加剧了社会阶层或阶级的分化，统治者和被统治者的等级分野也愈加明显，但"对于早期文明社会的人们来说，王权的神圣性和宗教性是一种信仰而绝非出自统治者的欺骗"（王震中，1993），因为在当时的历史条件下，宗教信仰和血亲意识是维系族群团结、国家统一的不可或缺的精神纽带。

与此同时，在早期国家的形成与发展的过程中，以血缘关系为纽带的氏族村落并没有被打破，统治者们也乐于利用这种血缘关系来凝聚人群，以便于统治。在春秋以前，氏族村落是由一个个有着血缘关系和宗法等级的个体家庭所构成的，整个村落内部不仅共耕互助、休戚与共，而且以村落为单位共同承担各种形式的赋役负担，正所谓"有人此有土，有土此有财"（《大学》）。更重要的是，受制于外部环境与社会生产力水平等因素，[①] 以村落为单位的集体劳动既是氏族社会的遗制，也是当时最适合的劳动方式（杜正胜，1979），全体成员"出入共守，疾病相忧，患难相救，有无相贷，饮食相召，嫁娶相谋，渔猎分得"（《韩诗外传》）。很显然，在这样的社会之中是不可能存在现代意义上的独立个体和私人产权，但这也正是中国早期文明的社会基础和显著特征，即"（夏商周）三代文明的形成和发展，并没有摧毁和瓦解史前社会以血缘关系为纽带的氏族制度，相反，经过改造，演化成以血亲关系为纽带的更加严格的宗法等级制度。族长驾御宗族，大宗驾御小宗，宗族驾御国家，……形成了有中国特色的血缘家族政治，成为有显著特征的东方文明"（卢连成、严文明，2004）。

（二）"从封建到郡县"：古代帝制国家形成过程中的小农经济与大国财政

根据历史学者的研究，中国古代的国家形态经历了从邦国到王国再到帝国的演变。在夏商周时期，当时的国家形态是一种"复合型国家结构"：既有作为"天下共主"的"国上之国"的王邦，也有作为属邦的"国中之国"，而只有取得"天下共主"地位的邦国才变成了真正意义的王国，这就是夏商周三代的夏邦、商邦和周邦（王震中，2012）。其中，在西周时期，周人将血缘组织（宗法制度）和政治组织（封建制度）结合为一体，[②] 将血缘组织的内聚力转化为政治组织运作的向心力，建立起了一个以姬姓周室宗族体系为主干框架而融合诸族的华夏国家社会。

然而，随着世代推移和环境变迁，政治组织逐渐脱离跟血缘组织的关系，再加

---

① 正如张光直、徐芳平（2004）等学者所指出的，从仰韶、龙山时代到夏商周三代，生产工具和生产技术并没有发生突破性的变化，都是使用较为简陋的石器和木器，因此，生产力水平的提高和社会财富的增加，只能从劳动力的增加上寻求解释，而劳动力的增加，不外乎两种途径——增加劳动人口和更有效地使用劳动力。这就必然涉及到如何处理人和人之间、人和物之间的关系问题。而只有解决好了这两个问题，才能实现生产力水平的提高和社会财富的增长。

② 这里所说的"封建制度"是西周王朝的分封建国制度，即一方面将周民族及其联盟部落的分支派往各战略要地建立城邦国家，镇戍征服地区；另一方面将各地愿意服从中央王朝的邦国部落封为方国。在几代人坚持不懈的努力下，西周王朝成功地建立起一个大小相系、上下递为蕃屏的全国政治网络。参见童光辉、范建鏋（2015）。

上血缘组织本身内聚力的不断淡化，原本行之有效的宗法封建制自西周晚期以后渐失统治效果，直至解体，取而代之的是建立在"编户齐民"体制上的皇帝郡县制国家。一方面，建立在井田制基础上的集体共耕制度渐趋败坏，以家庭为单位的小农经济成为了帝制国家崛起的社会经济基础；另一方面，随着郡县制的建立，使得广大民众从宗法封建制的束缚中解放出来，成为相对独立的个体，而后又以"编户齐民"的身份重新纳入国家组织。自此，中央集权的郡县制度和编户齐民的国家组织形态互为表里，成为此后两千多年帝制国家的基本特征。

在当时的历史条件下，精耕细作的小农经济是最具生产力效应的一种农业经济形式，但与此同时，相对独立的个体小农又是比较脆弱的，经不起任何大规模的天灾人祸，有赖于一个统一的、强大的国家来保护。所以，这种保护和被保护的关系，在中国绝非像某些西方国家那样仅为一个近代现象，而是"国家始终……全面干预和控制着社会经济活动的方方面面"（高王凌，2005）。具体落实到财政领域，一个建立在编户齐民体制上的"大国财政"的运行格局亦随之显现。需要稍加说明的是，这里所谓的"大国财政"包涵了三重含义：一是财政职能的大国效应，尽管历代王朝的实际控制能力时强时弱，但自秦汉以后，国家全面干预和控制社会经济事务却是一以贯之的。二是财政收入的大国效应，只要国家能够有效地控制土地和人口，就能使小农经济极其有限的剩余集中到国家手里，成为一笔巨大的财富。三是财政支出的大国效应，由于财政职能范围的扩展和政府组织规模的膨胀，再加上封建统治阶层的奢靡消费等无节制的消耗，即便是在王朝建立初期，财政支出规模已是十分可观，而随着时间的推移，财政支出更是呈现出一种不可逆转的增长态势，直至王朝覆灭（童光辉、范建鏋，2016）。

> **修改说明**：在修改过程中，增加了陈弱水（2006）对于中国传统文化中"公"（或"公共"）的研究。
>
> 在总结上述历史经验和思想观念的基础上，本文在这里给出了一个概括性的论述。

与之相同步的是，中国历史上"公"的观念及其背后所蕴含的公共意识也渐趋发达。根据陈弱水（2006）的研究，从春秋战国时期开始，"公"成为中国传统文化中的核心观念，而且含义丰富。概括起来说，至少有五种具有代表性的类型（详见表1）。也就是说，中国传统文化中"公"（或"公共"）的观念起源甚早，而且在此后的两千多年里不断发展和演变，其含义复杂多变且深刻影响着传统社会的诸多方面。这也正是我们今人理解和把握中国传统社会的公私关系与公共意识的关键所在。

表 1   中国历史上"公"的观念的五种类型

类型	典型含义	示例
类型一	"公"的最初含义是统治者或政府之事，衍生出来，也有公众事务的意思。而且，至迟到春秋晚期，"公"已有了明确的政府、一般性事务、公众事务的意思，有别于统治者的个人或家庭事务	《左传·昭公三年》："公事有公利"。 《左传·昭公二十六年》："大夫不收公利"。 《论语·雍也》："行不由径。非公事，未尝至于偃之室也"
类型二	类型二的"公"，内涵相当复杂，但核心意义是"普遍"或"全体"。换言之，它指的不只是朝廷、政府，而及于国家、"天下"，甚至可以是人间宇宙的总和。这层意义上的"公"最突出的特征是，它基本上是规范性的概念，"公"的范围如何界定经常不是要点，重要的是人应当具有普遍的关怀	《礼记·礼运》："大道之行也，天下为公"。 《老子》第十六章："知常容，容乃公，公乃王，王乃天，王乃道，道乃久，殁身不殆"。 《荀子·不苟》："公生明，偏生暗"。 《论语·尧曰》："宽则得众，敏则有功，公则说"。 《吕氏春秋·贵公篇》："昔先圣王之治天下，必先公。公则天下平矣。……天下，非一人之天下，天下人之天下也"
类型三	类型三是从类型二变化而来，特别流行于宋明理学。它可以直接等同于天理、道、义、正，可以涵盖一切儒家德目，指涉的对象不见得是公众全体，具体含义也不必然是普遍、平等。 这类型的"公"的另一个特色是强调"公"与人心的联结，"公"不见得是可以明确指认的原则，存心是重要的，心无私欲之杂，就是真正的"公"	《朱子语类》卷十三："道者，古今共由之理。如父慈子孝，君仁臣忠，是一个公共底道理"
类型四	类型四的"公"与类型二、类型三有密切的历史关联，是对这两个类型的反动。这一类型的"公"大致含义仍然是普遍、全体，特点在于，它承认"私"的正当性，甚至认为理想的"公"就是全天下的"私"都得到合理实现的境界	这一类型的"公"的明确宣示，是在明清之际。《亭林文集·郡县论五》："故天下之私，天子之公也"。 《明夷待访录·原君》："以我之自私为天下之大公"
类型五	类型五的"公"不是思想发展的直接产物，而是从"公"的语义逐渐衍生而来。"公"很早就有"共"的意思，"公共"一词也出现甚早	东汉郑玄注《礼记·礼运》的"天下为公"，就释"公"为"共也"。 《史记·张释之冯唐列传》："法者，天子与天下之公共也"。 《陆宣公文集·奉天请罢琼林大盈二库状》："以公共为心"

资料来源：陈弱水．中国历史上"公"的观念及其现代变形［A］．公共意识与中国文化［C］．北京：新星出版社，2006：69～117.

四、公共性的基本问题之二：
国家的双重属性与政治权力的批判

众所周知，在现代财政学中，主流新古典经济学中的"萨缪尔森—马斯格雷夫传统"与公共选择学派的"自愿交易传统"在许多方面都存在着严重的分歧，但他们都将"公共物品问题"作为理论分析的逻辑起点。因为"公共物品"（Public Goods）在消费、供给或受益等方面的公共性使得利益相关者无法独立地做出选择，转而通过集体行动等方式来解决其"供给—需求"和"成本—收益"等问题。需要说明的是，这里的"公共物品"概念，其"内涵远远超越了'物品'或'财富'本身，它可以容纳一切以共同利益为基础的、包含'物品（服务）的共同消费'的强制性集体活动"（马珺，2008）；而在此基础上派生出来的"公共物品问题"，是指"个体为了某种共同利益而决定共同实施某项集体活动，按约定分享活动的收益、分担其成本、强制实施的过程"（马珺，2012）。

事实上，"公共物品问题"自人类结成社会的那天起便已有之，早于国家的产生而存在。而且，即便在国家产生以后，人类社会满足公共需要和实现共同利益的组织形式仍然是多元化的，既可以是私人间的自由交易，也可以是私人间的自愿合作，还是可以是由国家实施的强制性集体行动（布坎南、图洛克，中译本，2017）。其中，广义上的国家，作为一系列复杂的制度安排的集合体，既能做许多"好"事，同时也会做许多"坏"事（Buchannan & Musgrave，1999），但国家之所以为国家，之所以是人类社会满足公共需要和实现公共利益过程中不可或缺的组织形式之一，有其赖以存在与发展的正当性基础。也就是说，国家作为一个在一定疆域之内垄断了政治暴力使用权的组织形式，它必须为其政治权力的垄断寻求一个正当性基础（韦伯，中译本，1998）[1]。

---

[1] 根据马克斯·韦伯（中译本，1998）所给出的定义："国家是这样一个人类团体，它在一定疆域之内（成功地）宣布了对正当使用暴力的垄断权。"韦伯之所以在定义中如此强调"暴力"之于"国家"的重要性，是"因为不可能用国家的目标来定义国家。纵观人类历史，从强盗国家到福利国家，国家有各种类型的目标；因此，目标的性质不能够用来作为构成国家的一个标准。不过，所有的国家都使用相同的手段，即在最后它们总是会诉诸暴力或暴力威胁"（斯威德伯格，中译本，2007）。所以，在韦伯那里，"国家是一种人支配人的关系，而这种关系是由正当的（或被视为正当的）暴力手段来支持的；要让国家存在，被支配者就必须服从权力所宣称它所具有的权威，人们在什么时候服从，为什么服从？这种支配权有什么内在的理据和外在手段？"（韦伯，中译本，1998）。也就是说，在人类的社会生活中，只要存在着支配与服从的关系，就会有正当性的诉求。

在中文经济学文献中,张宇燕和何帆(1998)较早关注到国家的正当性问题,提出了一个"财政压力引起制度变迁"的理论假说:在一定的财政预算约束之下,国家通过组织生产一组"公共产品"来获取和追求正当性最大化①。而且因为国家为了获取正当性而进行的投资存在着边际报酬递减的问题,所以,随着时间的推移,国家需要提供越来越多的"公共产品"来维持一定的正当性水平,这就造成了财政压力,当财政压力积聚到财政危机时,国家不得不开始寻求改革,进而推动制度的革新和变迁。

诚然,任何理论都是为了找到一种能够简化问题的方法,它必然是人为的以及片面的,只能用来发掘历史复合体的有限面向,并揭露历史演变过程中的某些重要原因。尽管上述"财政压力引起制度变迁"的理论假说只是一个初步的假说和猜想,却很好地揭示了国家作为社会管理者的行为动机和行为模式及其与财政公共性之间的内在联系。也就是说,在人类社会的历史长河中,国家的角色定位、职能范围及其获取正当性的途径是极其复杂多变的,但有一点可以肯定的是,在不同历史阶段和社会形态下,国家都必须履行其社会管理者职能,并以此作为获取和维持正当性基础的根本途径之一。正如恩格斯(1995)所强调的,"政治统治到处都是以执行某种社会职能为基础,而且政治统治只有在执行了它的这种社会职能时才能继续下去"②。

修改说明: 为了行文简便起见,此处在修改过程中删减了若干文字,将原文是"诚然,……却很好地揭示了国家作为社会管理者的行为动机和行为模式及其与财政公共性之间的内在联系。"简化为:"应当说,这一理论假说揭示了国家作为社会管理者的行为动机和行为模式及其与财政公共性之间的内在联系。"

但与此同时,我们也要清醒地意识到问题的复杂性,即国家履行其职能的实体是由相应的机构和个人所组成的,这些行使公权力的机构和个人既有谋求公共利益的潜力,同时也有出错的可能。其中,统治者的阶级属性亦是国家的本质特征之一,"由于国家是从控制阶级对立的需要中产生的,由于它同时又是在这些阶级的冲突中产生的,所以,它照例是最强大的、在经济上占统治地位的阶级的国家,这个阶级借助于国家而在政治上也成为统治地位的阶级,因而获得了镇压和剥削被压迫阶级

---

① 需要说明的是,张宇燕和何帆(1998)所谓的"公共产品",是就其由国家组织生产和分配的这一性质而言,与纯粹的公共产品概念有所不同。纯粹的公共产品是指在生产和消费方面满足不可分性、非拥挤性和非排他性的产品,但事实上,国家所提供的产品远远超出了纯粹公共产品的范围。具体而言,国家提供的最基本的公共产品包括军队(对外防御)、法律和秩序(对内防御)、意识形态、对外部性问题的管制(如环境保护)、宏观经济管理、货币稳定等等。

② 恩格斯. 反杜林论[A]. 马克思恩格斯选集第3卷[M]. 北京:人民出版社,1995:523.

的新手段"(恩格斯,中译本,1995:170)①。

简而言之,国家的双重属性及其此消彼长关系从根本上决定了政治权力的基本逻辑,而考察财政公共性的充分程度的关键在于分析行使公权力的组织机构和个人在多大程度上表现出上述两种属性。在这里,本文试着分析中国传统王权政治的两个特征事实,以为例证。

(一)"君国一体"与"天下为公":君主专制政治的基本逻辑及其有限的公共性

在君主专制政体下,"朕即国家",君主与国家是一体的,很难从根本上将二者严格区分开来,但出于国家整体利益的考虑,又不得不对此要有所区分。所以,在中国政治思想史上,"凡是提出系统政治学说的思想家,其政治思维方式有一个共同的特点:在论证国家体制和君主权力时,着重强调君国一体,君主执掌天下大权;而在阐明治国之道和君主规范时,又对君主与国家、国家与天下有所区别。即一方面主张由一人治天下,另一方面又强调不能以天下供奉一人"(刘泽华,2014)。

需要说明的是,在古汉语中,"天下"一词的含义有广狭之分:广义的"天下"是泛指"日月所照,风雨所至"的普天之下,但这多半只是一个种夸张和虚构的表述;狭义的"天下"通常是指中央政府的统治疆域(偶尔也兼及藩属之地),或是多个政权并存之时不同政权统治疆域的总和,是一个有边界的政治社会。而且,在多数情况下,古代文献典籍中所谓的"天下"指的是一个有边界的政治社会,亦即当时中国的实际控制范围②。而更为重要的是,古人之所以称呼政治共同体为"天下",主要是在政治领域中的一种习惯用语,并不意味着他们毫无其他文明国度或社会存在的观念。

从现有的文献史料来看,"天下"一词很可能出现于西周初年,如《尚书·召诰》:"用于天下,越王显";《诗经·皇矣》:"以笃于周祜,以对于天下"。根据台湾学者甘怀真(2005)的解释:周人所谓的"天",是指具有神格的上帝;所谓的

---

① 恩格斯.家庭、私有制和国家起源[A].马克思恩格斯选集第4卷[C].北京:人民出版社,1995:1-70.
② 据韩国学者金翰奎的统计,在《史记》、《汉书》和《后汉书》中所出现的"天下"总数为3375例,其中单指中国的有2801例,达83%。与此相对,指中国并加上其他异民族之"天下"的,有64例,不过1.9%。显然,"天下"基本上是意指中国的词语。转引自[日]渡辺信一郎(2008)。

"天下",是上帝委派"天子"治理并接受其监督的区域。也就是说,"天下"指的是一个有疆域、有人民、有政权组织的政治共同体。而且,在周人的政治思想中,上天遴选"天子"的目的是让人民能够安居乐业,"民之所欲,天必从之"。即便天命是变化无常的,是不可知的,甚至是不可信的,但都毋庸恐惧,只要后人效法先王的德行,尽心尽力地治国保民,就能得到上天的眷顾,也就能将执政地位不断维持下去,正所谓"敬哉!天畏棐忱,民情大可见。小人难保,往尽乃心,无康好逸豫,乃其乂民"。

春秋战国之际,一方面西周时期以王者为中心、以宗法制和封建制为基础的"天下"政体趋于瓦解,而新的秩序又尚未建构起来,社会失序,民心思治;另一方面,西周时期的"天下"观念不但没有被抛弃,反而在诸子百家的努力下发展成为一种理论化、系统化的政治哲学。"从战国时期的政论著作开始,国体的思考就多被置于'天下'的理论框架中,即在'天—天下—天子—民'的关系架构中,强调天子承天命治天下。在这套论述中,天子之所以存在,其职责在于维护这个作为'民'的合理生存领域的'天下'。从另一个角度来说,民的生存条件之一,是天子的存在,借由天子以安定天下秩序,使民能进行其生业并获得生命的意义"。这也正如表1所示,在春秋晚期,"公"已有了明确的政府、一般性事务、公众事务的意思,有别于统治者的个人或家庭事务;到了战国中晚期,"公"更是超越了政府、朝廷的范畴,意味着普遍、全体以及其公平、平均等其他价值。

随之而来的问题是,君主如何"以一人治天下",以及如何在治天下的过程中实现"天下为公"的愿景?这就涉及到一个"一"与"多"的关系问题,即"'一'就是专制君主,'多'就是千头万绪的事务、政务和众多的臣民"(刘泽华,2014)。

在商周时期,依靠的是封建宗法制,即血缘组织(宗法制度)和政治组织(封建制度)结合为一体,将血缘组织的内聚力转化为政治组织运作的向心力。经过春秋战国的演变,自秦汉以后,则有赖于官僚政治和郡县制度来维系皇权统治。概言之,皇帝集军政大权于一身,其下有总揽一切的宰相以及各有职掌的层级化、专业化的文武官员;同时,地方政权作为国家政权的延伸,其行政主管的任免控制在中央而集权于君主。这些大小官员大部分不再是有着宗法血缘身份的封建世卿,而是以才学干禄入仕的平民俊秀,全国各地人才通过相对开放的选拔机制进入国家的管理机构之中,以维持一个相对有效的行政管理体系。这也正是王权统治之所以能够在中国历史上延续两千多年的关键所在,即在"家天下"的政体下维持了有限程度的公共性(童光辉、范建鏋,2016)。

(二)"奉天承运"与"替天行道":治乱循环下公共性的实现形态和充分程度

当然,在君主专制政体下,官僚体系只是王权的附属和工具,虽然两者之间多有矛盾,甚至发展出了相对完备的决策、执行和监督体系,但是都无法从根本上制约王权。正如周良霄(2014)所总结的,"在漫长的中国封建社会过程中,专制主义皇权就是一切,它事实上是无限的。如果说存在制约,那就是农民的反抗与农民的起义。正是有了这种制约,才使社会得到某些发展。……皇朝从建立到覆灭,从覆灭到重建,从重建再到覆灭的历史。它仿佛永远限于一个没有出路的封闭循环圈"。在这治乱循环之中,不同朝代或政权的疆域范围或大或小,执政时间或长或短,形成了"朝代间的比赛"(杨联陞,1983)。其中,不同朝代或政权的制度安排及其运行绩效是决定"比赛"成败的决定性因素之一,这既取决于不同历史时期的客观需要和可能条件,也取决于统治集团的主观意愿和治理能力。二者的相互作用,构成了历史的多样性和复杂性,难以一概而论。从古为今用的角度来说,重要的是要从朝代兴衰的成败得失中汲取有益的经验教训,而探讨财政公共性在不同历史时期的实现形态和充分程度,正是我们在"大历史"和"长时段"的宏观视野下总结中国历史经验和推动财政基础理论创新的切入点和突破口,值得深入挖掘。

五、结论

多年前,陈明光(2008)曾提出过一个非常有名的问题:财政史,是财政学的财政史,还是历史学的财政史?这样一个"似是而非"的问题背后却深刻揭示了两个学科的研究视角和研究范式等方面的巨大差异。近期,陈锋(2019)再次提到了财政学与历史学在财政史研究中的分工关系。那么,对于财政理论工作者而言,中国财政史研究之于财政基础理论创新的价值和意义何在?通过上述讨论,我们似乎可以概括为以下几点。

一、反思理论假设。"经济学理论是从历史的尤其是当时的社会经济实践中抽象出来的"（吴承明，2001），需要建立在一定的假设前提之上。其中，有些理论假设是事先说明的，比较容易辨析，但也有些隐含的理论假设是特定制度环境或文化语境下"不证自明"的，往往没有加以详细地说明和充分地论证。所以，我们研究中国财政史的价值之一就在于发现理论与历史的矛盾之处，深入挖掘某些在特定制度环境或文化语境下才能成立的关键性假设，并在此基础上加以适当的修正和完善，使之更具兼容性和解释力，能够更好地解释中国现实国情和指导中国财政改革。

二、丰富理论体系。历史是复杂和多样的，"经济史研究的东西，包括体制、制度、社会结构、文化思想以及习俗惯例，远比经济学广泛，而且是活生生的。……经济史有广阔的天地，无尽的资源，它应当成为经济学的源，而不是经济学的流"（吴承明，2001）。同理，财政史也应该是财政学的源，而中国财政史则是不可或缺的源头之一。所以，本文重提"财政本质问题"，目的就是寻找一些能够贯通古今的基本问题，在现代学理与历史经验之间建立一种对话的可能，使得现代读者与古代世界之间能有一个"超越时间"的交流，让我们的视野更宽广，理解也更深入真实。

三、指导未来发展。"建立与国家治理体系和治理能力现代化相匹配的现代财政制度"已经成为我们的改革目标，有关"现代财政"与"公共财政"、"现代性"与"公共性"等诸多概念之间的辩证关系也随之成为了学界讨论的焦点。对此，笔者坚持一个观点，"现代性"不等于"公共性"，不仅与现代国家治理相匹配的现代财政制度需要凸显公共性，中国历史上的财政制度演变亦是以公共性为基本线索来展开的。诚然，"现代"作为一种时间概念，在内涵上必然强调与古代的对立；但与此同时，我们不能因此全盘否定历史传统的价值和意义，而是应当在承认断裂的前提下，努力挖掘现代社会与历史传统之间的承续关系，将现代与传统相贯通，为现代财政制度建设提供深刻的历史思考和丰富的历史经验，指导未来发展。

全面实施预算绩效管理背景下地方政府债务支出效率研究*

李一花　亓艳萍　祝　婕**

内容提要：优化债务资金配置并提高支出效率，不仅是实现财政政策加力提效的重要内容，也是防风险和全面实施预算绩效管理的题中应有之义。本文以科学测度地方政府债务支出效率并剖析其影响因素和探求改善对策为宗旨。针对地方政府债务数据的分散不统一问题，本文首先从资产端视角，估算了2012~2017年30个省级行政区的全口径债务规模，继而采用三阶段DEA模型和Malmquist指数方法，对我国各省份债务支出效率进行统计测算和动态分析。本文的实证结果显示，我国省域间债务支出效率存在显著差异，西部省份债务支出效率优于中东部省份；从动态变化来看，新《预算法》实施后，我国各省份债务支出效率有所改善，但2017年后出现倒退趋势。这意味着地方政府债务管理仅靠《预算法》难以奏效，全面实施债务绩效管理需要编制债务预算、提高债务信息透明度、完善债务限额和信用评级以及健全债务资金绩效管理机制等系统化制度支持。

关键词：全口径地方政府债务；债务支出效率；DEA模型；Malmquist指数

中图分类号：F812.5　　**文献标识码**：A

---

* 终稿发表于《财政研究》2019年第11期。

** 作者简介：李一花，山东大学经济学院，教授，博士生导师。
　　　　　　亓艳萍，山东大学经济学院，硕士研究生。
　　　　　　祝　婕，山东大学经济学院，博士研究生。

一、问题的提出与文献综述

债务是把双刃剑。一方面，政府举债可以弥补财政收支缺口、助力基础设施建设以及推动经济增长；另一方面，政府债务规模失控和资金使用不当会加剧债务风险和导致资源低效浪费。在当前宏观经济下行和近 2 万亿减税降费巨大压力下，地方政府债务发行规模和余额限额不断增加，这意味着政府运用债务手段进行逆周期调节的宏观管理愈发重要。与此同时，党的十九大以来，加快建立现代财政制度、全面实施绩效管理并打好重大风险攻坚战，成为财政改革发展的重要内容。加快建成全方位、全过程、全覆盖的预算绩效管理体系，要求预算绩效管理不仅覆盖四本预算，还要积极开展涉及财政资金的政府投资基金、PPP 以及政府债务项目绩效管理。因此，加强对地方政府债务绩效（效率）研究是全面实施预算绩效管理的重要内容，也是防范化解当前重大风险的重要先手（刘尚希，2014）。

从理论研究的角度，地方政府债务支出效率是近几年才引起重视的研究主题。已有研究，如金荣学、胡智煜（2015）选取 2012 年地方政府债务余额作为投入变量，以市政建设、交通运输和土地收储作为产出变量，通过 DEA – Tobit 两阶段模型测度了地方政府债务支出的效率，发现不同省份债务支出效率水平差异较大。胡穗、吴文值（2017）同样运用 DEA 模型，以 2014 年人均政府性债务余额作为投入变量，将产出分为市政建设等直接产出和以 GDP 增长率为代表的间接产出，对我国 30 个省级政府债务支出效率进行了测算，发现我国东部地区政府债务支出效率最高，中部次之，西部最低。洪源、秦玉奇等（2014）以人均地方政府债务余额作为投入变量，以基础设施建设类和公益性项目作为产出变量，运用三阶段 DEA 和空间计量模型测度了 2010~2012 年湖南省各地级市（州）政府债务支出效率及其空间外溢效应。郭月梅、胡智煜（2016）利用三阶段 DEA 模型和 Malmquist 指数方法对我国 2011~2013 年省级政府债务支出效率进行了分析，发现我国省级债务支出效率地区差异较为明显。吴粤、王涛等（2017）

> **专家意见 2**：文献部分存在以下问题：第一，文献部分不够完整，重点对支出效率的测度进行了详细梳理，弱化了影响因素分析；第二，文献部分应给出对效率测度两种不同方法的差异性比较，以便对后文效率测度方法的选取提供支持。
>
> **修改说明**：首先针对本文研究的问题，增加了对影响债务支出效率因素的文献梳理；其次，增加了对三阶段 DEA 方法和 Malmquist 指数方法的优劣性比较说明。

以城投债作为地方债的替代变量,同样采用三阶段DEA模型测算了2009~2014年地方政府债务的支出效率,结果表明我国地方政府性债务支出效率在样本期间内呈现下降趋势。

综合上述文献我们发现,对地方政府债务支出效率的研究结论分歧较大。具体而言,从效率测度的变量选取来看,大多数文献将地方政府债务余额作为投入变量,但由于2015年之前缺乏官方公布的地方政府债务数据,大部分研究或以城投债数据代替地方政府债务余额进行研究(吴粤、王涛等,2017),或以某一年的数据进行研究(金荣学、胡智煜,2015),或以某一地区(省份)进行研究(洪源、秦玉奇等,2014),或以某一级次政府(省级)进行研究(郭月梅、胡智煜,2016),数据局限性非常明显。在产出变量方面,大多数研究根据地方政府债务的大致投向来界定其产出,如金荣学、胡智煜(2015)和胡穗、吴文值(2017)的研究,在债务投入与产出的匹配上存在一些疑点。从近期三阶段DEA模型和Malmquist指数方法的运用来看,郭月梅、胡智煜(2016)是较早应用这一方法来研究地方政府债务支出效率的,但该文在使用三阶段DEA模型时,未将随机误差和管理无效率进行分离,一定程度上影响了测度结果的准确性。概括而言,本文与以往研究的不同主要表现在以下方面:一是科学估算全口径地方政府债务规模,使债务投入数据更为准确合理;同时,对债务投入及其对应的产出进行更为全面和科学的匹配,从而更好地使用投入产出估计。二是运用三阶段DEA模型和Malmquist指数相结合的最新研究方法,从静态和动态结合的角度对地方政府债务支出效率进行测算。在运用三阶段DEA模型时,借鉴刘自敏、张昕竹等人(2014)的做法,将不同年份的同一个决策单元看作不同的决策单元,将所有跨年决策单元置于统一的前沿面下,以此来实现各年效率值的可比性,克服了已有研究使用不同年份数据直接对比的缺陷(郭月梅和胡智煜,2016)。三是本文的研究样本期间为6年(2012~2017),跨越新《预算法》实施前后,能够反映新《预算法》对债务支出效率的影响及其时间变化趋势,弥补了目前研究缺乏对新《预算法》实施影响的判断。

文以下内容安排是:第二部分是效率测算方法基础;第三部分是具体的测算及分析;第四部分是本文的结论与政策建议。

二、效率测算方法基础

（一）三阶段 DEA 模型

DEA 模型分为不变规模报酬模型（CCR）和可变规模报酬模型（BCC），鉴于大多数情况下存在规模报酬可变的可能，本文选取 DEA 的 BCC 模型进行效率值的测算。在 BCC 模型中，可以将技术效率（TE）进一步分解为纯技术效率（PTE）和规模效率（SE），其中纯技术效率用来反映控制规模效应后管理水平对技术效率的影响；规模效率则主要反映规模效应对技术效率的影响程度。从 BCC 模型结果来看，如果效率结果 $TE=1$，则说明此决策单元处于效率前沿面上，称为技术有效；如果 $TE<1$，则称为技术无效。如果纯技术效率（PTE）<规模效率（SE），表明技术无效主要是内部管理不善造成的，反之则是因为规模效应未实现造成的。

在应用三阶段 DEA 模型时，由于第一阶段得出的效率值受管理水平、环境因素和随机误差三部分因素的影响，因此，采用随机前沿分析法（SFA）将环境变量和随机误差项进行识别和控制，从而得出只受管理水平影响的债务效率值。

（二）Malmquist 指数方法

Malmquist 指数主要反映地方政府债务支出的效率变动，一般采用全要素生产率指数（$Tfpch$）来衡量。全要素生产率指数可分解为技术进步指数（$Techch$）和综合技术效率指数（$Effch$）的乘积，综合技术效率指数又进一步分解为纯技术效率指数（$Peffch$）和规模效率指数（$Sech$）的乘积。从全要素生产率指数的分解看，技术进步指数反映技术进步情况，综合技术效率指数反映管理决策的正确性，纯技术效率指数和规模效率指数则分别反映管理水平和规模报酬的动态变化。如果上述指数大于 1，则说明情况有所改进，反之，则表示情况恶化。

专家意见 3：单纯的测算地方政府债务支出效率，突破性不强，与过往文献相比，仅属于分析方式的差异，建议将研究问题重点转向影响地方政府债务支出效率的因素上，比如对人大监督与债务支出效率的关系进行深度分析，以对后文的政策建议提供一定的实证支撑。

修改说明：将第二部分和第三部分内容压缩精简，合并为一个部分，包括对三阶段 DEA 方法和 Malmquist 指数方法的介绍，以及对地方政府债务支出效率测算结果的分析。并在后文加入了人大预算监督、财政体制等因素对地方政府债务支出效率影响的实证分析。

知识助产士：编者与作者、读者的沟通

三、地方政府债务支出效率的测度

（一）变量选取

1. 投入变量

> **专家意见 4**：本文的效率测度侧重技术方法导向，但在方法选用之前，文章缺少对债务支出效率的准确定位。
>
> **修改说明**：目前主流的财政支出效率的研究通常在微观层次上，即侧重于从技术上把握财政支出效率，把效率理解为投入与产出的关系。从现实问题来看，支出效率体现在能否实现成本最小化和产出最大化。因此，本文对债务支出效率的理解基本沿袭了财政支出效率的上述理解，侧重于从债务投入与产出的角度测度和分析债务效率，属于对债务技术效率的研究。

由于我国地方政府债务存在统计口径复杂、债务分散、隐性债等问题，地方政府债务规模底数不清。即便在 2015 年地方政府公开发行债券的情况下，由于隐性债务的存在，用地方政府债券规模指代债务投入会低估地方政府债务规模。由此，本文首先需要对全口径地方政府债务规模进行估算。

基本思路是以各地方审计部门公布的截至 2012 年底的地方政府债务余额为起点，通过测度 2013 年及其后每年地方政府债务的增量，计算得出 2013 年的债务余额。以此递推，得到 2013～2017 年各省债务余额[①][②]。

其中，地方政府本年新增债务 = 本年市政领域固定资产投资完成额[③] − 本年政府预算内资金投入[④] − 本年其他非债务资金投入[⑤]　　（1）

2. 产出变量

作为对应，产出变量以市政基础设施建设、科学、教育、卫生等领域的产出来界定。由于市政领域基础设施建设的资金来源主要是债务，因此，其产出即为地方政府债务的产出，具体到科学、教育和卫

---

① 限于篇幅，具体计算结果从略。
② 为了检验上述方法的准确性，本文以审计署公布的 2010 年底全国地方政府债务总额为起点，计算了 2011 年和 2012 年的新增地方政府债务规模，计算结果与审计署公布的数据几乎一致；根据此方法计算出的截至 2017 年底的债务余额与大部分学者（张晓晶，2018；闫衍，2018）采用其他方法所计算出来的结果接近，佐证了本文估算结果的可靠性。
③ 本年市政领域固定资产投资完成额，是在城市市政公用设施类固定资产投资完成额（包括生活能源供应、交通运输和公共设施管理行业固定资产投资额）基础上，加入了以地方政府为主要投资方的科学研究、技术服务和地质勘查业，教育，卫生、社会保障和社会福利业，以及公共管理和社会组织四大行业的本年固定资产投资额而来。
④ 本年预算内的资金投入是指上述行业固定资产投资中预算内资金投入的部分。
⑤ 本年其他资金投入，是指市政公用设施配套费、市政公用设施有偿使用费、土地出让收入、资产置换收入等投资到城市基础设施建设的其他资金。

生领域，由于一般性财政资金投入占了较大比重，因此，需要分别将债务产出从这三类总产出中进行分离。本文采用投入比代替产出比的粗略方法解决这一难题，即通过计算该行业债务规模占该行业总投入（债务和一般性财政资金）之比，计算出三个行业中债务投入系数，以此系数代替债务在科学、教育、卫生的产出系数，进而计算出这三个行业的债务产出。

3. 环境变量

地方政府债务支出效率除了受到投入产出变量的影响，还可能会受到外部环境的影响。借鉴陈诗一和张军（2008）的做法，本文主要从经济、社会和政府三方面来进行环境变量的选择。经济方面，选择城镇居民人均可支配收入代表经济环境状况；社会环境方面，考虑到居民的受教育水平可能会影响其行使权利的主动性，同时社会供养负担又与政府各类资金的管理和使用息息相关，故而选择居民文化水平和社会总抚养比代表社会环境，其中居民文化水平用中职和高中在校生数占总人口的比重表示，社会总抚养比用 0～14 岁少年儿童与 65 岁及以上人口数占总人口的比重表示；政府层面，一般认为地方政府比中央政府具有更高的信息优势，因此财政分权可能会提高债务支出效率，由于政府的固定资产投资倾向决定了资金的需求强度，这可能会影响债务资金的使用效率，政府规模的大小也会和债务的规模大小有一定关系，故而选择财政分权、固定资产投资倾向和政府规模代表政策环境，其中财政分权用地方人均一般公共预算收入占全国人均一般公共预算收入的比重表示，固定资产投资倾向用本年固定资产投资完成额占本年 GDP 的比重表示，政府规模用政府消费占最终消费的比重表示。

> **专家意见 5：**"作为对应，产出变量以市政基础设施建设、科学、教育、卫生等领域的产出来界定。由于市政领域基础设施建设的资金来源主要是债务，因此，其产出即为地方政府债务的产出，具体到科学、教育和卫生领域"，市政基础设施建设与科学、教育、卫生领域是否为平行领域？该段话的表述需要再斟酌。
>
> **修改说明：**文章在修改过程中，已将这句话的产出改为相关产出，以表明科学、教育、卫生的产出不能全归为债务的投入。

（二）效率测算结果与分析

1. 第一阶段效率测算结果分析

第一阶段采用 DEA 的 BCC 模型，运用 DEAP2.1 软件，对我国 30 个省级行政区（不含西藏和台湾、香港、澳门地区）的债务支出效率进行测算。考虑到跨年样本前沿面不统一，导致效率结果跨年度不可比，借鉴刘自敏、张昕竹等（2014）的做法，将不同年份的同一个决策单元看作不同的决策单元，将所有跨年决策单元置于统一的前沿面下,以此来解决跨年前沿面不统一的问题。

第一阶段测算结果显示,我国 2012~2017 年平均技术效率值为 0.757。从技术效率的分解情况来看,纯技术效率值为 0.831,规模效率为 0.915,规模效率比纯技术效率更接近前沿面。从东中西部地区效率水平的差异来看,东部地区最高,中部次之,西部地区最低。

2. 第二阶段效率测算结果分析

如表 1 所示,从环境变量的回归结果来看:经济环境方面,城镇居民人均可支配收入的回归系数在 5% 的显著性水平上为负,说明经济的发展水平越高,地方政府债务支出效率越高。社会环境方面,居民文化水平对地方政府债务支出效率的影响显著为正,这意味着居民的文化程度越高,对于政府的监督越强,越有利于政府提高债务效率,这与陈诗一等(2008)的研究结论一致;社会总抚养比的系数在 1% 的显著性水平上为正,这表明人口结构的压力并没有改善公共管理水平,因而对债务支出效率的作用有限。政府层面,财政分权对地方政府债务支出效率具有负向影响,说明地方政府一般财政收入越充裕,提升债务支出效率的激励就越小;相反,政府规模在 1% 的显著性水平上与地方政府债务支出效率正相关,说明政府消费比重越高,政府投资支出就会随之减少,从而对提升债务支出效率产生更大的激励;从固定资产投资倾向来看,回归系数不显著。

表 1　　　　　　　　　第二阶段 SFA 结果分析

变量名称		松弛变量		
		估计系数	标准误	T 值
—	常数项	-2782.683***	5.440	-511.477
经济	城镇居民人均可支配收入	-0.145**	0.063	-2.308
社会	居民文化水平	-1466.157***	16.807	-87.233
	社会总抚养比	341.230***	85.123	4.009
政府	财政分权	8668.343***	27.567	314.449
	固定资产投资倾向	36.735	27.013	1.360
	政府规模	-275.728***	83.416	-3.305
σ^2	62742984			
γ	0.610			
	LR 单边检验			41.159***

3. 第三阶段效率测算结果分析

（1）地方政府债务支出效率的静态分析。

由表2第三阶段的测算结果可知，全国总体地方政府债务支出的技术效率、纯技术效率和规模效率均值分别为0.905、0.974、0.929，纯技术效率水平高于规模效率水平。对比第一阶段结果，规模效率的优势有所下降，说明外部环境的影响夸大了地方政府债务支出的规模效应。调整前，制约技术效率水平的主要因素是纯技术效率；调整后，规模效率的制约作用更加凸显，这表明目前影响债务效率的主要矛盾是债务规模制约。

> **专家意见6**：建议对地方政府债务支出效率结果区域差异及时间分段，进行系统分析与刻画。
>
> **修改说明**：对地方政府债务支出效率的区域差异和时间分段情况进行了补充说明。

表2　　第三阶段2012～2017年各省债务支出效率

地区	省份	TE	PTE	SE
全国		0.905	0.974	0.929
东部地区	北京	0.943	0.987	0.956
	天津	0.924	0.989	0.935
	河北	0.844	0.958	0.881
	辽宁	0.858	0.947	0.906
	上海	0.976	0.988	0.987
	江苏	0.857	0.935	0.917
	浙江	0.894	0.996	0.898
	福建	0.848	0.986	0.861
	山东	0.899	0.978	0.919
	广东	0.902	0.995	0.907
	海南	0.940	0.997	0.943
	均值	0.899	0.978	0.919
中部地区	山西	0.930	0.987	0.942
	吉林	0.799	0.917	0.873
	黑龙江	0.903	0.974	0.926
	安徽	0.935	0.988	0.946
	江西	0.959	0.994	0.965
	河南	0.908	0.997	0.911
	湖北	0.822	0.961	0.856
	湖南	0.885	0.944	0.940
	均值	0.893	0.970	0.920

续表

地区	省份	TE	PTE	SE
西部地区	内蒙古	0.960	0.998	0.962
	广西	0.920	0.986	0.933
	重庆	0.760	0.894	0.853
	四川	0.933	0.999	0.935
	贵州	0.808	0.882	0.918
	云南	0.899	0.970	0.928
	陕西	0.959	0.991	0.968
	甘肃	0.939	0.983	0.956
	青海	0.981	1	0.981
	宁夏	1	1	1
	新疆	0.979	1	0.979
	均值	0.922	0.973	0.947

注：表中的效率值为2012~2017年各省效率值的简单算术平均。
资料来源：《城市建设年鉴》（2012~2017）、中经网、Wind数据库。

从各省份的情况来看，一方面，调整前效率水平位于前三位的是广东、宁夏和河南，其中广东和宁夏并列第一，2012~2017年连续6年债务支出效率都位于效率前沿面，技术效率水平均为1；河南的技术效率值也达到了0.975。调整后位于前三位的省份分别是宁夏、青海和新疆，细分其纯技术效率和规模效率，发现纯技术效率水平高于规模效率，这意味着宁夏、青海和新疆在债务规模有限情况下，优化债务资金配置和提高支出效率发挥了重要作用。另一方面，与调整前相比，广东和河南的效率水平地位下降，分析发现，这两省的债务规模效率远低于纯技术效率，对于东部人口大省和发达的大城市，债务规模不足的约束异常明显。此外，位于效率水平后三位的省份分别是重庆、吉林和贵州，同样属于西部和东北部欠发达地区。欠发达地区债务支出效率的差异性可见一斑。

从东中西部三大地区来看，西部地区的债务支出效率水平最高，达到了0.922，东部与中部十分接近，分别为0.899和0.893。对比三大地区内部纯技术效率和规模效率，可以发现，在三大地区纯技术效率相差不大的情况下，规模效率的差异导致了三大地区债务支出效率的差异，这也反映了目前债务效率问题的主要矛盾集中到债务规模方面，如何更好地确定各地区的债务限额、更好地发挥债务的规模效应已是紧迫问题。

从调整前后的对比发现，调整前东部地区的效率水平较高，这应该与其较优越的环境因素有关，而将东中西部地区置于统一的环境时，东部地区失去了环境优势，出现了效率水平落后于西部地区的情况。从效率分解指标看，西部地区的规模效率最高，东部地区规模效率最低，这说明债务规模约束对东部地区而言更为严重。从纯技术效率水平的角度看，东部最高，西部次之，中部最低，这意味着东部地区在债务管理方面的优势更为突出。

如表3所示，从技术有效和无效方面分析，全国总共有37个样本处于效率前沿面，技术有效占比20.56%。处于技术无效状态的样本个数为143，占比79.44%，其中有86个样本是由于纯技术效率无效引起的，142个样本是规模无效引起的。从东中西部地区来看，大部分处于效率前沿面的样本都位于东部和西部地区，东部地区前沿面样本个数占地区决策单元总数的19.70%，西部地区前沿面样本个数占地区决策单元总数的27.27%；东部地区中处于技术无效的样本有53个，占比80.30%，其中有32个由纯技术无效引起，52个由规模无效引起，说明对于东部地区来说，规模无效是导致债务支出效率低下的主要原因；西部与东部地区情况类似，规模无效问题比较严重。中部地区只有6个决策单元处于效率前沿面，占比12.50%，规模效率同样也是该地区应重点关注的问题。与第一阶段结果相比，处于效率前沿面的决策单元数量有所增加，尤其西部地区的前沿面决策单元数优势凸显。

表3　　　　2012~2017年东中西部地区的技术有效和无效单元分布比较

阶段	样本类别	效率前沿面决策单元个数	非效率前沿面决策单元个数	技术无效原因分析	
				源于纯技术效率	源于规模效率
第一阶段	全国	30	150	118	146
	东部	14	52	43	52
	中部	5	43	38	43
	西部	11	55	37	51
第三阶段	全国	37	143	86	142
	东部	13	53	32	52
	中部	6	42	29	42
	西部	18	48	25	48

(2)地方政府债务支出效率的动态分析。

利用第三阶段调整后的投入产出变量,进行 Malmquist 指数分析。结果显示,全国层面的全要素生产率指数为 0.977(见表4),这意味着全国的地方政府债务支出效率在 2012~2017 年期间以平均 2.3% 的速度递减。分地区来看,东中西部地区基本呈现出和全国相同的变动趋势,地方政府债务支出效率呈现退步趋势,其中东部和中部地区退步比西部地区严重,年均下降 3%,西部地区年均下降 1%,优于全国平均水平。制约各地区全要素生产率指数的主要因素仍然是技术进步指数。此外,从规模效率指数来看,西部地区的规模效率指数显著高于中东部地区,这与前述西部地区规模效率较高的结论一致。

表4　全要素生产率指数均值及其分解指数比较

阶段	地区	综合技术效率指数	技术进步指数	纯技术效率指数	规模效率指数	全要素生产率指数
第三阶段	全国总体	1.004	0.973	1.001	1.004	0.977
	东部地区	1.002	0.967	1.001	1.002	0.970
	中部地区	1.002	0.968	1.001	1.001	0.970
	西部地区	1.008	0.982	1.000	1.008	0.990

进一步对各年的债务效率指数变化情况进行分析。如图1所示,相比于上一年,2015 年和 2016 年全国范围内全要素生产率指数大于 1,2016 年后呈现退步趋势,这说明 2015 年我国新《预算法》实施后,债务纳入预算管理的效果显著,但这一政策效果未能保持,2016 年后,效率水平出现倒退态势。

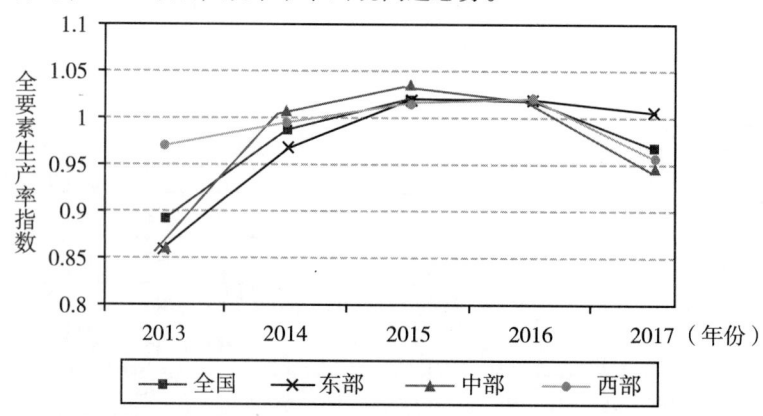

图1　2012~2017 年度全要素生产率指数变动

从东中西部地区来看，各地区在整体趋势上与全国相对一致，都在2015年实现了效率水平的提升；2016年之后，东部地区债务的全要素生产率超越其他两个地区，居于全国平均水平之上，这说明预算管理的制度改革对东部地区影响最为明显。

四、结论与政策建议

（一）结论

本文采用三阶段DEA模型和Malmquist指数模型，对我国30个省份2012~2017年债务支出效率进行了测算分析，得出以下结论：

首先，从静态角度，2012~2017年全国地方政府债务平均支出效率为0.905，呈现出纯技术效率优于规模效率的状态。分地区来看，西部地区债务支出效率优于中东部地区，这与西部地区的债务规模效率高于中东部地区有关。

其次，从动态角度，2012~2017年全国地方政府债务支出效率呈现倒退趋势，这可能与技术进步没有很好地发挥积极作用有关。分地区来看，西部地区的债务支出效率优于东中部地区，这与静态层面的结论一致。从2012~2017年年度全要素生产率指数变动来看，呈现先上升后下降的趋势，改进峰值出现在新《预算法》实施后，但2016年后，效率提升趋势没有保持下去，这说明地方政府债务管理仅靠《预算法》难以奏效，全面实施地方政府债务绩效管理需要系统化的制度支持。

（二）政策建议

1. 编制统一的地方政府债务预算，完善人大预算审查监督

一方面，编制统一的债务预算，改变目前按债务性质分别纳入一般公共预算和政府性基金预算的债务分离模式。通过将所有政府债务和资本性支出综合编制一本预算，全面反映债务预算的完整性。另一方面，编制统一的地方政府债务预算，便于人大从整体上控制政府的

专家意见7：文章的研究定位和理论逻辑较弱，没有详细分析影响因素的作用机理，建议侧重论述为什么要基于人大预算监督视角进行债务支出效率的分析，并从理论上揭示人大预算监督对地方政府债务支出效率的影响与传导机制。

修改说明：在对地方政府债务支出效率结果分析完毕之后，重新增加了两部分内容，一是人大预算监督对地方政府债务支出效率的作用机制分析，主要从信息机制、对话机制和压力机制三方面进行了详细的阐述；二是人大预算监督影响地方政府债务支出效率的实证分析，为文章的政策建议部分提供实证支撑。

专家对实证分析中的变量选取、变量指标表述、回归结果的经济意义解释等方面提出了大量建设性意见，对文章的完善起到了很大作用。

资本性支出和债务规模、结构和成本效益情况，有利于发挥人大对政府举债规模、使用用途、偿债来源的审查监督以及定量评估政府债务的可持续性。

2. 提高地方政府债务的信息透明度，强化社会监督

> 专家意见8：政策建议缺少针对性，建议将重点聚焦到"人大预算监督—财政体制差异—债务支出效率"这一主线上来，研究分析出的结论及政策建议要有助于为人大如何加强债务预算监督提供参考。
>
> 修改说明：对政策建议部分进一步进行完善。

尽快建立地方政府债务信息公开平台，将地方政府债务的借—用—还等全过程信息以及本地的财政经济状况进行公开全面披露，使社会公众、投资者、中介组织、媒体等全面了解政府债务的规模、期限、投向、成本以及偿还等情况。同时，地方财政主管部门应及时将审计、人大等部门抽查地方政府债务资金使用的信息公布于众，自觉接受社会监督。

3. 完善地方政府债务限额制度

如何在债务风险承受范围内，确保债务限额合理增长并体现各地差异化的债务规模约束是债务管理的重要任务，也是提升债务效率和化解隐性债务风险的重要条件。与此同时，为减轻债务投资的需求压力，在严格隐性负债的前提下，稳步推进政府和社会资本合作（PPP）模式，完善政府与社会资本的契约关系，推动更多的社会资本参与公益性事业投资运营，是当前创新政府投融资方式的重要出路。

4. 规范债务信用评级制度，加强市场约束

规范地方政府债券的评级，积极推动信用评级行业协会研究制定地方债务信用评级自律规范，让信用评级报告能真实且差别性地反映各地发债主体的财政实力和债务负担水平，对完善地方政府债务管理和提高债务支出效率具有重要意义。

5. 建立健全地方政府债务资金绩效管理机制

从建立健全债务资金绩效管理机制来说，优化项目选择和严格项目管理是关键环节。在项目选择上，严格按新《预算法》中"政府债务只能用于公益性资本支出"的规定决策，结合我国全面小康、新型城镇化、乡村振兴、生态文明建设等战略定位，选择与民生福利、环境美化、文化建设等基础建设项目立项实施，为经济增长、社会和谐、人民更多获得感提供条件和创造机会。在项目管理上，利用技术培训、项目示范、实施评估、风险管理评估、项目受益评估等技术提升债务项目的技术应用水平，同时调动政府主管部门项目执行管理的积极性，提高项目执行效率；在项目实施过程中，严格落实"举债必问效、无效必问责"的债

务效率评价与追责机制，使债券资金使用与项目管理、偿债责任相匹配，使债券资金安排进度和项目产生的预期收益现金流相匹配。为了确保债务管理的效率，强化问责机制、完善以发展质量和美好生活以及增长可持续性为导向的新政绩观是未来制度建设的重头戏。

第三篇

心路分享：如何发"C刊"

自2016年改版以来，《财政研究》审稿流程不断规范与优化，逐步形成外审与内审相结合的审稿制度，作者、编辑和匿名审稿人共同形成一个小型交互平台，编、研、评互长，共同发挥《财政研究》在推动财政学科发展中的引领作用。作者和匿名审稿专家的沟通，就如一场"背对背"的学术交流会，作者应平心静气、慎重对待匿审意见，及时、精准、有效沟通，实现评研互长。有人把编辑比作是"为人做嫁衣者"，我们更愿意把自己比作"知识的助产士"，实现编、研互补，促成一件件优秀作品的诞生。为此，本书分享了前述11篇论文作者的研究、写作、投稿、修稿、成稿的心路历程，以飨读者。

修改技巧与交流作用

竹志奇

非常感谢《财政研究》"谈文论术　共谋发展"主题学术研讨活动的邀请,我将分享我自己写文章的一些真实感受和心得。

1. 克服不想修改自己文章的一个小技巧

初写学术文章的时候,一些小事就能让我陷入一种过于亢奋的状态,例如,发现好的选题、掌握了新的模型、跑回归跑出了满意的结果、找到了好用的工具变量、模型顺利求解,等等,这种感受至今还有。每到这种时刻,我就会觉得学术写作真是世上最有意思、也最令人兴奋的事情。然而,等到真正开始用键盘"码字"的时候,这种兴奋的情绪突然就会消减大半,每日挣扎在完成旧稿与开启新稿之间,等到写完文章初稿的时候已有筋疲力竭之感了。每到这时,我总想让自己"放松一下",吃些垃圾食品、看看电视剧。放松之后,明明知道自己的文章还有很多问题,可就是提不起精神来好好修改,等再想起来修改的时候早已经是几天,甚至是几个星期之后了,这是一个非常不好的习惯。我也与很多朋友交流过这个问题,大家也都或多或少遇到过这样的问题。为了克服这个坏毛病,我想到了一个还算有效的方法,与自己相熟的老师和朋友约一个最后期限,强迫自己在某个时间点交出自己还算满意的稿子。虽然有些时候还是会有拖延,但总体来讲,初稿自我修改的效率大大提升了。我的方法或许不是最有效的,但提出这个问题或许也算抛砖引玉,帮助遇到这个问题的朋友思考到一个适合自己的方法。

2. 虚心交流提升自我认知

我自己的一个感受是文章写完肯定是会自满的,每当我写完一篇文章的时候,总是觉得自己的想法精妙绝伦，自己的论证无懈可击。等到稿子投出去，被拒绝或者被审稿人提出一些硬伤问题的时候，又觉得自己的文章毫无价值，甚至不想多看一眼。我自己觉得这是一种比较病态的想法，会有这样的想法，主要是自己没能意识到未知的未知，自我认知出现偏差。克服这个问题我自己的一个经验是把稿子投出去之前，先放到学术会议上让同行的前辈与朋友多提出意见。但是有的时候自己想要组织或者参加到比较合适的学术会议是比较难的，因此多参加学术期刊主办的学术会议是一个非常不错的选择。例如在参加《财政研究》主办的学术会议时，我有幸得到财政学界的几位前辈对我论文的点评，我个人感觉是收获非常大的，他们给出的很多建议对我来讲是未知的未知，因为之前我可能根本没有意识到其中存在的问题。另外，在参与学术会议的时候，也能够看到很多同行朋友优秀的文章，听到他们阐述自己的创作过程与研究思路，这是非常宝贵的。会议之后，不仅能够对文章的修改形成一个大致的方案，还能够激发、拓展研究的灵感。

上述是我的两点心得，希望对朋友们有一些小的帮助。在此也非常感谢《财政研究》编辑部，在我投稿过程中，深切感受到了编辑们敬业认真负责的工作态度、匿名评审人专业严谨的学术素养，希望《财政研究》越办越好。

创新编与审的平台，助力论文修订

童 伟

作为职业教师，在教书育人的同时，开展研究既是职业的要求，也是个人的兴趣所在。在这样的情形下，写作、投稿、依照审稿人的意见修订，已成为工作的一种状态，逐渐程式化。但2019年的一次投稿，却带来了极为不一样的体验、感受与冲击，似有必要记录与分享。

事情起始于《财政研究》的一次网上征稿。看到征稿信息时很凑巧，手头刚好完成了一篇论文的写作，论文的内容与《财政研究》征稿的方向十分吻合。于是，打消了投往其他期刊的计划，试着投给了《财政研究》。以为会像其他的投稿一样，漫长的等待之后再是复杂的修改过程。出乎意料的是，很快便接到来自《财政研究》编辑部的消息，编辑部的来信不仅发来了匿名评委的修订意见，还安排了与评委以及栏目编辑面对面交流的机会。

其实，评委及责编提出修改意见，作者依照意见对论文进行修订，是论文发表过程中最普通与最正常不过的一个程序，但对于不少作者来说，这一过程有时却是极为艰难的挑战与炼狱。困难之处在于：有时候匿名评委及责编提出的修改意见原则性偏强，修改的方向难以把握，以至于修改很难一次到位，往往要经过反复多轮的修改，有时榨干心血、绞尽脑汁似乎也难以完成修改任务，使论文的修订变成了一件比写作本身还要痛苦的历程。

《财政研究》组织的这次作者与评委、责编面对面交流的机会可以说是弥足珍贵，一是加快了论文的评审流程，使一般情况下需要2~3个月才能完成的交流周期被大大缩短，二是使评委和责编的修订意见更加清晰、明确。在面对面的交流中，

知识助产士：编者与作者、读者的沟通

三方各抒己见、开诚布公，在问与答中充分陈述各自的看法。沟通的彻底与顺畅，既使匿名评委能够更加了解作者的写作思路与写作意图，使提出的修订意见更加具有针对性，同时，也使作者能够跳出既有思维的束缚，能够更加宏观、清晰地认知论文的局限性，促使作者更深层次地思考，对于论文后续的修改与完善具有极为明显的益处。

《财政研究》搭建了这样一种作者、评委、责编之间沟通的桥梁，可以说是一种论文编与审的创新，对于论文发表质量的提升具有极大的推动作用。希望这样一种论文评审方式能够持续下去，并逐步常态化、制度化。

衷心感谢《财政研究》提供的学习机会与交流平台！

同时，也祝愿《财政研究》越办越好，走向更加绚烂的辉煌。

编研互动，研审互鉴

詹新宇

2019年4月，我们将论文初稿《地方财政压力下的经济发展质量效应——来自中国282个地级市面板数据的经验证据》投到《财政研究》审稿系统后，经过了一个多月忐忑不安的等待，于5月初终于收到了外审专家的审稿意见。外审专家在肯定选题价值和研究意义的同时，提出了十几条大大小小的修改意见，并说论文总体上表现为"重数据检验，轻机制分析"，还有多处错别字、病句和文献标识不规范等细节性纰漏。

基于此，我们在修改稿里进一步阐述了从地方财政压力视角研究经济发展质量的原因；重新梳理文献综述，使得主线更明确，逻辑更严密；参考《财政研究》最新发表论文的范式，重新行文布局。在实证设计部分，修改力度更大：变量说明部分，更多着墨于关键指标的选取原因；基础回归部分，在解释回归结果数学含义的同时，加强了经济含义的挖掘；异质性分析部分，尽量给出更多的支撑依据；在细节问题方面，对论文进行全方位的细致修改，力求体现规范性、专业性和严谨性。

尽管我们修改得十分认真，但是论文的逻辑演绎这么修改，有没有走偏？实证分析部分，能不能说服外审专家？终审环节，会不会被编辑部拒稿？……在审稿系统里上传修改稿后，我们心里依然没底。幸运的是，恰好在我们疑窦丛生的时候，论文有幸入选了2019年5月18日在山东大学举办的"新时代中国特色社会主义发展财政学"专题研讨会，这是《财政研究》编辑部倾心打造的首届"谈文论术"研讨会。此次研讨会采取全新的"作者充分发表观点，专家现场密集点评，修改论文优先发表"模式，我们不但见到了和蔼可亲的编辑部老师们，还见到了神秘而"苛刻"

的外审专家。

在这次"谈文论术"研讨会上，我们进行 PPT 汇报后，与编辑部老师、外审专家以及在场的其他学术同仁展开了热烈交流。总结下来，各方对论文的进一步修改又提出了 8 条宝贵意见，尤其是建议我们进一步加强研究问题的指向性，论文主题要紧密结合财政政策"加力提效"，以及关键解释变量的两种衡量方法应进行对比分析等，给予了我们很大的启发，也让我们不禁认识到，上次修改得依然不尽完美。经过第一轮外审和这次"谈文论术"一共两轮细致修改后，论文最终被顺利录用，并于 2019 年 6 月正式见刊。

谈到心得体会，我们深刻认识到这种小型、务实、高效的"谈文论术"研讨会，既是编研互动的重要平台，更是研审互鉴的重要契机，为论文作者、编辑老师、外审专家三方打造了一个全新的"学术共同体"，显著提高了学术交流效率，使得论文修改更加精准，也让论文发表更加快捷，从而实现了"三赢"乃至"多赢"，体现了权威财税大刊的引领和担当！

从阅读中学习，在写作中成长

李 华

  《财政研究》是财经领域的重要刊物，伴随了自己多年的学习和研究历程。从第一篇文稿懵懵懂懂投出，到现在有意识追踪刊物的选题，尽可能保持方向和风格与刊物的一致性，这本身就是学习和提升的途径。回顾过往，借此机会谈谈个人关于写作选题和成稿沟通方面的心得。

  首先，就论文选题而言，梳理《财政研究》的发文，不难看出《财政研究》的推介重点具有重大、基础和前沿三个主要特征。作为财政领域的领头刊物之一，《财政研究》的选题多数是关乎国家经济发展、财政治理、政策完善的重大问题，例如宏观经济发展与财政政策实施、技术进步与财政管理制度创新、政府间财政关系与财政体制改革、社会重大问题与财税政策回应等等，因此作者的投稿也要紧扣时代发展需求。其次，作为一本关注理论创新、有历史积淀的刊物，对于基础理论研究和创新方面的文章，尤其是争鸣类的学术成果，刊物上也不乏刊出。最后，财政是国家治理的基础和重要支柱，刊物高度关注最新热点问题，例如国家治理现代化与财政制度的完善，疫情防控与财税政策应对等。总而言之，在研究选题这一环节，研究者可高度关注最新的热点问题和征稿启事，承担起研究人员的社会责任和历史使命。对于已经成型的研究成果，在选择发布平台时，要以高度（重大）和宽度（基础）为主充分考量成果与刊物的匹配度。

  其次，关于投稿后进一步的交流和完善。一篇稿件，投稿之前，面对的是作者本人的审阅，但是一旦投出，刊发单位将组织编辑、审稿人和编委会进行多个维度的评价，这本身就是一个完善的过程。通常而言，对于初步通过评审和后续有刊发意向的稿件，回应审稿意见的及时性和有效性是非常重要的。在沟通过程中，作者可以换位到读者的身份，对研究观点、研究思路、研究结论和行文排版等细节进行再次考虑，当然也可以持保留意见。编辑、审稿人和作者对研究成果共同把关，可以从总体上提高论文质量。近年来，《财政研究》编辑部推出"谈文论术"这一快捷和直接的论文交流平台，可以有效地缩短刊发周期，也有利于作者、编辑和审稿人面对面的交流，这是非常值得推广的。无论论文的最终去向如何，高效而便捷的交流对于投稿人而言是非常期待和宝贵的。

从阅读中学习，在写作中成长。值此《财政研究》创刊40周年之际，衷心祝愿《财政研究》越办越好，继往开来！

沟通是思想传达的桥梁

胡 深

沟通是思想传达的桥梁，论文审稿与回复就是一种沟通的过程。此处本人将基于自己与审稿人沟通的一些经验，谈一谈我个人对作者如何与审稿人沟通这个问题的一点见解，希望能够为读者提供有益的参考。

随着当前学术研究的规范性与深入性的加强，一项研究从启动到形成成果是一个漫长的过程，如果这项研究有幸还能够得到不错的结论并且形成论文，研究者自然希望这种成果通过公开发表的形式获得学界的认可。公开发表最主要的形式就是在学术刊物上刊发，在稿件被接收之后，刊发之前，编审、外审和终审几乎都是必经之路。其中的每个审稿阶段都需要作者对审稿意见进行回复并对论文做出相应修改，有时在外审阶段甚至要经历多轮修改，在整个审稿与回复的过程之中，需要与审稿人就相关问题进行反复沟通，因此有方法、有侧重地沟通就极为重要。

在与审稿人沟通的方式上，存在当面沟通与文字沟通两种方式。当面沟通是学术研讨会议上采取的沟通模式，"谈文论术？共谋发展"主题学术研讨活动就为这种当面沟通的模式提供了平台，尽管从所有学术期刊的角度来看，现在这种模式的覆盖范围有限，但却有明显的进一步发展趋势。当面沟通是即时的沟通，通过一问一答，能够在短暂的时间内，高效地识别那些可能潜藏于论文的文字描述后的漏洞。这种模式由于可以迅速地获得反馈，因此双方在问题理解上的阻碍较小。进一步实现高效、和谐的沟通需要作者提前为可能存在的疑问做出准备，并且注意采取平和、谦虚、客观的语气与用词，针对每项审稿人的意见以交流的态度进行答复，尊重审稿人的意见。

知识助产士：编者与作者、读者的沟通

  另一种与审稿人沟通的模式就是书面文字模式，这种模式更为常见，即便是当面沟通有时也需要事后形成文字的回应，并且有可能由此转入双方文字沟通的过程。文字沟通给了作者更多思考和回应的时间，但比起当面沟通，需要注意的内容也更多一些。个人认为，除了尊重审稿意见和谨慎使用措辞外，文字沟通中最为核心的就是消除理解偏差。一些审稿人由于工作繁忙等多种原因，所提出的审稿意见往往是跟随自己当时的想法在短时间内匆匆写出的，因此可能存在对文章内容的误解、问题与建议重点不明确，以及多个问题交织于同一条建议内的情况。对于这种情况，要尽可能全面地理解审稿人的疑问与意见，并针对每一种可能给出回复。对合理的建议要尽量改进文章内容，对误解部分进行解释并根据需要将文章相应部分换一种方式再撰写一遍，对于不合适的审稿意见则应当给出明确的理由。

  总而言之，在回应上谦虚谨慎，保持对审稿意见的尊重，并根据不同沟通模式做出不同侧重的调整，这将有利于文章的修改和完善。

论文发表经验之谈

何 振

笔者主要从选题、研究思路、投稿途径、与评审专家和编辑部的沟通、对作者写作投稿的建议等五方面分享自己的一点心得和收获，供大家参考。

第一，选题。本文的选题与时事热点紧密关联。2018年初，政府大力推行减税降费，与此同时，"大众创业、万众创新"也在如火如荼地开展。笔者对这两项重大政策之间的关联产生好奇：减税是否能够促进企业进入？根据经济学直觉，笔者提出以下基本研究假说：减税能够促进企业进入。但该假说是否成立还需要从理论和实证层面进行检验。

第二，研究思路。笔者梳理与基本研究假说相关的中英文文献后发现：现有文献主要在研究所得税对企业进入的影响，实证分析也主要基于西方发达国家的数据。事实上，西方发达国家以所得税为主，研究所得税对企业进入的影响对其具有重大的现实意义。发展中国家则以流转税为主，研究流转税对企业进入的影响意义更大。鉴于此，笔者决定以我国第一大税种增值税为切入点，一方面，在理论上对现有研究进行拓展，通过构建一个简单的财务模型，分析增值税对企业进入的理论影响机制；另一方面，使用中国工业企业数据实证检验增值税对企业进入的影响。

第三，投稿途径。目前投稿途径越来越丰富，除了传统的根据期刊提供的投稿方式投稿外，还有一个越来越流行的途径，即通过学术会议投稿。事实上，通过在学术会议上汇报论文，一方面，作者可以充分汲取广大专家学者的建议，有利于快速修改完善论文，另一方面，许多学术会议也得到学术期刊的大力支持，优秀论文可以直接被推荐进入期刊匿名评审环节，大大节省论文刊发周期。笔者这篇论文就是通过参加《财政研究》主办的学术研讨会，现场听取评审专家的意见，修改后再进入《财政研究》匿名评审环节，节省了审稿周期。

第四，与评审专家和编辑部的沟通。作者与评审专家和编辑部主要通过书面方式沟通，因此，作者需要仔细阅读论文评审意见，吃透评审专家的真实想法，如果对某句话的含义存在多种理解，建议作者要针对每一种理解进行回复，这样能最大限度地提高评审效率，同时也能充分展示自身的专业水平。在论文刊发前的校稿环节，作者要抱着对自己和期刊负责的态度，认真反复阅读论文，尽最大可能消除错别字和确保格式正确。

第五，对作者写作投稿的建议。作者在写作时要切记，论文是写给别人看的，不是写给自己看的，因此，写作时要尽可能站在读者的角度遣词造句。建议作者投稿前先小范围征求意见，不仅要吸收大家关于论文理论逻辑和实证检验方面的意见，也要请大家反馈论文是否存在表述不清晰等问题，避免论文因表述不清楚等低级错误被拒稿。

我与《财政研究》共成长

邱国庆

记得2014年在辽宁大学图书馆非常偶然与《财政研究》结缘，这是我第一次近距离接触《财政研究》，认真读完每一期每一篇文章，深深感受到财税领域专家的高屋建瓴，心想自己何时能够成功发表研究成果，这是财政学子埋藏在心中的一个学术梦想。随着网络新媒体的发展，《财政研究》创办了自己的公众号，每一期每一篇文章都以非常简短的内容简介、论文框架概览等形式传播，既方便读者阅读，也有利于及时反映财政领域的新成果、新动向、新经验和新知识。同时，建立了读者、专家和编辑的交流群，使读者更加近距离了解《财政研究》，其中财研学堂、财研撷英栏目更是"干货满满"。

2019年《财政研究》编辑部举办"谈文论术 共谋发展"主题学术研讨活动——"新时代高质量发展财税研究学术研讨会"，为财政学、税收学等经济领域科研一线的学者提供一个交流合作的平台和机会。因此，我们围绕财政与高质量发展这一主题，尝试撰写一篇论文——《中国式财政分权下的高质量发展》。论文通过初审，2019年5月参加《财政研究》编辑部与中央财经大学共同举办的"新时代高质量发展财税研究学术研讨会"，并作主题发言，会议专家对文章进行现场密集点评，指出了文章存在的不足以及创新之处，会后我们按照专家意见进行相应的修改，论文顺利进入《财政研究》外审环节，专家们进一步提出了修改建议，使得文章质量得到进一步提升。最后，经过编辑部认真审核、校对使得文章成功发表。

我们的论文得以成功在《财政研究》发表，我认为有以下几点原因：第一，研究主题紧紧围绕学术研讨会主题。根据相关会议征文主题，确立自己的选题。第二，专家现场密集点评非常关键。作者有机会与财税领域专家面对面交流沟通，听取专家为文章提出的建设性意见，使得文章短期内快速达到期刊外审要求。第三，与编辑部有效沟通。学术研讨会缩短了作者修改时间与编辑部的审稿周期，使得编辑部根据会议专家点评和审稿专家的意见对论文进行修改，既有利于找准文章存在的问题，更有利于编辑部进行审稿、校对及编辑工作。第四，投稿途径畅通。区别于传统网络投稿的方式，以主题学术征文与研讨会相结合的方式，创新性采用"作者充分发表观点，专家现场密集点评，修改论文优先发表"的模式，实现"交流更有效，修改更精准，发表更快捷"的学术目标。

《财政研究》实现了我的学术梦想，见证了我的成长，更是自己未来学术旅途的重要动力。未来我将继续时刻关注《财政研究》的动态，积极向贵刊投稿和参加相关学术研讨会。2020年恰逢《财政研究》创刊40周年，真心祝愿《财政研究》越办越好，在未来财政学科建设和智库建设中更好地发挥引领作用，更好地服务于中国财经领域的改革和发展！

研究与创作心路

唐 盟

财政是国家治理的基础和重要支柱，财政政策是影响企业预期的关键因素。但是随着我国经济发展进入新常态以及国际政治经济格局的变迁，财政政策也面临着不确定性的挑战。从财政政策的制定到执行，每一步都存在产生不确定性的因素，财政政策的制定并非在"玻璃房"内进行，外界对于财政政策也通常有不同解读，财政政策的效果更不一定与初衷一致，这些因素充分体现了财政政策不确定性越来越成为影响财政治理成效的重要因素。2018 年 7 月，中共中央政治局会议首次将"稳预期"纳入到政策目标当中，这体现出企业预期越来越成为经济政策不可忽视的问题。财政政策也不例外，一个好的财政政策应当引导市场主体稳定预期，从而更好地实现宏观调控的职能。其中，一个重要问题便是政府财政是否"透明"，透明的财政能够为市场主体提供更为充分的信息，从而能够保障其预期稳定，实现经济稳定发展，而不透明的财政只会增加经济体系的"熵"，从而扩大经济运行的波动。

这篇文章的最初灵感其实来源于某次中央财经大学食堂一楼悬挂电视中播放的《新闻联播》节目。本文的第二作者细细琢磨了一下"稳就业、稳金融、稳外贸、稳外资、稳投资、稳预期"这几个词，在脑海中发现自己遍历所有读过的文献都鲜见"财政与预期"的讨论，故而欣然在电脑的笔记本中记了下来。大概一年后，在寻找选题时再次想到了这一问题，便尝试着开始研究，后来承蒙老师看重，在老师的指导下最终完成了这一篇论文。

文章的写作过程一如其他论文一般，既有整理数据的烦躁，也有回归结果不如人意的茫然，但是还好最终克服了重重困难与挑战。在这其中，必须要提的是《财政研究》编辑部的编辑对于本文文字表述的建议与意见,作为一个学生而言,虽然也参与学术会议,读过大家文章,但是总感觉笔力不够劲道,很多表述词不达意,扭捏奇怪,但是《财政研究》的编辑们都提供了非常认真负责的建议,在根据编辑意见修改后,本文在行文和表达上增色不少,也要借此机会道一声感谢。

  回顾论文从创作到发表的整个过程,有颇多感触。"退笔如山未足珍,读书万卷始通神",社会科学的创新需要思想的激荡,而没有大量阅读的"干柴"也很难迸发出耀眼的火花。作为财政学人而言,更是需要积累大量的理论知识和政策背景才能够讲好中国故事,做出好的财政学研究。

审稿提速，论文提质

张牧扬

我于2019年5月有幸参加了《财政研究》编辑部主办、山东大学经济学院承办的"谈文论术"系列学术研讨活动——"新时代中国特色社会主义发展财政学"专题研讨会。在会上，我报告了论文《地方财政能够承受起PPP项目财政支出责任吗？——基于2010~2018年PPP项目的分析》，得到了解垩、谢贞发等参会专家的宝贵意见。经过有针对性的修改，这篇论文发表在2019年8月的《财政研究》上。

长期以来，论文作者与学术期刊编辑部之间的交流局限于通过投稿系统或者邮件联系，论文的匿名审稿过程往往需要耗费较长的时间。对一些具有较强时效性和政策意义的研究而言，容易因此错过了最好的发表时机，虽然论文的学术价值仍然会得到认可，但政策影响力却受到影响。《财政研究》编辑部主办的"谈文论术"系列学术研讨活动，是一项学术期刊与高校联合办会的探索。

在我看来，"谈文论术"系列学术研讨活动对于学术论文的发表产生了积极的作用。通过面对面的学术研讨，拉近了编辑部和作者之间的距离；通过会议召开前的论文评审，会上的论文报告、提问与回答，会后在总结会上提出的修改意见的基础上，进行有针对性的修改，投稿和审稿过程明显提速。

在这其中，一个值得探讨的问题是如何在匿名评审和会议公开评审之间进行权衡取舍。匿名评审是一项保障论文评审独立性和公平性的制度安排，被大多数学术期刊编辑部所采用。由于审稿人和作者互相不知道对方身份，最大程度地保障了评审的独立性和客观性。但这一制度也并非完美，其主要问题在于匿名评审周期较长，通常需要2~3个月，有时甚至需要半年以上的时间。此外，匿名评审依赖于审稿人对于论文的阅读,可能产生对同一表述的理解差异影响审稿人对于论文质量的判断。出现这种情况,首要责任在于作者没有对行文做出足够的斟酌,但若审稿人和作者能够对这些问题进行高效沟通,也可以避免这类问题的发生。

《财政研究》编辑部举办的"谈文论术"系列学术研讨活动,采用了与匿名评审截然不同的审稿方法——通过会议公开报告和现场评论的方式,对论文进行评价并提出修改意见。此项安排下,作者、审稿人和编辑在现场进行面对面交流,尽管没有了匿名性,但有众多听众的在场见证,对于各方形成了客观上的监督。从我参加的"谈文论术"学术研讨活动的经历来看,这一创新性的审稿方式能够确保对论文质量的把控,并且大大加快了论文的评审进度,论文发表周期大幅度缩短。

最后,再次感谢《财政研究》编辑部的辛勤工作。希望在疫情结束之后,这一系列的学术研讨活动能够继续开展下去,也希望更多的财政学学者积极参加这项学术研讨活动,把优秀的财政学研究通过《财政研究》这一平台更快、更好地展示给关心中国财政问题的读者。

"背对背"匿审与"面对面"交流
合力提升论文质量

童光辉

作为一名学识尚浅的研究人员，写作如此宏大叙事的财政基础理论文章，实属是一件冒险的事。幸运的是，《财政研究》编辑部给了我一个宝贵的发表机会，让拙文得以接受读者的评判。

之所以选择这个题目，源于2018年8月"泰安会议"（即中国财政学会在山东泰安召开的新时代中国特色社会主义财政基础理论第二次研讨会）上的一次发言。在会上，我曾提出过一个关于财政基础理论"元命题"的概念，即以此为逻辑起点来解释两个方面的研究对象：一是"集体行动的逻辑"；二是"政治权力的批判"。这也就是本文重提财政"本质"和"本源"问题的由来，即试图从中寻找一些能够贯通古今的基本问题，在现代学理与历史经验之间寻求一种对话和互动的可能，并从中国古代丰富的历史经验中找寻能够完善现代财政学的原理性知识，推动财政基础理论创新，使之更具解释力和生命力，能够更好地解释中国现实和指导改革实践。然而，由于当时准备得不充分，只是非常粗浅地谈了一点看法，既不成熟也不系统，会后特别想把这个问题说清楚。

2019年7月，初稿完成后，正好赶上了《财政研究》编辑部和中国人民大学财政金融学院联合举办的会议征文。得益于编辑部和匿名审稿人的高效工作，7月1日完成网上投稿，7月底就收到了编辑部反馈的匿审意见。尽管时间不长，但是审稿人给出了非常详细且中肯的评审意见。例如，既有提醒作者及时关注并吸收最新研究成果，充实研究基础；也有要求作者明确自己对于公共性的理解，厘清基本概念；

还有指出文中"的"与"地"的混用等问题，非常具体而微。9月份，带着修改后的稿子参加在中国人民大学举办的"谈文论术"会议，聆听与会专家的点评。会上多个直指要害的质疑、批评和建议，帮助我把文章改得更好。

回顾整个过程，《财政研究》编辑部在严格遵循匿名评审的基础上增加了"谈文论术"的环节，这是一个严谨且高效的制度设计。既通过"背对背"的匿名评审程序，确保了论文评审的严肃性；又通过"面对面"的会议交流，让评阅专家、编辑与作者有一个深入交流和互动的机会，有来有往、有问有答，能够明显提升论文质量。我想，如果没有这样的交流平台，拙作恐怕就只能束之高阁了。

研究要有针对性和应用性

李一花　祝　婕

2019年5月18日《财政研究》编辑部联合山东大学经济学院在山东大学中心校区举办了学术交流新模式之"谈文论术"——"新时代中国特色社会主义发展财政学"专题研讨会。笔者有幸参与会议并在会议中发表了《全面实施预算绩效管理背景下地方政府债务支出效率研究》的主题报告，该文章经修改后以《人大预算监督能改善地方政府债务支出效率吗？》为题收录在2019年第11期《财政研究》中。回顾会议和文章修改到见刊的过程，从中收获颇多。

文章选题的初衷源于对地方政府债务实际和目前债务效率理论研究现状的认识。首先，在宏观经济下行和近2万亿减税降费的巨大压力下，地方政府债务发行规模和余额限额不断增加，这是现阶段地方政府债务的一大现状，同时，党的十九大以来，全面实施绩效管理并打好防范化解重大风险攻坚战，成为财政改革的重要内容。加强对地方政府债务绩效（效率）研究不仅是全面实施预算绩效管理的重要内容，也是防范化解当前重大风险的重要先手。其次，债务效率理论研究在近几年得到重视，研究结论仍存在较大分歧。因此，本文将债务效率作为研究重点，目的就是希望结合最新的研究方法，测算出全口径地方政府债务效率，全面分析地方政府债务效率。

文章在"谈文论术"会议中进行报告，会议中专家的意见和后期匿名评审专家以及编辑部的意见提升了文章的深度，笔者在此感谢专家和编辑部对文章给予的帮助。这里结合笔者心得体会分享以下修改建议。

首先，在匿名评审中，专家认为文章如果只侧重全口径政府债务效率测度缺乏实质的创新，并且不能为后文的政策建议提供实证支撑，建议文章将研究重点放在政策建议中的一个视角，如深度分析人大监督与支出效率的关系，丰富文章的实证研究，为政策建议提供更有利的依据。根据专家建议，文章将研究重点拓展到政府债务效率和人大预算监督关系的考察上，借鉴高培勇教授2008年提出的财政收入预决算偏离度和财政支出预决算偏离度概念，结合地方预算监督条例的实施情况，设计了3个测度人大预算监督的指标变量，实证分析了地方政府债务支出效率与人大预算监督的关系，夯实了文章政策建议的依据。

其次，专家提出应进一步加强文章的理论逻辑，详细分析人大预算监督对地方政府债务支出效率影响的作用机理。为更好地论述人大预算监督对地方政府债务支出效率影响的作用机理，文章参考马骏教授提出的人大预算监督的三维度划分，从信息机制、对话机制和压力机制三方面分析了人大预算监督对地方政府债务支出效率的影响途径，理清了文章的理论逻辑，夯实了文章的理论基础，使文章的立论更加严谨。

通过参与《财政研究》举办的这次活动，不仅极大地提升了笔者研究问题的针对性和应用性，也为编研交流提供了平台，从中能够深刻感受到"编研互长"的精神，感谢《财政研究》为此做出的努力。希望能有更多机会参与相关活动，更好地发扬"编研互长"的精神。

附 录

谈文论术活动
——公开审稿与编研评学互长

为实现"交流更有效,修改更精准,发表更快捷"的学术目标,2019年,《财政研究》编辑部与高校合力推出"谈文论术"系列主题学术征文与研讨活动。先后与山东大学、中央财经大学、中国人民大学、西南财经大学联合举办了系列主题学术征文与研讨活动。活动就经济、财政、税收等学术领域前沿问题开展征文,经筛选的优秀论文作者参与了专题研讨会。研讨会采取"作者充分发表观点,专家现场密集点评,修改论文优先发表"的模式,以形成小型、务实、高效的新型学术共同体。

2019年《财政研究》"谈文论术"系列学术征文与研讨活动汇总

序号	会议时间	会议主题	联合高校
1	2019年5月18日	新时代中国特色社会主义发展财政学专题研讨会	山东大学经济学院财政学系
2	2019年5月25日	新时代高质量发展财税研究学术研讨会	中央财经大学财政税务学院
3	2019年9月21日	国家财政与国家能力学术研讨会	中国人民大学财政金融学院
4	2019年10月26日	人大预算审查监督理论与实践学术研讨会	西南财经大学财政税务学院

四次活动中,共有11篇优秀论文经历了初审、匿审、会议现场审稿答辩、会后再审、修改等流程后,分别刊发于《财政研究》2019年第6期至2019年第11期,并收录于这本为纪念《财政研究》创刊40周年出版的书中。同时,编辑部邀请这些优秀作者将自己创作、投稿、改稿的体会与心得整理出来与广大读者分享,希望能对读者有所裨益。

知识助产士：编者与作者、读者的沟通

2019年《财政研究》"谈文论术"优秀论文集

序号	文章题目	作者	期号
1	新《预算法》、债务规则与财政政策的逆周期性	竹志奇 武彦民 刁硕伟	2019.06
2	基于编制本位和流程再造的预算绩效激励机制构建	童 伟	2019.06
3	地方财政压力的经济发展质量效应——来自中国282个地级市面板数据的经验证据	詹新宇 苗真子	2019.06
4	财政政策转型的区制分析与效应对比	李 华 官高俊 黄宝华	2019.07
5	经济增长目标与土地出让	胡 深 吕冰洋	2019.07
6	增值税减税能否激励企业进入？——来自中国的实证证据	何 振 王小龙	2019.07
7	财政分权与中国经济高质量发展关系——基于地区发展与民生指数视角	杨志安 邱国庆	2019.08
8	政府财政透明"稳预期"了吗？	邵 磊 唐 盟	2019.08
9	地方财政能够承受起PPP支出责任吗？——基于2010~2018年PPP项目的分析	张牧扬 卢小琴 汪 峰	2019.08
10	返本开新：中国财政史研究与财政基础理论创新	童光辉	2019.10
11	人大预算监督能改善地方政府债务支出效率吗	李一花 亓艳萍 祝 婕	2019.11

一、新时代中国特色社会主义发展财政学专题研讨会

2019年5月18日，《财政研究》编辑部与山东大学经济学院财政学系联合举办"新时代中国特色社会主义发展财政学专题研讨会"。中国财政科学研究院傅志华副院长出席研讨会并致辞。厦门大学、上海财经大学、中央财经大学、中南财经政法大学、云南财经大学、南京财经大学、山东财经大学、内蒙古财经大学、青岛大学、山东工商学院、山东科技大学、山东大学以及商务印书馆、山东省财政厅科研所、地方财政局等国内高校科研机构的专家学者和青年才俊参加研讨会。研讨会对入选的论文进行了分组讨论，来自全国多所高校和科研机构的论文作者、评审专家、刊

物编辑人员以及高校师生听众一起，分享学术论文的研究范式和科研成果质量提升的方法，并围绕中国特色政府预算管理制度、财政改革与地方财政运行、地方政府债务、PPP 与财政风险防范、新时代的财政政策，政府财政信息公开、税制改革与高质量发展、财政体制改革与国家治理等问题，进行了深入研讨。研讨会现场异彩纷呈，论文汇报人完整地呈现了论文的主要观点与结果，评审专家对文章进行了精彩的评论，同时会场的听众与论文作者进行了充分的互动与交流。

二、新时代高质量发展财税学术研讨会

2019年5月25日,《财政研究》编辑部和中央财经大学财政税务学院、《中央财经大学学报》编辑部主办的"新时代高质量发展财税研究学术研讨会"在中央财经大学举行。来自中国财政科学研究院、中央财经大学、中国社科院、清华大学、中国人民大学、武汉大学、厦门大学、西安交通大学、中国宏观经济学会、中南财经政法大学、西南财经大学、海南大学、辽宁大学、天津财经大学、《世界经济》编辑部、京东集团等单位的专家与学者,以及中央财经大学财政税务学院的师生共同参加大会。参会作者充分发表观点,评审专家现场精彩点评,同时会场的听众与论文作者进行了互动交流,形成作者、审稿人、编者和读者之间的有效沟通,取得了很好的交流效果。

三、国家财政与国家能力学术研讨会

2019年9月21日,《财政研究》编辑部和中国人民大学财政金融学院联合举办的"国家财政与国家能力学术研讨会"在中国人民大学顺利召开。研讨会由中国人民大学财税研究所协办。中国人民大学财政金融学院院长庄毓敏、中国财政科学研

究院副院长傅志华、中国人民大学财税研究所所长郭庆旺、中国人民大学财税研究所首席教授朱青、中国社会科学院财经战略研究院副院长杨志勇、中国财政科学研究院刊物编辑部主任邢丽等专家学者与会，围绕国家财政与国家能力问题进行探讨。中国人民大学财政金融学院财政系主任、中国人民大学财税研究所执行所长吕冰洋主持会议。主办方从征文稿件中遴选出了10篇论文，由参会学者围绕"国家财政与国家能力"主题，相继报告研究成果，并展开讨论。与会者从经济学、政治学、法学、社会学等多个角度探讨了财政在国家治理方面的理论基础问题，会议建立了一个包容和自由讨论的学术研讨氛围，"文理并重，财政合参"。

四、人大预算审查监督理论与实践学术研讨会

2019年10月26日，由《财政研究》编辑部和西南财经大学主办、西南财经大学财政税务学院和地方人大预算审查监督研究中心承办的"人大预算审查监督理论与实践"学术研讨会在西南财经大学举行。来自13所高校和科研院所的学者以及四川省、河南省、江苏省、河北省等地方人大部门的领导和专家参加了论坛。会议设置四个平行分论坛。论坛一围绕人大预算审查监督现状、人大对国有资本经营预算监督和新《预算法》效果评估等主题开展学习和讨论，参会专家就最新学术成果进行了细致深入的汇报。论坛二的主题是人大预算审查监督实践、人大预算审批权和公共政策落实跟踪审计覆盖问题，参会专家和现场的老师、同学研讨了相应领域存

在的问题和改革方向。论坛三的主题是人大预算审查监督信息化、大数据在人大预算审查中的应用和人大代表参与预算监督,参会专家对相关热点问题进行了深入探讨。论坛四的主题是人大预算审查监督与绩效评估、部门预算绩效管理,参会学者贡献了深邃的学术智慧。